Fernando de Azevedo:
Educação e Transformação

Coleção Estudos
Dirigida por J. Guinsburg

Equipe de realização – Revisão: Geraldo Gerson de Souza; Produção: Plinio Martins Filho.

Maria Luiza Penna

**FERNANDO DE AZEVEDO:
EDUCAÇÃO E TRANSFORMAÇÃO**

Estudos 101

Direitos reservados à
EDITORA PERSPECTIVA S.A.
Av. Brigadeiro Luís Antônio, 3.025.
01401 – São Paulo – SP – Brasil
Telefones: 885-8388/885-6878
1987

A Marcílio,
Maria Teresa,
Ana Luiza e
Rosa Amélia.

A injustiça social não está representada apenas pelo sistema feudal da posse da terra, pela falta de equilíbrio na divisão de bens e pelo desequilíbrio na distribuição dos ônus fiscais, mas também pela desigualdade na repartição dos bens espirituais e intelectuais do ensino, da educação e da cultura.

FERNANDO DE AZEVEDO,
Verdades Amargas

Sumário

PREFÁCIO XIII
INTRODUÇÃO XXI
NOTAS BIOGRÁFICAS XXIX

PARTE PRIMEIRA

1. CARACTERIZAÇÃO DE UMA CONSCIÊNCIA 3
   Ideal Moral e Crítica 3
2. O PROJETO AZEVEDIANO DE RECONSTRUÇÃO . 13
   A Nova Mentalidade dos Fins Sociais da Educação 13
   Educação e Política 19
   O Inquérito: Um Momento Decisivo 27
   A Experiência Administrativa no Distrito Federal 32
   A Concepção Azevediana da Escola de Trabalho 35
   A Escola-Comunidade 39
3. ELITES E PARTICIPAÇÃO 45
   A Importância das Elites 45
   A Tradição das Elites 51
   Contradições Azevedianas 54
4. O HUMANISMO DE FERNANDO DE AZEVEDO .. 65
   O Conceito de Humanismo 65
   Universidade e Liberdade 67
   Estudos Desinteressados 72
5. EDUCAÇÃO E TRANSFORMAÇÃO 81
6. CONCLUSÃO 95

PARTE SEGUNDA: ANEXOS

NOTA EXPLICATIVA	101
1. CORRESPONDÊNCIA	103
Cartas de Fernando de Azevedo a	
. Francisco Venâncio Filho	103
. José Getúlio Frota Pessoa	140
. Antonio Prado Junior	158
. Alzira Vargas	159
. Paschoal Leme	162
. Abgar Renault	166
. Paul Arbousse Bastide	168
. Anísio Teixeira	169
. Dina Venâncio	174
. Rui Martins	175
Carta a Fernando de Azevedo	
. Lourenço Filho	176
2. PLANO DE LIVRO	179
. Miséria da Escola e Escola da Miséria	179
3. MANIFESTOS	183
. Manifesto dos Pioneiros da Escola Nova	183
. Manifesto dos Intelectuais	202
4. FONTES FONOGRÁFICAS	205
BIBLIOGRAFIA	207
Bibliografia Específica	207
. Obras de Fernando de Azevedo	207
. Obras em Colaboração	209
. Publicações e Artigos sobre Fernando de Azevedo	209
. Outras Fontes de Pesquisa	210
Bibliografia geral	210

ILUSTRAÇÕES

FERNANDO DE AZEVEDO

1952	XX
1926	31
1968	94

Prefácio

Na introdução ao livro de Maria Luiza já se vislumbram pistas do pensamento de Fernando de Azevedo, percorridas em sua rica e diversificada experiência, na reflexão abrangente, às vezes pioneira, afirmativa e ambígua, otimista e amarga entre a escola demiúrgica e a sociedade constrangente. Na análise da autora, cuidadosa em suas dimensões filosófica, histórica e política, tudo isso resulta em "educação e transformação", ambas admiravelmente articuladas. Eis o título do livro; eis, ainda, o périplo que ele empreende. Destacaria ainda da conclusão, as buscas obstinadas de Fernando de Azevedo até "o limite trágico de uma época de transição, marcada por ambigüidades, chegando a uma consciência possível de seus problemas, sem improvisações, demagogias ou antecipações arbitrárias", assim como "o seu ideário de um novo humanismo, de claro sentido ético e socializante"; e a "crença no poder da razão humana".

Então, já está marcada a incongruência no pensamento de Fernando de Azevedo, precisamente pela ideologia haurida, primordialmente, no positivismo durkheimiano, no pragmatismo deweyano e na razão kantiana. Para Azevedo, citado por Maria Luiza, "se a educação é a socialização do indivíduo, se ela tem por objetivo sobrepor uma natureza social às naturezas individuais, é no estudo e comparação das realidades sociais, é nas reflexões que resultam dessas realidades, que se tem de buscar os ideais e lançar os fundamentos de suas reformas".

A escola socializante pretende modificar a sociedade através da "reconstrução da experiência" e da "mentalidade", subsidiadas pelo "caráter biológico" e psicológico, este, mais ou menos submerso, além de outros componentes da concepção de Fernando de Azevedo. Ora, as oscilações de Azevedo esbarram num impasse, isto é, escola socializante e escola socialista, cujos paradigmas são conflitantes. A despeito de ser liberal, ele pretende ser socialista, desprotegido, porém, de categorias adequadas. Os termos por ele utilizados, como, por exemplo, *radicalidade* no sentido de alteração qualitativa da sociedade, o próprio pensador não conseguiu construir a ponte entre as duas visões. Herdeiro de uma erudição e politicamente liberal, procura adaptar-se ao ecúmeno político e cultural contemporâneo, no qual pretende assumir o estilo socialista. Difícil, entretanto, sua estratégia, instalada pela flutuação de seu pensamento, compondo adaptação e a relativa ruptura.

Maria Luiza interpreta Fernando de Azevedo pela "consciência possível", categoria inserida no processo dialético, na tentativa de articular outras categorias. Entretanto, a coexistência das três vertentes já referidas revela-se pela ausência de dialeticidade. Por isso, as ambigüidades da concepção desse educador, analisadas por Maria Luiza, poderiam ser mais exploradas, isto é, as meias-verdades do neo-humanismo, para inquirir, até o fundo do poço, o sentido da democracia, da cultura, da liberdade e da educação na sociedade de classes, configurando-as articuladamente na visão estrutural e histórica.

Entretanto, Maria Luiza examina, com severidade, a "uniformização da diversidade de tendências", na ótica de Fernando de Azevedo, que, a despeito de suas intenções, poderia resvalar para a concepção totalizadora. "As escolas oficiais", afirma ela, "mesmo quando admitem a necessidade de mudanças, elas o fazem tendo sempre em vista um projeto de assimilação, recuperação das diferenças e uniformização". Hoje, aliás, embora em conjunturas e perspectivas diferentes, o sistema educacional brasileiro pretende uniformizar, a ordem é homogeneizar o saber, imposta pelo Estado e pelas classes dominantes. A estratégia perversa desse saber consiste em dissolver o conteúdo e achatar a diferença, substituída pela racionalidade linear e técnica.

Maria Luiza interroga novamente o próprio educador: "o processo integrativo (da educação), instrumento de estabilidade e unidade, poderá funcionar como elemento de renovação e fator de dinâmica social?" Questiona, igualmente, a utopia platônica, o conceito de aculturação, a "crença azevediana no poder libertador da ciência e da tecnologia".

Uma das soluções propostas por Fernando de Azevedo, interpretada pela autora, consiste num trabalho de criação, na reconstrução de experiências e no "mecanismo compensatório", que possibilitam a igualdade de oportunidades, contrapondo às "sociedades mais integradas, capazes de absorver grandes tensões sociais". Ora, essa estratégia inscreve-se precisamente na clave liberalista. Detendo-se no problema da mudança, a autora percebe, às vezes implicitamente, a malha complexa – e algumas vezes confusa – no próprio pensamento de Azevedo, pretendendo concatenar a reconstrução da experiência com o conceito de mentalidade. "A revolução das mentalidades e idéias, o primeiro passo para a mudança das estruturas" (expressão do próprio educador), mistura a proeza kantiana (Azevedo qualifica-se, ele mesmo, de crítico-idealista) com o pragmatismo.

Entretanto, Maria Luiza faz a análise lúcida e aguda, uma das mais clarificadoras sobre o pensamento de Fernando de Azevedo, seu conceito de mentalidade, que incorpora a noção de comunidade:

> A revolução educacional [...] deveria se passar dentro dos limites do próprio sistema burguês. Não se trata apenas de uma modificação reformista, no sentido de imposta à massa pelos intelectuais-educadores. Não. A noção da escola-comunidade, como veremos adiante, é a possibilidade da entrada de uma nova cultura, do ingresso no sistema educacional de modos de ver e sentir diferentes.

Ora, o pensamento de Fernando de Azevedo revela-se pelo paradoxo. Mobilizando categorias como a racionalidade, a cientificidade, a modernização e a eficiência, pretende articular com a revolução, tema que perpassa toda a sua obra. Hoje, percebe-se, o tiro saiu pela culatra: em vez dos surtos revolucionários, que ele previa ("uma nova mentalidade"), emerge um dos espectros das tendências conservadoras na cultura, convergindo o neoliberalismo com o "fim da ideologia", o consenso disfarçado, o nivelamento das sociedades industriais e a unificação da cultura. No fundo, essas tendências esconjuram os conflitos na sociedade de classe, permanecendo, contudo, os avanços da modernização através da ciência e da tecnologia. E, por isso mesmo, persiste a coerência subjacente da época de Fernando de Azevedo com o novo tempo. Dos trechos de artigos e documentos de Azevedo, estampados no livro, detecto ingredientes de sua ideologia, por exemplo, "a ciência contribui para o nivelamento de classes", o "caráter biológico" ("esse estranho conceito com que se tenta resolver as incapacidades devidas a fatores sócio-econômicos e às diferenças de classes", segundo a crítica de Maria Luiza), e a educação nova que resulta na igualdade e solidariedade para todos, liberta da tirania das classes. Essas propostas estão no registro liberal/pragmatista, certamente equivocado.

No entanto, ainda que claudicante sua ideologia, peremptos os conteúdos culturais e políticos de sua época, suas propostas continuam novas e atuais, recuperadas da doutrina e da prática de Fernando de Azevedo, como por exemplo a idéia da escola pública, básica e única, hoje acionada pelas lideranças democráticas empenhadas na educação. O *Manifesto dos Pioneiros* (1932) e, depois, *Mais uma Vez Convocados: Manifesto para o Povo e o Governo* (1959), elaborado por ele, remonta, em grande parte, ao famoso Inquérito de 1926, com os mesmos problemas de hoje, analisados cuidadosamente por Maria Luiza. Problemas vistos de outros ângulos, novos, desvanecendo a bruma que a ideologia de Fernando de Azevedo fez. O educador brasileiro não se atém apenas aos seus equívocos, ou, positivamente, às propostas aqui enunciadas; seu pensamento é vasto e diferenciado e essa dimensão foi avaliada lucidamente pela autora, cujo intento é "compreender um homem, suas idéias, dentro de um contexto histórico extremamente complexo e que até agora surpreende os estudantes".

Como base da pesquisa, foram utilizadas as obras de Fernando de Azevedo, o "riquíssimo acervo fornecido pela sua correspondência, discursos, entrevistas e manifestos". Excelente, o método adotado. As cartas enviadas e recebidas (segunda parte do livro) traçam o perfil íntimo do pensador, a percepção dos fatos e das idéias, às vezes fora da cena política. Trata-se de fixar o modo desinibido de alguém dirigir sua ação segundo seu projeto: como estruturar sua visão, como situar-se, como adaptar-se à realidade existente, como compreender as realidades novas, como a existência um ato de inteligência continuada e expectante.

O pensamento de Azevedo pontua, em diferentes planos – sociologia, filosofia e pedagogia – aspectos rigorosos que a autora enfatiza, articulando muito bem os quatro livros sobre educação, particularmente *Sociologia da Educação:*

> A contribuição original de Fernando de Azevedo não está apenas no fato de ter incorporado ao seu pensamento os princípios da Escola Nova, mas sim da nova finalidade atribuída ao sistema de educação e, portanto, da própria filosofia de que se desprendeu. Os problemas em educação apenas

adjetivamente são problemas técnicos (de administração da organização educacional, de técnicas pedagógicas, etc.) porque substantivamente, Fernando de Azevedo repetiu isso *ad nauseam*, são problemas de ideais políticos, sociais, econômicos e filosóficos.

Esse trecho está subsidiado pela carta expressiva para Francisco Venâncio Filho (1936).

Outra carta, para Paschoal Leme (1945), pode ser ligada à obra de Fernando de Azevedo, *A Cultura Brasileira*, da qual a autora destacou tópicos sobre a Revolução de 30. Essa ligação é percorrida por esperanças e decepções do processo político e pedagógico, desde o Manifesto dos Pioneiros até a Revolução. Haveria um fio condutor submerso ao pensamento de Azevedo, coerente na contradição quanto à Revolução de 30 e ao Golpe de Estado de 37. Na sua subjetividade, as mais das vezes romântica, ele enxergava o cunho transformador dessa Revolução que acabou frustrada, segundo as expectativas de Azevedo. Depois, "profundamente ambígua é a visão azevediana do Golpe de 37", na expressão de Maria Luiza. Romântico, ele converte-se em realista amargo, sem perceber, profundamente, a tensão entre o poder e o saber, a mecânica do Estado e a sociedade de classes. Como intelectual, não conseguindo articular essas duas instâncias, mergulhou na ambigüidade. Ao mesmo tempo decepcionado quanto à Revolução, Fernando de Azevedo assimila os dois momentos históricos na mesma linha da homogeneidade capitalista *como ideologia* que sobrevoa as barreiras de classe e da cultura brasileira.

"Homogeneidade forçada", ressaltada no livro de Maria Luiza, que vincula, coerentemente, à "concepção totalizadora" do ensino. Homogeneidade soa falso na democracia, como ela denuncia. Certamente, a democracia encerra, entre outras categorias, o pluralismo, a diferença, o heterogêneo contraposto dialeticamente ao homogêneo, a sociedade constituída e a contradição, a "consciência real" e a "consciência possível", estas últimas ressaltadas por Maria Luiza. Distinguiria a visão historicista, que é maciçamente homogênea, da visão *historiciadora*, precisamente pela mediação que articula as categorias aqui referidas.

Voltando-se mais especificamente para a questão educacional, Fernando de Azevedo preconiza a Escola Nova, mencionada no livro de Maria Luiza. A meu ver, a parte positiva dessa escola contém o projeto, a invenção, a interrogação, a problematização; mas, na parte negativa, a rota da reconstrução da experiência individual e social (na qual o inconsciente ideológico encobre a discriminação social) contrapõe-se à rota da conjuntura social, econômica e política, isto é, a homogeneidade falsa e a heterogeneidade real.

"Educação e Transformação", último capítulo, que enfeixa os problemas centrais do livro. Por isso, a obra, talvez a mais importante no ciclo dos textos educacionais, a *Sociologia da Educação* (pioneira nessa área, no Brasil), sublinha a própria autora, é a rica maturidade de integração: a vocação da sociologia, do humanista e do educador.

A definição de educação, em Fernando de Azevedo, está moldada pelo positivismo durkheimiano. Mas Maria Luiza questiona: "A definição funcionalista de educação como forma de transmissão de tradição se fundamenta na noção de continuidade, mas não é suficiente a uma explicação histórica". Ela indaga, igualmente, de Fernando de Azevedo:

> Como fazer uma escola modificadora sem cair num voluntarismo essencialmente antidemocrático, que tiraria sua força mobilizadora de um deus *ex-machina*, "os grandes ideais da educação"? Como admitir pluralismo democrático sem admiti-lo também na esfera educacional? Problemas colocados por textos demasiado assertivos, mostrando a face messiânica de Fernando de Azevedo. O tom às vezes deprime.

No mesmo diapasão, Maria Luiza assinala o desacordo entre o ideal e o irrealismo: "O critério é o das capacidades, critério tão racional quanto ideal, imagem do critério da *República* de Platão". Na verdade, Platão integra, magnificamente, a política e a educação, abstraindo de sua ontologia idealista; e Fernando de Azevedo, numa investigação ambiciosa, não consegue soldá-las. Existe igualmente a ênfase ética em Azevedo, já em Platão há uma dimensão extremamente rica. Platão compreende a necessidade de uma conciliação quando sustentou, por exemplo, que a ação educativa só é possível numa sociedade em que existe uma possibilidade de moralidade. No contexto da filosofia platônica, em que a idéia do bem se identifica, ontologicamente, com a verdade, a racionalidade, assegurada pelo processo pedagógico (para essa filosofia a sociedade deveria ser, basicamente, uma "sociedade pedagógica"), era a condição da própria viabilidade da *polis*, segundo a análise de Raphael Lévêque e Francine Best.

Fazendo uma síntese excelente do pensamento de Fernando de Azevedo, "percorrido [...] ao preço de extrema tensão interior [...] cujas ambigüidades são, talvez, as de uma época de transição, marcada por contradições", Maria Luiza fixou o retrato mental do pensador, sua inquietação e grandeza. Mas um dos traços mais fortes de sua análise é a cortês controvérsia entre ela e Fernando de Azevedo.

Numa reavaliação desse educador, ressalto o paradoxo de impaciência e paciência, também presente em Anísio Teixeira: impacientes para as soluções fáceis e, as mais das vezes, legais; e pacientes para as soluções longas, correspondendo à complexidade das conjunturas sociais.

Infelizmente, a impaciência preguiçosa de alguns círculos pedagógicos, dentro e fora do Governo, ignora ou distorce sob a forma simplista Fernando de Azevedo, Anísio Teixeira, bem como outros educadores e pensadores; ou a paciência sofisticada de pesquisadores, cuja couraça erudita cobre tudo, menos o núcleo germinativo e íntimo dos autores no passado e no presente. O importante, entretanto, é compor, solidamente, as contribuições significativas dos pensadores da educação na perspectiva histórica. O livro de Maria Luiza inscreve-se nessa perspectiva. A despeito de algumas colocações diferentes entre nós – a autora e eu – este trabalho, além de ser atual, constitui empreendimento vasto, escrupuloso e consistente. Sua leitura é um prazer intelectual em que o conteúdo se alia ao estilo claro e elegante.

Durmeval Trigueiro Mendes

Rio de Janeiro, 14 de novembro de 1986.

Fernando de Azevedo em sua biblioteca, à Rua Bragança, 55 (bairro de Pacaembu, São Paulo) 1952.

Introdução

Fernando de Azevedo ocupa lugar de destaque na história da educação no Brasil. Estudar o pensamento azevediano, em especial suas reflexões sobre as relações entre educação e mudança social, é o objetivo deste livro.

Objeto de condenação sumária por críticas tanto à direita quanto à esquerda, Fernando de Azevedo, por suas idéias ou por sua ação, esteve adiante da maioria dos educadores do seu tempo, levantando as bandeiras históricas da burguesia progressista e liberal. Atualíssimas são as suas indagações sobre a natureza e finalidades da educação em um Brasil em processo de transformação e inserção no modo de produção capitalista como nação periférica e dependente. Por isso, o sociólogo educador teve de enfrentar a oposição daquela parte da *intelligentsia* que persiste, via de regra, em operar com ideologias incompatíveis com o capital industrial.

Ao pensar um projeto de reconstrução nacional, viu na democratização da educação um meio eficaz para alcançar tal fim. As transformações, entretanto, seriam de dois níveis. Uma, interna, do próprio sistema educacional, transformação essa que deveria resultar de íntima ligação da escola como o meio social e não apenas burocrático-administrativa.

Por outro lado, Fernando de Azevedo percebe que sem uma modificação no mecanismo ou sistema econômico, que reside à base de toda política de planejamento social – no qual inclui a educação – uma obra educacional não tem possibilidade de ser eficaz. Não há, de fato, virtude (ou saber) sem um mínimo de condições materiais. Por isso pensa a educação como problema político e, em última análise, filosófico e ético. O tema, portanto, leva a várias interrogações, como todos os temas filosóficos.

Parece difícil estudar Fernando de Azevedo sem ser sensível ao fato de que ele abordou de maneira criativa problemas candentes da realidade educacional brasileira, exercendo uma liderança rara nesse campo, feita ao mesmo tempo de inteligência e coragem, mantendo, ao longo dos anos, fidelidade a seus ideais e às instituições. Foi, por isso, nas palavras do Professor Antonio Candido de Mello e Souza, "a viga mestra da Universidade de São Paulo". Abridor de caminhos, seu pensamento não é apenas o de um homem que se quis filósofo da educação, mas o de um reformador que tentou transformar suas idéias em ação. Caminho original, percorrido provavelmente ao preço de extrema tensão interior, o deste visionário, cujas ambigüidades são talvez inerentes a uma época de transição, marcada por contradições.

Ao pensar a possibilidade da educação como fator de transformação, suas idéias conduzem a questões importantes, como a da educação das massas e formação das elites, seu papel, a questão dos vínculos entre educação e sociedade, a ação recíproca de uma sobre a outra, a correlação entre a pedagogia clássica e o velho humanismo, e deste, enfim, com o que qualificou de neo-humanismo. Superou, assim, o tabu do humanismo clássico ao reorientá-lo em direção a um neo-humanismo pedagógico que preparasse o homem a dar uma contribuição social eficaz e transformadora e ao introduzir na sua visão do humano a idéia de progresso. Tem, sob esse último aspecto, a visão otimista do século XIX, achando que o conhecimento científico levaria a uma mudança, para melhor, da realidade, e a uma modificação adequada das relações sociais, rumo ao socialismo e aos grandes ideais humanitários. Nessa perspectiva confere às universidades uma função importante de coração cultural do país, centros irradiadores do verdadeiro humanismo, feito de espírito científico, de reflexão, exame e crítica constantes, na vanguarda do processo social brasileiro.

Está-se diante de um pensamento extremamente complexo, não só pelo alcance das questões tratadas, mas também pelos sucessivos contextos históricos que servem de pano de fundo a seu pensamento. Por isso suas idéias não são nunca estáticas e seu evolver comporta inúmeras revisões, realizando-se através de processos e caminhos. Não por acaso inúmeros livros e artigos seus têm como título principal a palavra "caminho". Pensá-lo será, no caso, ver de que se trata, que conceitos foram revistos, as lacunas, as oposições e interpenetrações possíveis entre esses conceitos.

Intelectual de uma época de transição, seu pensamento reflete, em muitos pontos, a ambigüidade de nossa realidade em mudança — industrialização incipiente, Revolução de 30, estabelecimento do Estado Novo, seu término em 1945, ao findar a Segunda Guerra Mundial — mas também as contradições de um mundo em que surgiam regimes totalitários onde predominavam a força e o arbítrio. Nessas condições, procurou pensar o Brasil com os instrumentos e categorias que lhe pareceram mais adequados e com os quais realizou uma tomada de consciência da realidade educacional brasileira, suas especificidades, tendências, conflitos e necessidades. A sua produção intelectual mais importante situa-se entre 1926 e meados da década de sessenta. Por isso a obra de Fernando de Azevedo não apresenta aquela unidade de concepção, própria das categorizações sistemáticas, perceptíveis facilmente em uma superfície lisa e inteira. Espelho que se partiu, mostra, reconstituído nos seus inumeráveis pedaços de formas e cores variadas, as idéias, vontades e aspirações do momento em que viveu seu autor e sua tomada de posição.

A época tudo admite: são as grandes idéias em educação, é a visão megalópica, global, da sociedade brasileira e seus problemas, é o tempo da ortopedia pedagógica, física e espiritual (o culto da energia), os dispositivos mais diversos, a visão em grande, a marcha para o oeste, o avanço, o esforço de territorialização, o estrangulamento das diferenças, das visões "unilaterais", o Estado, grande demiurgo, *pater omnipotens*, fortalecendo-se em função dos conceitos de coesão e unidade nacionais.

Situado entre duas épocas — a das velhas tradições, que procurou romper e a que se iniciou com a entrada do Brasil em um novo processo de modernização, após a Primeira Guerra Mundial e que coincide com o começo de sua carreira, na administração do ensino no Distrito Federal, em 1928 — Fernando de Azevedo foi fiel à idéia de que uma revolução de mentalidades é o passo mais importante para uma mudança de estruturas. Para isso muito contribuiu sua visão simultaneamente sintética, megalópica, como dizia, do Brasil, e analítica, na medida em que estava consciente das diferenças e contradições que o país apresentava e que se mostravam também na educação, processo, por excelência, de transmissão ideológica. Não lhe escapou que transformações na área da educação dificilmente ultrapassam determinado limite porque há formas de controle ideológico, sutis ou indiretas, mas não menos eficazes, sobre a escola. Uma delas é a de distanciar a escola dos cenários sociais onde se insere. Apesar disso, ou talvez por causa disso, preocupou-se, desde moço, com os problemas sociais, acreditando até o fim de sua vida "por necessidade e reflexão" que o mundo caminhava para sua progressiva socialização.

Não achou impossível, republicano e liberal, uma conciliação da justiça social com a liberdade, do socialismo com as idéias e instituições democráticas: nessa conciliação deverão concentrar-se todos os seus esforços. De um racionalismo radical, procurou pensar cada um dos problemas que lhe pareciam essenciais de modo completo, relacionando tudo com tudo, não omitindo quaisquer aspectos das questões educacionais do seu tempo.

Tendo tido uma formação clássica – estudou, depois do ginásio jesuíta em Friburgo, 5 anos no Seminário da mesma ordem, em Campanha, Minas Gerais – dedicou os primeiros anos de sua vida profissional ao ensino da literatura, do latim e ao jornalismo, com especial ênfase nos assuntos literários. Enveredou, porém, como autodidata, pelos caminhos da sociologia e dos problemas da educação por sentir que eram da maior urgência para o Brasil. Não por acaso, um dos seus principais livros, *No Tempo de Petrônio*, já revela talento e sensibilidade sociológica para analisar uma época de decadência e perda de valores. Como os antigos gregos, Fernando de Azevedo não pensou a educação como arte formal ou teoria abstrata apenas, mas como algo imanente à própria estrutura histórica e objetiva da vida espiritual de uma nação, manifestando-se de modo exemplar na literatura, expressão real de toda a cultura.

Paradoxalmente, esse crítico literário de estilo clássico, muitas vezes retórico, retratista exímio, não modernista, será um opositor feroz da clássica escola burguesa, cujo ensino considerava elitista, fazedora de bacharéis e letrados. Seu sonho será a realização de uma Grécia clássica nova, à la Lunatcharsky, um novo humanismo. Trata-se de "um antropocentrismo refletido, que partindo do conhecimento do homem tem por objeto a valorização do homem": tudo o que desperta o sentimento de solidariedade humana e concorre para facilitar a circulação do homem no mundo humano. Não é uma negação dogmática do passado, mas processo de recuperação crítica, ligação entre passado e presente, *timebinder*, mas também gerador do futuro em um esforço para o universal e a verdade.

Assim se delineia a atitude que parece mais característica de Fernando de Azevedo. Não sem razão a Alegoria da Caverna de Platão é, ao mesmo tempo, um discurso sobre "a essência da educação (e da deseducação) e da verdade". Educação e verdade cristalizam-se também em Fernando de Azevedo numa identidade essencial. Por isso, qualifica-se de crítico idealista. Percorrendo sua extensíssima obra, suas tentativas muitas vezes frustradas de implantar, na realidade, uma educação nova, dentro de um processo de reconstrução nacional, tem-se a impressão de que suas teorizações e esforços de pensamento se constituem em uma "ação entravada".

Vale dizer que, se com idéias se constrói a ciência, se estabelecem relações lógicas, se criam modelos ideais, é preciso *pensar* incansavelmente os enigmas que a realidade nos traz. Essa exigência obstinada de racionalidade, entretanto, é apenas um momento, necessário e insubstituível, do pensamento azevediano. Grande intelectual, não é apenas um teórico, criador dos "grandes ideais da educação". A volta ao real significa, para ele, constatar a necessidade de uma luta reformista na esfera da educação, de uma radical mudança de mentalidade, uma nova visão de mundo, fundamentada no conhecimento e servindo como instrumento eficaz para uma ação consciente.

Ação entravada, também, porque nunca conseguiu concretizar de fato seus planos para "uma revolução copérnica" na esfera da educação. Acreditando numa via democrática para a socialização da educação, não aceita, entretanto, a possibilidade de uma "evolução natural" para que isso se realize. Estudioso de nossa cultura, percebe que sem uma modificação de mentalidades não haverá uma real transformação da vida social porque, idealisticamente, crê que a cultura é uma forma de ser que determina em aspectos fundamentais a consciência. Daí sua ênfase na necessidade da organização da cultura – e a Universidade ocupará para Fernando de Azevedo um espaço fundamental – com vistas à intervenção no desenvolvimento político e econômico. Percebe-se, entretanto, no decorrer de seu pensamento, uma oscilação entre a idéia da necessidade de uma prática de liberdade e um autoritarismo que qualificaríamos de progressista. Nisso, ele simplesmente se enquadra na tradição autoritária brasileira, não tendo sido insensível à pregação de um Estado forte, ou seja, de um

Executivo forte, como solução para os problemas do Brasil, embora aceitando o princípio da autonomia para os Poderes Judiciário e Legislativo.

A inquietação permanente diante dos problemas e suas soluções, entretanto, compensou o autoritarismo imanente à sua personalidade e ao seu tempo. Este "tufão lúcido" buscava a luz permanentemente. Tateando, tentando ultrapassar o presente, desejando realizar, agora, pela ação, um futuro ideal.

Duas linhas parecem confluir para a formação de sua personalidade e não pouco contribuíram para isso sua experiência pessoal de vida e obstinada reflexão: a via ética e a via da razão. Ambas não absolutas, situadas na concretude de uma existência histórica contraditória, ambígua, mas nem por isso formas menos acertadas de um agir responsável. No cenário brasileiro, aliás, excluindo evidentemente os meros burocratas, que grande educador não é figura controvertida?

Se Paul Valéry acerta, ao dizer que criar sem dificuldades e criticar sem medida é um jogo perigoso, por nos levar inevitavelmente ao desconhecimento, tentou-se elaborar esta monografia sem cair nessa armadilha. Nosso intuito foi tentar compreender um homem, suas idéias, num contexto histórico extremamente complexo e que até hoje surpreende os estudiosos.

A pesquisa divide-se em duas partes. A primeira contém seis seções. Na 1ª seção analisou-se a configuração da consciência azevediana, seus objetivos éticos e sociais, a importância da razão e da imaginação em seu pensamento. O Projeto Azevediano de Educação constitui-se no segmento mais extenso (2ª seção). Nela estuda-se a necessidade de uma nova mentalidade, capaz de compreender as funções de uma sociedade moderna, refazendo a ordem de prioridades educacionais, de acordo com essas novas funções, as relações entre educação e política, a importância do inquérito de 1926, a experiência administrativa no Distrito Federal, a concepção da escola do trabalho, a escola-comunidade. A 3ª seção examina a visão do sociólogo educador em relação a questão das elites e participação. A 4ª trata do neo-humanismo de Fernando de Azevedo, no qual se fundamenta uma nova concepção de vida, a nova mentalidade, essenciais para seu projeto de Reconstrução. A 5ª seção procura analisar as condições de possibilidade de a educação atuar como agente de mudança social e a sexta, por fim, é uma tentativa de conclusão. A parte segunda contém um Anexo com alguns documentos esclarecedores de sua trajetória intelectual, bibliografia e fontes fonográficas. Achamos conveniente, além disso, a fim de situar Fernando de Azevedo de modo mais preciso no tempo, introduzir algumas notas biográficas.

Como base de pesquisa utilizaram-se os textos de suas obras publicadas e o riquíssimo acervo fornecido por sua correspondência, discursos, entrevistas, manifestos. Inestimáveis foram também as entrevistas com assistentes, amigos seus e outras pessoas que de uma forma ou de outra cruzaram seu caminho ou se interessaram por sua atuação. Às últimas, que ao nos concederem entrevistas roubaram do seu tempo uma parcela preciosa, o nosso muito obrigada. Não poderíamos deixar de agradecer também o constante estímulo de Eduardo Jardim de Moraes, orientador da tese de Mestrado – PUC, Rio de Janeiro – da qual se originou este livro e a Alberto Venâncio Filho que nos chamou atenção para a importância de Fernando de Azevedo.

O método empregado derivou-se exclusivamente dos problemas que o pensamento de Fernando de Azevedo parece levantar. Por isso, optou-se pela reflexão e crítica, intrumentalizando-se as citações e pontuando-as com algumas observações e indagações. Comentar criticamente, entretanto, não significa apenas apontar falhas, julgar. Significa debater, questionar, mantendo o respeito pelo objeto de crítica, não por subserviência, mas porque há sempre uma parcela de verdade no objeto criticado. A atitude filosófica adequada, nesse caso, seria, parafraseando Wittgenstein, a de elaborar e pensar os problemas como problemas e não como doenças.

Notas Biográficas*

Fernando de Azevedo nasceu em São Gonçalo de Sapucaí, Minas Gerais, a 2 de abril de 1894 e morreu na cidade de São Paulo em 18 de setembro de 1974. Depois de terminar o curso secundário no Colégio Anchieta, em Nova Friburgo, ingressou no noviciado mineiro da Companhia de Jesus, em Campanha, onde chegou a fazer votos. Recolheu-se em seguida ao Colégio São Luís, em Itú, São Paulo, e aí, depois de um ano, decidiu renunciar à vida religiosa.

Tentou fixar-se a princípio no Rio de Janeiro. Matriculou-se na Faculdade de Direito, mas logo transferiu residência para Belo Horizonte, Minas Gerais, passando a lecionar. Prosseguiu nos estudos de direito, diplomando-se em 1918. Jamais advogou. Toda a sua atividade já estava voltada para o ensino: latim e psicologia no Ginásio do Estado, em Belo Horizonte (1914-1917).

Em 1917, mudou-se para São Paulo. Professor de latim e literatura da Escola Normal da capital, ingressou no jornalismo, dedicando-se à crítica literária, primeiro no *Correio Paulista* e depois em *O Estado de São Paulo*. No último levantou grande inquérito (1926) sobre a instrução pública, discutindo a necessidade da criação de universidades e alcançando enorme repercus-

---

* As notas biográficas foram retiradas, excetuando-se algumas alterações, da *Enciclopédia Delta-Larousse*.

são em todo o país. Publicado em volume (1937), incorporou-se às suas obras completas, sob o título *A Educação na Encruzilhada*.

O movimento pela reforma do ensino, iniciado com as "Conferências de Educação" (1922), tomou vulto com a fundação da Associação Brasileira de Educação, em 1924, que teve como presidente e incentivador Heitor Lira da Silva (1879-1926). Adquirindo foros de campanha, o movimento irradiou-se pelos Estados. As primeiras reformas foram as do Ceará (Lourenço Filho, 1923), Rio de Janeiro (Carneiro Leão, 1926), Paraná (Lisímaco da Costa, 1927), Minas Gerais (Francisco Campos e Mário Cassanata, 1927), Bahia (Anísio Teixeira, 1928), Pernambuco (Carneiro Leão, 1928).

Nesse movimento é que se inscreve a reforma a que procedeu Fernando de Azevedo (1929), à frente da Instrução Pública do Rio de Janeiro, ao tempo em que Antonio Prado Júnior (1880-1955) foi prefeito do Distrito Federal. Depois de vencer todas as resistências, inclusive as da antiga Câmara dos Vereadores, a reforma se impôs como verdadeira revolução pedagógica nos campos do ensino primário e secundário, sobretudo no ensino normal, na preparação de professores. A reforma Fernando de Azevedo seria, de resto, completada pela reforma Anísio Teixeira, 1932-1935, ao tempo da administração de Pedro Ernesto Batista (1886-1942).

Retornando a São Paulo, prossegue seu trabalho de pedagogo e jornalista. Foi fundador, organizador e diretor de duas importantes iniciativas editoriais: a "Biblioteca Pedagógica Brasileira (BPB)" e a coleção "Brasiliana", ambas lançadas em 1931. Durante a gestão de Fernando de Azevedo, até 1956, a "Brasiliana" publicou 286 volumes, obras de autores brasileiros e estrangeiros, inéditas ou completamente esgotadas, desconhecidas do grande público.

Em 1933, assumiu as funções de Diretor Geral da Instrução Pública de São Paulo, quando conseguiu dotar o Estado de um código de educação. Foi ainda fundador e primeiro diretor do Instituto de Educação.

Relator e principal redator do Manifesto da Escola Nova (1932), participou também do movimento de fundação da Universidade de São Paulo (1934), da qual foi um dos planejadores. Primeiro diretor da Faculdade de Filosofia, Ciências e Letras, *alma mater* dessa universidade, aí ocupou a cadeira de sociologia.

Seu compêndio *Princípios de Sociologia* é dos primeiros a serem publicados no país, sobre a matéria (1ª ed., 1935; 7ª ed., 1958), a ele se seguindo outra obra pioneira, *Sociologia Educacional* (1940) e a obra monumental *A Cultura Brasileira* (1943).

Fernando Azevedo foi ainda Secretário da Educação e Saúde do Estado de São Paulo (1945), e Secretário da Educação e Cultura da Prefeitura de São Paulo (1961), no mesmo ano em que era feito professor emérito da Universidade de São Paulo.

Eleito em 1968 para a Academia Brasileira de Letras, como terceiro ocupante da cadeira nº 14, fundada por Clóvis Beviláqua, e tendo por patrono Franklin Távora, foi recebido por Cassiano Ricardo.

Teve atuação importante na defesa de professores cassados pelo movimento de 1964, tendo sido o redator do Manifesto dos Intelectuais em 1965.

PARTE PRIMEIRA

1. Caracterização de uma Consciência

IDEAL MORAL E CRÍTICA

As idéias educacionais de Fernando de Azevedo estão profundamente ligadas às preocupações de ordem ética e política que desde cedo nortearam o seu pensamento. Nessas idéias está incluído o pressuposto de que uma reforma na educação brasileira teria influências modificadoras na própria sociedade, podendo, portanto, estabelecer-se uma relação entre educação e transformação social. Se bem que modulasse de modo crítico, ao longo de sua vida, essas conexões, permanecem em seu pensamento a necessidade de reforma moral e de mudança de mentalidade. Daí sua concepção da educação como agenciadora de uma consciência moral, encaminhando o indivíduo ao desenvolvimento de suas potencialidades e sua imersão no mundo social. Assim, a sã educação do cidadão é condição para a saúde do Estado. A moral passa, deste modo, a ser uma moral social e a educação uma verdadeira pedagogia social. No âmbito de um pensamento sobre educação na linha de Platão e Kant, qualificando suas idéias de "idealismo crítico", Fernando de Azevedo, no início de sua vida como professor, procura refutar aqueles que, como Paul Duproix, considerariam Kant como individualista. Não acha evidente que Kant tenha sido um homem que se encerrou obstinadamente na consciência pessoal, que se isolou em face do dever e que, se ensinou alguma coisa ao homem, o ensinou a viver exclusivamente da vida interior[1].

Fernando de Azevedo procura equacionar a oposição indivíduo e sociedade na formação da personalidade humana. Considera Kant como o criador de uma consciência coletiva, na qual sobressai o princípio de justiça como princípio fundamental, expresso no segundo imperativo categórico kantiano, assim interpretado:

ver no homem a pessoa moral, tratá-lo sempre como um fim em si mesmo, nunca como um simples meio, tão longe está de habituá-lo a tomar-se a si mesmo por um fim único, que, ao contrário, tanto mais sentirá ele seus laços com os outros homens e o que lhes deve, quanto mais se fizer um homem[2].

Nesse trecho transparece o racionalismo de Fernando de Azevedo, inspirado em Kant. Nos seres racionais, a mera apreensão de um bem moral leva a um agir adequado, a uma ação boa. O que é bom (e justo) deve ser desejado por si só, por ser bom em si mesmo, à parte de suas relações com quaisquer outras coisas. A justiça é em si mesma a razão de ações justas. Resumidamente, pois uma análise mais detalhada dos fundamentos do pensamento moral de Kant fugiria ao escopo desse trabalho, pode-se dizer que o fato moral essencial, a lei moral, deve apresentar a característica de universalidade reconhecida pela razão humana. Kant encontra no primeiro imperativo categórico essa universalidade:

Não agir senão de acordo com uma máxima que possa tornar-se lei universal.

O problema é encontrar, na medida em que se admite a universalidade de aplicação desse imperativo, seres aos quais essa lei moral se aplica e nos quais ela se encontra. A pergunta feita por Kant, prosseguindo no seu argumento, é: há de fato seres que valem por si sós e não podem ser meio para mais nada? Em outras palavras: há seres que são fim em si próprios?

Supondo, entretanto, que haja algo cuja existência tenha em si valor absoluto, algo que, sendo um fim em si próprio, possa ser uma fonte de leis

---

1. FERNANDO DE AZEVEDO, *O Segredo da Renascença, e outras Conferências*, São Paulo, Empresa Editora Nova Era, 1925, p. 40, citando o livro *Kant et Fichte et le problème de l'Education*, de PAUL DUPROIX.
2. *Idem*, p. 41.

definidas, então nisso e nisso apenas deveria permanecer a fonte de um possível imperativo categórico, isto é, uma lei prática[3].

A resposta kantiana é:

O homem e qualquer ser racional existe como um fim em si mesmo[4].

Somente como ser racional o homem é fim em si mesmo. Mas, como saber se os seres humanos são fim em si mesmos e não simplesmente meios para qualquer outra coisa?

O homem necessariamente concebe sua própria existência como tal. Temos então um princípio subjetivo das ações humanas. Mas todos os seres humanos percebem sua existência de modo similar, baseados no mesmo princípio que serve para mim: deste modo é, ao mesmo tempo, um princípio objetivo[5].

Se, então, é o fato de ser um ser racional que torna cada homem um fim em si próprio, segue-se que o mesmo raciocínio deve ser aplicado a todos os seres racionais. Nossa razão reconhece todos os seres racionais como fins em si mesmos e obriga-nos a tratá-los assim, mesmo que nossas inclinações nos levem a considerar-nos como fim e todos os outros seres como meios. Isto, é claro, seria contraditório e a razão o proíbe. Surge então a segunda lei e fundamentando-se nela Fernando de Azevedo elabora as relações entre moral individual e social.

Aja de modo a tratar a humanidade, quer na sua própria pessoa ou qualquer outra, em todos os casos, como um fim em si mesmo, nunca como um meio apenas[6].

O homem, como ser racional, consciente e sujeito à lei moral, é bom em si mesmo. Não pode ser usado como meio para se atingir outro fim. Graças ao reconhecimento irrecusável da razão humana, o domínio prático da moral assume um sentido prenhe de significados. Como a ordem psicológica depende da razão, assim também a ordem social estaria condicionada ao exercício dessa faculdade. Mas esse objetivo, para Fernando de Azevedo, é alcançado, pelo menos em grande parte, mediante a educação,

---

3. G.C: FIELD, *Moral Theory – An Introduction to Ethics*, London, University Paperbacks – Methuen, 1966 (1st edition, 1911), p. 30.
4. *Idem, ibidem.*
5. *Idem,* p. 31.
6. *Idem, ibidem.* Uma análise penetrante desse imperativo é também feita por Lucien Goldmann, para quem Kant conseguiu concentrar ali a condenação mais radical da sociedade burguesa e formular o fundamento de todo o humanismo. LUCIEN GOLDMANN, *Introduction à la Philosophie de Kant*, Ed. Gallimard, 1967, pp. 235 e 236.

que deve realizar uma síntese racional da oposição entre indivíduo e sociedade. No livro *Novos Caminhos e Novos Fins*, resultado de sua prática política e pedagógica, como Diretor de Instrução Pública no Distrito Federal (1926-1930), desenvolve o tema:

> A escola organizada em regime de vida e trabalho comum, própria para desenvolver a consciência social de igualdade, solidariedade e cooperação, e a consciência econômica do trabalho produtivo, não deve tender a sacrificar ou escravizar o indivíduo à comunidade, nem a prescindir os valores morais, na formação da personalidade humana[7].

ou

> Eu tenho da vida, e, portanto, da educação, uma concepção integral que não me permite considerar o homem apenas como instrumento de trabalho; que me criou a consciência da necessidade de aproveitar, na educação, todas as forças ideais, isto é, tudo aquilo que dá sentido e valor à vida humana, e, que, portanto, me obriga a reivindicar para o indivíduo os seus direitos em face da sociedade, à qual aliás ele tanto mais se adaptará e servirá, como unidade eficiente, quanto mais desenvolver e aperfeiçoar sua personalidade, em todos os sentidos. Se os problemas da educação se devem resolver em função da sociedade e *se a educação deve servir para edificar a sociedade nova*, não é menos certo que só redundará em proveito da sociedade o indivíduo, cuja personalidade atingir "o máximo de desenvolvimento" e, portanto, de eficiência dentro de suas aptidões naturais. *Não vejo onde colidem e se opõem os interesses do indivíduo e da sociedade, na escola socializada, que tem por base psicológica o respeito à personalidade da criança. A educação nova é, de fato, e deve ser uma iniciação na vida econômica e social, e, pelo trabalho educativo, uma iniciação no trabalho profissional e nas atividades produtoras;* ela tem, e deve despertar e desenvolver o sentido da vida econômica, o culto do trabalho, da máquina, e da ciência *mas a economia, a ciência e a máquina só adquirem sentido humano porque nos proporcionam os meios indispensáveis à criação e ao gozo de ideais e de valores da cultura*[8].

A idéia de uma finalidade moral para a educação persistirá na trajetória de seu pensamento, ainda que acrescida, através de processo de conciliação e superação, das finalidades sociais de educação; não existe oposição irredutível entre os deveres do indivíduo e os interesses da comunidade, sendo impossível ignorar a repercussão profunda do trabalho de cooperação e do espírito de solidariedade social sobre a consciência humana. Formação da personalidade moral e do sentido social seriam, portanto, as duas finalidades essenciais do processo pedagógico.

---

7. FERNANDO DE AZEVEDO, *Novos Caminhos e Novos Fins*. A Nova Política da Educação no Brasil, 3ª ed., São Paulo, Edições Melhoramentos, 1958, p. 19.

8. *Idem*, pp. 19 e 20. Grifos meus.

Em uma sociedade em processo, embora incipiente, de modernização (industrialização, aumento da força de trabalho etc.), Fernando de Azevedo, profundamente influenciado por Durkheim, Kerchesteiner, Dewey e Lunatscharsky, pensa a questão social e a educacional vinculando-as, desde 1923, com a ética política. Para ele, nessa época, a chave do problema social estaria em uma reforma moral e religiosa, endossando a encíclica *De Rerum Novarum*, de Leão XIII, "profundamente humana porque reduz, em última análise, a questão social a uma questão ética"[9].

Se a ética é exigência que se impõe ao homem pela razão, o exercício da criticidade começa a ser visto por Fernando de Azevedo como condição indispensável para uma ação racional na realidade. Criticidade não seria, entretanto, apenas clarificar o uso dos conceitos, remover obscuridades, contradições. Seria também examinar, julgar, dar valor e escolher o que deve ser criticado. Só assim atingir-se-ia a sabedoria que é, ao mesmo tempo, ciência e virtude, dois produtos da razão humana.

O homem é mais útil a si mesmo e à sociedade, pelo espírito lúcido, penetrante e maleável[10].

Homem culto é aquele que exerce a capacidade crítica, diferencia, raciocina incansavelmente sobre a realidade que o cerca. Por isso, é preciso meditar na função do educador:

O mestre não deve ensinar pensamentos, mas ensinar a pensar (Kant). Pensar bem é penetrar uma questão, esquadrinhá-la em todos os recantos e encará-la por todas as faces que apresenta (Fernando de Azevedo)[11].

Delineia-se a necessidade de identificar a metodologia a ser empregada.

Como enfim senão pelo hábito de *observação e reflexão*, poderemos pensar fortemente, remontar atrás na série das causas e impelir-nos para adiante na série das conseqüências, aprofundar a psicologia das coisas, estudar o homem e os fatos, nas suas relações íntimas com as tradições, a raça e o meio?[12]

9. FERNANDO DE AZEVEDO, *No Tempo de Petrônio. Ensaios sobre a Antiguidade Latina*, 3ª ed., revista e ampliada, São Paulo, Edições Melhoramentos, 1962, pp. 57 e 58.
10. FERNANDO DE AZEVEDO, *O Segredo da Renascença e outras Conferências*, São Paulo, Empresa Editora Nova Era, 1925, p.17.
11. *Idem*, pp. 19 e 20.
12. *Idem*, p. 23.

Mas a vida é sempre a grande predicadora e é preciso 'viver a vida através da vida", conduzindo o predicado moral a uma referência prática,

> pelo contato imediato com as realidades de vida e não esse otimismo americano, produto de um idealismo excessivo, das obras pregoadas por estimulantes, de Ellick-Morn e de tais quejandos alquimistas, eternamente absorvidos na tentativa ilusória de procurar a pedra, que transforme em felicidade inopinada tudo o que existe no reino da dor e do trabalho[13].

Devagar, muito devagar, em meio a esse "idealismo crítico" vai buscar em antigo estudo sobre Descartes os fundamentos teóricos de uma preocupação pelos problemas da finalidade das ciências e da importância da experiência e da observação:

> O imaginário, fosse o racional, não é o que nos importa; é preciso tomar pé no real e evitar sempre a precipitação e o preconceito. Podemos pressenti-lo; mas não adivinhá-lo; *a utilidade é a nossa ambição* e nosso fim; a ciência é feita para o homem e não o homem para a ciência[14].

Este "pé no real" certamente foi colocado por Fernando de Azevedo ao fazer o Inquérito sobre a Educação, em 1926, para o Estado de São Paulo, por sua experiência com a reforma da Instrução do Distrito Federal, em 1928, e pelo exercício de sua vida como sociólogo e educador. Já não é apenas o professor de literatura, o especialista em educação física (o seu primeiro livro, publicado em 1920, é sobre ginástica!) que fala. Seu pensamento ganha concisão, procura ir direto à coisa:

> Na base da civilização atual, estão a máquina, que é produto e obra da ciência e as idéias igualitárias, cujo desenvolvimento se deve, em grande parte, às próprias descobertas e conquistas científicas. A ciência... contribuiu para o nivelamento das classes e para a solidariedade social pela interpenetração cada vez mais rápida e profunda dos grupos humanos. Não se pode, pois, separar democracia da ciência, num sistema de educação popular[15].

Havia, no Brasil, o choque entre duas mentalidades. A diferença era a maneira de encarar as transformações políticas e sociais que uns viam como fatos e problemas e outros como "espectros e fantasmas". A atitude azevediana é de desassossego intelectual, o espírito de pesquisa, exame e revisão, constantes.

---

13. *Idem*, pp. 31 e 32.
14. "Descartes et l'éducation", *Revue pedagogique*, set.-out. 1897, por ALEXIS BERTRAND, in *O Segredo da Renascença, e outras Conferências*, São Paulo, Empresa Editora Nova Era, 1925, p. 24. Grifos meus.
15. FERNANDO DE AZEVEDO, *Novos Caminhos e Novos Fins. A Nova Política da Educação no Brasil*, 3ª ed., São Paulo, Edições Melhoramentos, 1958, p. 19.

Nós que vivemos em estado de inquietação, nos empenhamos na revisão constante de nossas doutrinas, duvidando de nós mesmos, sem descrermos da eficácia de nossos esforços, e trocando a fé baseada sobre o hábito e sobre a autoridade tradicional *pela fé que repousa sobre a experiência, as necessidades e os fatos*[16].

A racionalidade azevediana, entretanto, não pode ser equacionada diretamente com o "esprit de géométrie" cartesiano. Em carta a Alzira Vargas explica como, para ele, a inteligência humana é multifacetada, envolvendo várias dimensões.

Fui sempre, também eu, um inquieto em torno desse terrível problema de educação moral, mas toda a minha preocupação é a de não trair pelos meios as finalidades que é preciso atingir. O fim profundo da educação é, certamente, o aperfeiçoamento moral do indivíduo. Nada, porém, (e este é um conceito socrático) nos levará a maior apuro moral do que o cultivo da inteligência nas suas formas essenciais de penetração compreensiva, de alcance imaginativo e de informação esclarecida. Ainda há pouco tempo um amigo com quem discutia por carta essa questão fundamental, estabelecia uma distinção que lhe parece básica e podia parecer-nos um pouco sutil, entre o cultivo da razão e o cultivo da inteligência. A inteligência é, de fato, qualquer cousa de muito mais amplo, muito menos geométrico, muito mais real do que a razão do mundo cartesiano[17].

Fernando de Azevedo acentuou, ao longo de sua vida, em seus trabalhos e depoimentos, a necessidade do espírito científico, da objetividade. Perguntado[18], pouco antes de morrer, pela característica essencial da ciência, respondeu: a objetividade. E ele a definiu, então, como sujeição ao objeto, aliada a um esforço de análise e reflexão. Percebeu, porém, que nem a realidade, nem o sujeito, que tenta compreendê-la, são transparentes. Há no sociólogo educador, mesclada ao seu indefectível racionalismo durkheimiano, uma nostalgia do não previsível, do incontrolável, que a intuição e a imaginação oferecem.

Penetrando todos os domínios do ensino, da geografia como da história, das línguas e das literaturas, esse movimento de conquista do espírito científico não só contribuirá, aqui como em outros países, para a renovação dos métodos nos mais diversos setores de estudos, como também lhes alar-

---

16. FERNANDO DE AZEVEDO, *A Educação e seus Problemas*, 4ª ed., tomo I, revista e ampliada, São Paulo, Edições Melhoramentos, 1958, p. 17. Grifos meus.
17. FERNANDO DE AZEVEDO, Carta a Alzira Vargas do Amaral Peixoto em 3 de setembro de 1938. Arquivo Fernando de Azevedo. Instituto de Estudos Brasileiros. Universidade de São Paulo, pasta 48.
18. Depoimento prestado em 30 de novembro de 1973. A partir da definição do conceito de homem, Fernando de Azevedo abriu um debate com estudantes e professores. (Arquivos fonográficos da IEB, USP.)

gará cada vez mais as perspectivas. Certamente permanecerão sempre irredutíveis a toda disciplina científica a sensibilidade, o gosto e a fantasia livre que imperam, soberanas, no reino das artes e constituem o segredo da sedução incomparável de suas criações imortais. Mas não é somente no domínio literário ou artístico que se expandem, em toda a sua força, as intuições luminosas e o poder da imaginação, e satisfaz o espírito humano às suas exigências de beleza e de harmonia como ao desejo sempre renovado do desconhecido e do mistério. A harmonia de construção das teorias matemáticas, quer provenientes das sugestões e das inspirações da intuição, quer originadas da potência criadora do engenho humano, ou das teorias científicas, experimentalmente comprovadas, apresenta-se a qualquer espírito que seja capaz de penetrá-las e ame por instinto todas as formas que pode revestir a beleza, como uma fonte maravilhosa de prazer estético, semelhante ao que proporciona aos homens literariamente cultos a beleza de um poema em que a observação, a arte e a fantasia solicitam e repousam a imaginação[19].

Se a ciência procura desfazer mistérios, clarear zonas obscuras da realidade, a arte, ao contrário, avançaria no terreno do obscuro e do mistério, ali permanecendo muitas vezes. Mas é também nas regiões do desconhecido e misterioso que a ciência, como toda criação, desenvolve seu trabalho criador, diante da inesgotabilidade dos problemas colocados pela vida. Os homens da ciência são, eles também, poetas porque existe

uma poesia das ciências, que nasce da contemplação de seus objetivos, da imensidade de suas perspectivas, da simplicidade e do pequeno número de suas leis engendrando a infinidade cambiante dos efeitos, do espetáculo móvel e, contudo, imutável da vida do universo[20].

No homem da ciência, tanto quanto no poeta, existiria essa busca do desconhecido, esse desejo do mistério, a necessidade de fugir do *déjà vu*, das realidades aparentes, da *doxa*. Partindo do obscuro, do aparente, do velado, deseja chegar às idéias claras, à realidade, à verdade. É atraído pelo caos perturbador, mas tenta transformá-lo num cosmos racional e compreensível, extraindo dos fenômenos, leis e do desconhecido, o conhecido. Apesar disso, quando submetido

ao contacto áspero das realidades ou a um tratamento excessivamente metódico ou mecanizado, os espíritos tendem a abandonar-se a quem lhes oferece os meios de evasão de um mundo limitado e satisfeito demais com as suas certezas, para dirigir-se aos maravilhosos países do sonho[21].

19. FERNANDO DE AZEVEDO, *A Educação e seus Problemas*, 4ª ed., tomo II, revista e ampliada, São Paulo, Edições Melhoramentos, 1958, pp. 79 e 80.
20. *Idem*, p. 80. A citação é de Francisco Vial.
21. *Idem*, p. 81.

Sua sensibilidade estética o impele para o lado incompreensível, misterioso da vida, para aquilo que Fernando de Azevedo qualifica de ilusão.

A ilusão acaba sempre por tirar a sua desforra sobre a verdade. Por mais que se desenvolva (e nunca será demais favorecê-lo) o culto da ciência pura ou aplicada e de seus méritos rigorosos, há de se encontrar, pois, no fundo das almas, a persistência dessas longínquas tendências hereditárias que as fazem rondar às portas do mistério e do desconhecido, – da arte, da beleza e da religião[22].

Não sem uma profunda razão, entretanto, amou Fernando de Azevedo o *Satiricon*, de Petrônio. É que ali a ficção é retrato, esteticamente perfeito, trespassado pela lucidez sociológica de Petrônio, de uma realidade insustentável. Caracteristicamente, Fernando de Azevedo procura uma conciliação, uma coincidência de visões de mundo aparentemente opostas. A arte é uma iluminação da realidade e a ciência, visão e descrição:

> Enquanto tivermos sensibilidade e gosto, capacidade de sonho e de imaginação, os ácidos da lucidez não poderão atacar o sentimento estético senão para fazer nele efervescência e desenvolver, com o espírito crítico, o entusiasmo pelas coisas belas, sejam construções teóricas do saber humano, sejam as criações do gênio artístico e literário. São os homens de ciência que, nos seus laboratórios, nos desvendam os mistérios que se ocultam na natureza ou mais propriadamente na matéria, mas são os sábios, pensadores e artistas, que nos descobrem através do que passa, o que fica, ou nos recolhem e lhes dão forma, para transmitir-nos as impressões de que cada dia a vida nos perturba e nos enriquece; e é nesse prisma mudável, em que as coisas se iluminam ou se transfiguram, que nos comprazemos em seguir a refração da vida e do universo. A arte nos dá, portanto, a visão, doce ou violenta, a iluminação de uma realidade, com mais ou menos parcialidade, enquanto a ciência nos dá a visão da realidade com o *maximum* de objetividade e de exatidão. Procuramos, enfim, marchar dentro da claridade; e, a zona de claridade se vai fazendo e ampliando à volta de nós, por toda parte em que os homens se sacrificam na procura da verdade, pelo exame dos fatos[23].

A educação, portanto, contém em si inúmeras possibilidades. Uma delas é a de conduzir o indivíduo, através do exercício da razão, pelo caminho de uma ética ao mesmo tempo individual e comunitária. O espírito de solidariedade é o seu resultado. A outra seria a de considerar que o espírito crítico, usado por Fernando de Azevedo no sentido de apreciação rigorosa de cada problema, é a via real da razão que busca, em processo de aproxima-

---

22. *Idem, ibidem*.
23. *Idem, ibidem*.

ções sucessivas, soluções para as questões que o mundo apresenta. A razão azevediana, entretanto, contém dimensões mais amplas que a razão no seu sentido restrito, cartesiano. Na verdade admite que a inteligência humana não é só lógica, mas também imaginação e capacidade criadora.

2. O Projeto Azevediano de Reconstrução

> *O que faz de nossos estudantes mestres tão idiotas é que tudo quanto vêem ou ouvem nas escolas não lhes oferece nenhuma imagem da sociedade.*
>
> PETRÔNIO, *Satiricon*.

A NOVA MENTALIDADE DOS FINS SOCIAIS DA EDUCAÇÃO

O surgimento de uma consciência educacional emergiu de uma geração vítima, ela própria, das falhas do meio social e do sistema de educação em que se formou[1]. Por isso, tentará inscrever no seu programa de ação reformas econômicas, sociais e pedagógicas. Essa consciência não eclodiu de repente, como em geral se pensa, após a Revolução de 30, mas já estava em formação desde os anos 20, quando se processaram reformas escolanovistas em diversos estados[2]. Com a dupla pressão de uma crise universal — Guerra de 1914 e Revolução Russa — e, mais tarde, com a crise por que passou a República com a Revolução de 1930

---

1. FERNANDO DE AZEVEDO, *A Educação entre Dois Mundos. Problemas, Perspectivas e Orientações*. São Paulo, Edições Melhoramentos, 1958, Introdução ao Manifesto de 1932, p. 47.
2. JORGE NAGLE, *Educação e Sociedade na Primeira República*, E.P.U./ MEC, 1976. (Reimpressão.)

– um grupo de educadores tenta refletir e submeter as instituições, os homens e os fatos a um processo de revisão e crítica. "Idealistas práticos", realistas a serviço do espírito, assim os classifica Fernando de Azevedo. Acredita-se que a educação possa ser fator importante, se bem que não o único, de transformação social, na medida em que qualquer projeto de reconstrução nacional necessita de uma força de trabalho suficiente, técnicos e universidades onde se desenvolvam, no campo das diversas ciências, pesquisas teóricas e práticas. Está-se, no Brasil, quase na estaca zero. Educação elitista, percentual imenso de analfabetos. É preciso, antes de mais nada, que se estabeleça "o novo sistema de fins sobreposto ao sistema de meios", apropriado aos novos fins necessários para realizá-los[3].

Duas idéias-vetores parecem constituir o cerne não só da Reforma Educacional, realizada por Fernando de Azevedo, em 1928 no então Distrito Federal – quando exerceu o cargo de Diretor de Instrução Pública – como também do Manifesto dos Pioneiros da Escola Nova, redigido por ele.

1) A necessidade de uma mudança de mentalidades, condição essencial para que se possa resolver problemas urgentes da realidade educacional.

2) A constatação de que o problema da educação comporta um discussão de suas finalidades, sendo, portanto, um problema de ordem filosófica e política.

Uma transformação de mentalidades estaria vinculada ao ideal de um novo humanismo e à possibilidade de se fazer da escola um elemento ativo e dinâmico na sociedade, contribuindo eficazmente para uma verdadeira mudança social e cultural, ao introduzir novos fins ao processo e prática educativos. Esses fins, por sua vez, dependeriam de ideais filosóficos e políticos que deveriam ser analisados.

Em 1925, Fernando de Azevedo pergunta: "Que é a escola, no conceito moderno, senão a preparação para a vida?" Trata-se, antes de mais nada, de abandonar "uma concepção social vencida", escola da erudição sem sentido, produtora e reprodutora de intelectuais agentes da perpetuação do *status quo*, por uma outra concepção de vida, eminentemente social, em uma época que acordava para a questão social e da unidade nacional.

3. FERNANDO DE AZEVEDO, *A Educação Entre Dois Mundos. Problemas, Perspectivas e Orientações*. São Paulo, Edições Melhoramentos, 1958, p. 49.

Pelo que se pode depreender de seus textos, essa concepção inovadora da escola daria ênfase não só à preparação para o trabalho, "um mínimo de conhecimentos necessários à prática racional de um trabalho", mas também à consciência dos deveres e ao exercício dos direitos do cidadão.

A dificuldade está, para quem estuda esse autor, em compreender sua noção de concepção de vida. A reforma de 1928 extraiu sua força de expansão, assim ele pensa, de "uma ideologia clara, firme e francamente renovadora... dominada por uma nova concepção de vida"[4].

Essa nova concepção de vida comporta uma crítica às ideologias que teriam até então dominado a mentalidade educacional. Para Fernando de Azevedo, seria necessário ver o trabalho de forma diversa de como ele tem sido encarado, ou seja, como a maneira de o homem influir ativamente na vida natural, modificando-a, transformando-a, socializando-a. A educação seria única, isto é, igual para todos no nível primário e para que isso fosse possível seria necessário o auxílio da União. Só assim, teoricamente pelo menos, haveria difusão universal do ensino, sem prejuízo da qualidade e sem discriminações classistas.

Curiosa é a identidade de opinião do sociólogo-educador Fernando de Azevedo e do político Antonio Gramsci[5], com respeito à escola tradicional. Em ambos se delineia uma forte

crítica à escola tradicional, instalada para uma concepção burguesa que mantém o indivíduo na sua autonomia isolada e estéril, resultante da doutrina do individualismo libertário[6]. ... e uma apologia da escola socialista reconstituída sobre a base da atividade e da produção, em que se considera o trabalho como a melhor maneira de se estudar a realidade em geral (aquisição ativa da cultura) e a melhor maneira de se estudar o trabalho em si mesmo, como fundamento da sociedade humana...[7].

4. FERNANDO DE AZEVEDO, *Novos Caminhos e Novos Fins. A Nova Política da Educação no Brasil*, 3ª ed., São Paulo, Edições Melhoramentos, 1958, p. 16.
5. Interessante também é o acordo de ambos, em época anterior, nos motivos para defesa do ensino do latim: disciplina mental, formação civil, sabedoria histórica, etc. Fernando de Azevedo, entretanto, modificou suas idéias a respeito, diferentemente de Gramsci, que fez até o fim da vida a apologia do latim, inseparável da cultura italiana. Veja-se, a esse respeito, o livro *Gramsci e la cultura contemporanea*, Editori Riuniti, Instituto Gramsci, 1975 (vários autores).
6. FERNANDO DE AZEVEDO, *A Educação Entre Dois Mundos. Problemas, Perspectivas e Orientações*. São Paulo, Edições Melhoramentos, 1958, p. 64. Manifesto da Escola Nova.
7. *Idem, ibidem.*

Azevedo, como Gramsci, critica acerbamente toda cultura verbal, "demais afastada do concreto, cheia demais de retórica e poesia, demais desdenhosa das realidades humanas, sem contrapeso científico". Se Gramsci vincula essa herança retórica à influência da cultura clássica ensinada nas escolas italianas, Fernando de Azevedo atribui essa cultura arcaica ao fato de nossa colonização ter sido feita por um Portugal transmissor de cultura escolástica, tributária de uma religião mais transmissora de rituais que propriamente criadora, eminentemente literária e nas condições sociais e econômicas que na maior parte dos países ibéricos marcam a transição de uma civilização patriarcal para uma civilização técnica industrial.

A pregação azevediana, portanto, dá ênfase à necessidade de uma mudança de mentalidades. Se a escola não deve ser apenas um reflexo do meio, mas elemento dinâmico, capaz de contribuir em uma obra de transformação social, faz-se necessária uma outra maneira de encarar o Brasil, a questão social, as finalidades da educação. Se bem que dê aos fatores econômicos, às condições materiais da existência, grande importância (e daí a necessidade de, conjuntamente com as reformas educacionais, serem introduzidas reformas econômicas), confere aos fatores ideológicos e culturais um lugar privilegiado. Idéias, ideais, ideologias, para esse teimoso iluminista: "As cabeças humanas, como as palmeiras do deserto, se fecundam à distância"[8], porque as diretrizes norteadoras e os fundamentos culturais que propiciam (ou afastam) certos progressos são, para ele, questões básicas. Fazer educação é, preliminarmente, tomar o sentido da vida e é nas altas regiões do pensamento que se esclarecem e definem a concepção e o sentido da vida, e, portanto, os ideais, as diretrizes e os princípios da educação. Mas,

o confronto do sistema escolar com o conjunto do sistema social, levando-nos a rejeitar o "ideal concebido como absoluto" nos deu o sentimento do relativo, não só quanto ao papel da escola na sociedade, como no ideal que a deve corrigir. *A nossa concepção de ideal é estreitamente ordenada à nossa representação da realidade*. Ora, se o jogo das causas econômicas e o progresso das máquinas desenvolveram, na sociedade atual, o predomínio da indústria que criou uma civilização em mudança, o alargamento quantitativo das sociedades, com a multiplicação dos círculos e dos contatos sociais, trouxe em conseqüência o desenvolvimento das idéias igualitárias, que presidem a nossa evolução social. *A educação nova, nas suas bases, na sua fi-*

---

8. FERNANDO DE AZEVEDO, *Novos Caminhos e Novos Fins. A Nova Política da Educação no Brasil*. 3ª ed., São Paulo, Edições Melhoramentos, 1958, p. 189.

nalidade e nos seus métodos, não podia, pois, fugir, de um lado, às idéias de igualdade, de solidariedade social e de cooperação que constituem os fundamentos do regime democrático, e por outro lado às idéias de pesquisa racional, trabalho criador e progresso científico, que guiam a sociedade cada vez mais libertada da tirania das castas e da servidão dos preconceitos. Se a educação é a socialização do indivíduo, se ela tem por objetivo sobrepor uma natureza social às naturezas individuais, é no estudo e comparação das realidades sociais, é nas reflexões que resultam dessas realidades, que se tem de buscar os ideais e lançar os fundamentos de suas reformas[9].

O que almeja é nada menos que uma "revolução na educação", "transformação copérnica"[10] com a participação do povo, até então, em sua maioria, alijado do processo educativo. São as idéias que se refletirão no manifesto da Escola Nova, com tríplice ênfase na escola única (para todos), universal e gratuita, na escola do trabalho e na escola-comunidade. A escola-comunidade, sob o regime de autogoverno e de co-responsabilidade de mestres e alunos, permitiria a intervenção dos alunos na própria administração, habituando-os ao governo, isto é, *"a pensar e agir em função do bem coletivo, criando a consciência da função social da riqueza"*[11].

Em *Novos Caminhos e Novos Fins*, Fernando de Azevedo expõe de maneira clara os ideais da Escola Nova:

A reforma da educação com que se institui a escola para todos (escola única), organizada à maneira de uma comunidade e baseada no exercício normal do trabalho em cooperação, implantou no Brasil escolas novas para uma nova civilização. Pondo na base as idéias igualitárias de uma sociedade de forma industrial, em marcha para a democracia e na cúspide da pirâmide revolucionária da reforma, os ideais de pesquisa, de experiência e de ação, quis o Estado preparar as gerações não para a vida, segundo uma representação abstrata, mas para a vida social do seu tempo, sob um regime igualitário e democrático em evolução, transmudando a escola popular não apenas em instrumento de adaptação (socialização) mas num aparelho dinâmico de transformação social. Para este fim, a reforma articulou a escola com o meio social, modificou a sua estrutura remodelando-a num regime de trabalho e de vida comum, sob a feição de uma comunidade em miniatura, em que seriam utilizadas as diversas formas de atividade social, que desenvolvem o sentimento de responsabilidade, de sociabilidade e de cooperação[12].

9. FERNANDO DE AZEVEDO, *Idem*, p. 17. Grifos meus.
10. FERNANDO DE AZEVEDO, *No Tempo de Petrônio. Ensaios sobre a Antiguidade Latina*, 3ª ed., revista e ampliada, São Paulo, Edições Melhoramentos, 1962, p. 59.
11. FERNANDO DE AZEVEDO, *Novos Caminhos e Novos Fins. A Nova Política da Educação no Brasil*, 3ª ed., São Paulo, Edições Melhoramentos, 1958, pp. 85 *et passim*. Grifos meus.
12. *Idem*, p. 17.

Como compreender esse empenho azevediano na luta educacional através de uma mudança de mentalidades? Para ele os maiores obstáculos à concretização de seus ideais educacionais no projeto de reconstrução nacional — leia-se democratização em um sistema capitalista — são de ordem cultural e ideológica. Dificilmente se levaria a bom termo uma modificação no sistema educacional, num projeto educacional contextualmente tão avançado quanto o dele, sem uma nova concepção de vida. Cotejando a reforma de 1928, no Distrito Federal, com o texto do *Manifesto dos Pioneiros da Escola Nova* ver-se-á, porém, que as idéias principais do último estão contidas na primeira, excetuando-se, é claro, a seção referente à criação de universidades e a ênfase na laicidade. E nem poderia ser de outra forma, já que a reforma foi realizada e o manifesto redigido por Fernando de Azevedo...[13]. As circunstâncias, é claro, seriam diferentes. A reforma efetivou-se no governo do Presidente Washington Luís, tendo sido Fernando de Azevedo trazido ao Rio pelo Prefeito Prado Junior e por Alarico da Silveira, Secretário do Presidente. O manifesto surgiu da necessidade de se delinear algum projeto educacional mais amplo depois da Revolução de 30, que não trouxe consigo um ideário educacional preciso.

Essa nova tábua de valores, entretanto, se não se constitui na linguagem corrente das classes dominantes, políticas ou burocráticas, ele a apresenta como a mais racional dentro de um alargamento da própria mentalidade burguesa. Os fracassos e vicissitudes do processo de democratização do ensino seriam devidos ao extremo obscurantismo que caracteriza a burguesia nacional (e não apenas as classes dominantes), incapaz sequer de viver seu papel histórico. A raiz disto tudo, Fernando de Azevedo a desenterra na complexidade de nossa cultura, autoritária e conservadora, sofrendo daquela doença que mais tarde qualificará de sinistrismo. A revolução educacional, por conseguinte, deveria passar-se dentro dos limites do próprio sistema burguês. Não se trata apenas de uma modificação reformista, no sentido de ser imposta à massa pelos intelectuais-educadores. Não. A noção de escola-comunidade, como veremos adiante, é a possibilidade da entrada de uma outra cultura, do ingresso no sistema educacional de modos de ver e sentir diferentes. Essa abertura para o desconhecido, de repercussões imprevisíveis, e na qual se pode perce-

---

13. Vejam-se, a esse respeito, no Anexo desse trabalho, as cartas de Fernando de Azevedo a Frota Pessoa nas datas de 22 de fevereiro, sem data, 14 de março e 8 de abril de 1932, às pp. 151 a 157.

ber a influência européia das *Schulgemeinde* de Paulsen, seria talvez a idéia mais fecunda de Fernando de Azevedo.

Não é, todavia, radical, se assim se considera todo o pensamento que recusa reformas em nome de uma hipotética revolução futura. Duas soluções diferentes, que Fernando de Azevedo procurou superar através de sua ação como educador, pela construção de um sistema educacional mobilizador e capaz de ativar pela força de sua própria organização as potencialidades educacionais do país intervindo no desenvolvimento econômico, político e cultural. A sua ênfase na necessidade de uma mudança de mentalidades radica em sua convicção de que não adianta mudar o sistema educacional apenas na exterioridade de suas regras manifestas. Seria preciso que se modificasse até mesmo aquela concepção de vida, aquela ideologia, enfim, que não é mera excrescência ou reflexo deformante, mas uma dimensão essencial das condições da existência, na medida em que determina a significação das próprias condutas sociais. O que importaria, para ele, é a modificação não tanto dos conteúdos já codificados por nossa cultura mas o próprio sistema de codificação da realidade: uma nova mentalidade.

EDUCAÇÃO E POLÍTICA

Tanto no verdadeiro relatório refletido que é o livro *Novos Caminhos e Novos Fins*, súmula de sua experiência como reformador da educação no Distrito Federal, como em suas obras mais maduras como *A Educação Entre Dois Mundos*, *A Educação e seus Problemas* (1937), nas suas idéias quanto à democratização da cultura (1945) e em *Sociologia Educacional* (1940), Fernando de Azevedo pensa a educação como sendo, em última análise, um problema de ordem filosófica (filosofia moral e filosofia social), comportando, portanto, uma discussão e explicitação de suas finalidades. Há uma aguda consciência azevediana de que educação e filosofia de vida estão em estreita ligação, assim como educação e política.

... e a impossibilidade de organizar um sistema educacional, flexível e vivo, sem submetê-lo a uma concepção filosófica e política que lhe inspirasse de alto a baixo a estrutura e lhe dirigisse a aplicação em todos os seus detalhes, subordinando os meios às finalidades estabelecidas[14].

14. FERNANDO DE AZEVEDO, A Vitória sobre as Forças de Dissolução. Apud *Velha e Nova Política, Aspectos e Figuras de Educação Nacional.* Bi-

A contribuição original de Fernando de Azevedo não está apenas no fato de ter incorporado ao seu pensamento os princípios da Escola Nova[15], mas sim da nova finalidade atribuída ao sistema de educação e, portanto, da própria filosofia de que se desprendeu. Os problemas em educação apenas adjetivamente são problemas técnicos (de administração da organização educacional, de técnicas pedagógicas, etc.), porque substantivamente – Fernando de Azevedo repetiu isso *ad nauseam* – são problemas de ordem política[16], social, econômica e filosófica.

No *Manifesto dos Pioneiros da Escola Nova*[17], documento básico para a compreensão da mentalidade daquele grupo de inovadores na educação brasileira, ressalta ainda a extrema ênfase nos fins da educação, ou seja, no problema filosófico da educação:

> Toda educação varia sempre em função de uma concepção de vida, refletindo, em cada época, a filosofia predominante que é determinada, a seu turno, pela estrutura da sociedade. É evidente que as diferentes camadas e grupos (classes) de uma sociedade dada terão respectivamente opiniões diferentes sobre a "concepção do mundo", que convém fazer adotar ao educando e sobre o que é necessário considerar como "qualidade socialmente útil"[18].

A questão primordial das finalidades da educação gira, portanto, em torno de uma concepção de vida, de um ideal. O conteúdo real desse ideal variando, para Fernando de Azevedo, de acordo com a estrutura e as tendências sociais. Por isso, para ele:

---

blioteca Pedagógica Brasileira, Atualidades Pedagógicas, Série 3ª., vol. 40. São Paulo. Companhia Editora Nacional, 1943, p. 89.

15. A infância é considerada – "contrariamente à tradição" – como estado de finalidade intrínseca, de valor positivo, e não mais como condição transitória e inferior, negativa, de preparo para a vida do adulto. Com esse novo fundamento se erigirá o edifício escolanovista: a institucionalização do respeito à criança, à sua atividade pessoal, aos seus interesses e necessidades, tais como se manifestam nos estágios do seu "desenvolvimento natural". Parte-se da afirmação de que o fim da infância se encontra na própria infância; com isso, a educação centraliza-se na criança e será esta nova polarização que será chamada de a "revolução copérnica" no domínio educacional. JORGE NAGLE, *Educação e Sociedade na Primeira República*, E.P.U./MEC – 1976, (reimpressão), p. 249.

16. Leia-se, a esse respeito, no Anexo desse trabalho, a carta de Fernando de Azevedo a Francisco Venâncio Filho, em 6 de janeiro de 1936, à p. 114 e s.

17. FERNANDO DE AZEVEDO, "Manifesto dos Pioneiros da Escola Nova", 1932, *apud A Educação Entre Dois Mundos*. Veja-se, no Anexo, à p. 183.

18. *Idem*, p. 63.

A educação nova não pode deixar de ser uma reação categórica, intencional e sistemática contra a velha estrutura do serviço educacional artificial e verbalista, montada para uma concepção vencida[19].

Para esses inovadores:

A diversidade de conceitos de vida provém, em parte, das diferenças de classe e, em parte, da variedade de conteúdo na noção de "qualidade socialmente útil", conforme o ângulo visual de cada uma das classes ou grupos sociais. A educação nova... não deve servir aos interesses de classes, mas aos interesses dos indivíduos, e que se funda sobre o princípio da vinculação da escola com o meio social, tem o seu ideal condicionado pela vida social atual, mas profundamente humano, de solidariedade, de serviço social e cooperação[20].

Embora reconhecendo as dificuldades de uma real igualdade de oportunidades na medida em que existem desigualdades materiais reais, o *Manifesto da Escola Nova* afirma a possibilidade de a educação se desprender dos interesses de classe aos quais ela teria servido até então, para visar a um indivíduo que, aparentemente desvinculado de um determinado passado e de uma situação sócio-econômica precária, poderia desenvolver suas aptidões naturais. É o estranho "caráter biológico", conceito com o qual se tenta resolver as incapacidades devidas a fatores sócio-econômicos e às diferenças de classe.

Desprendendo-se dos interesses de classes, a que ela tem servido, a educação perde o sentido aristológico para usar a expressão de Ernesto Nelson, deixa de constituir um privilégio determinado pela condição econômica e social do indivíduo, para assumir um "caráter biológico", com que ela se organiza para a coletividade em geral, reconhecendo a todo indivíduo o direito a ser educado até onde o permitam as suas aptidões naturais, independente de razões de ordem econômica e social[21].

Ora, essa nova concepção de vida, enfatizando os fins sociais da educação, dá ao trabalho em comum – primeira experiência de um acordo pelo objeto[22] – e à ligação com a comunidade uma importância ainda não percebida pelos antigos educadores brasileiros. Se o trabalho foi sempre a maior escola da personalidade moral, é preciso fazer homens antes de fazer instrumentos de produção. Ele não é apenas o método que aumenta a produção, mas é o único aspecto suscetível de fazer homens cultivados e

---

19. *Idem*, p. 64.
20. *Idem, ibidem*.
21. FERNANDO DE AZEVEDO, *Idem, ibidem*.
22. FERNANDO DE AZEVEDO, *A Educação e seus Problemas*. 4ª ed., tomo II, revista e ampliada, São Paulo, Edições Melhoramentos, 1958, p. 179.

úteis sob todos os aspectos. Os valores da nova educação são, nota Fernando de Azevedo, valores permanentes.

O trabalho, a solidariedade social e a cooperação, em que repousa a ampla utilidade das experiências; a consciência social que nos leva a compreender as necessidades do indivíduo através das da comunidade, e o espírito de justiça, de renúncia e de disciplina, não são, aliás, grandes "valores permanentes" que elevam a alma, enobrecem o coração e fortificam a vontade dando expressão e valor à vida humana?[23]

Motivo de crítica dos setores conservadores e reacionários[24], na época do Manifesto, foi a ênfase dada por esse "Bolchevista intelectual" à necessidade de se abrir o sistema escolar a toda a população alijada da educação, do saber, e portanto, do poder.

Um vício das escolas espiritualistas, já o ponderou Jules Simon, é o "desdém pela multidão". Quer-se raciocinar entre si e refletir entre si. Evitai de experimentar a sorte de todas as aristocracias que se estiolam no isolamento. Se se quer servir à humanidade é preciso estar em comunhão com ela[25].

Teórico, Fernando de Azevedo não é menos um realizador que faz descer do campo da abstração para a esfera do real as respostas e soluções encontradas. O homem que pensa os fins de educação é também o que realizou e agiu em função de um ideal socializante, marcado por suas permanentes inquietudes éticas.

Mas a escola socializada não se organizou como um meio essencialmente social senão para transferir do plano da abstração ao da vida escolar em todas as suas manifestações, vivendo-as intensamente essas virtudes e verdades morais, que contribuem para harmonizar os interesses individuais e os interesses coletivos. Nós não somos antes homens e depois seres sociais, lembra-nos a voz insuspeita de Paul Bureau; somos seres sociais por isto mesmo que somos homens, e a verdade está antes em que não há ato, pensamento, desejo, atitude, resolução, que tenham em nós sós seu princípio e seu termo e que realizem em nós somente a totalidade de seus efeitos[26].

23. FERNANDO DE AZEVEDO, *A Educação Entre Dois Mundos. Problemas, Perpectivas e Orientações*, São Paulo, Edições Melhoramentos, 1958. O Manifesto, p. 65.
24. Vejam-se, a esse respeito, no Anexo desse trabalho, pp. 106 e 108, as cartas de Fernando de Azevedo a Francisco Venâncio Filho, datadas de 24 de março e 12 de abril de 1932.
25. FERNANDO DE AZEVEDO, *A Educação Entre Dois Mundos. Problemas, Perspectivas e Orientações*, São Paulo, Edições Melhoramentos, 1958. O Manifesto, p. 65.
26. FERNANDO DE AZEVEDO, *A Educação Entre Dois Mundos. Problemas, Perspectivas e Orientações*, São Paulo, Edições Melhoramentos, 1958, pp. 65 e 66.

Há uma consciência nítida das dificuldades encontradas no caminho de uma reforma radical na educação porque, se a renovação começa na escola, ela não se limita somente a ela. Isto significa que, por si só, a escola é impotente para formar o indivíduo, havendo inúmeras outras forças que concorrem para sua formação. A escola única, primeiro degrau para a democratização do ensino, está incluída num sistema social mais amplo. Por isso,

a rigor só não ficará na contingência de sofrer quaisquer restrições, em países em que as reformas pedagógicas estão intimamente ligadas com a reconstrução fundamental das relações sociais[27].

Essa convicção da importância de se associar educação e política, presente nos anos 20, reiterada ao longo de seu percurso como educador, tem em carta a Paschoal Leme sua explicação mais coerente. É que, em 1945, amigos, velhos companheiros de luta, quase todos signatários do Manifesto de 1932, indagaram de Fernando de Azevedo a possibilidade de um novo programa de ação educacional. Cogitava-se, talvez, de se lhe oferecer cargo na administração ou que ele assumisse a liderança das forças educacionais do país. Ao se negar ao apelo Fernando de Azevedo se justifica:

Ora, meu caro amigo, se toda política de educação implica necessariamente e pressupõe uma determinada política geral em que se enquadra e que a define, como é possível tomarem os educadores uma posição e entrar na luta senão diante de programas políticos ou de plataformas de idéias claras e precisamente formuladas? Os professores em geral, de todos os graus de ensino, educadores não conformistas, democráticos e revolucionários, necessitam, para se definirem na luta, examinar qual dos candidatos e qual dos programas em que se apresentarem oferece maiores possibilidades e garantias à execução de suas idéias e de seus planos de reformas. V. objetará, com a sua admirável lucidez, que podemos e devemos antecipar-nos, submetendo à consideração dos candidatos um programa como aspiração de um grupo numeroso de educadores. Não há dúvida. Mas, neste caso, *já temos o Manifesto de 32*, em que se fixaram, por essa época, os nossos pontos de vista e que, com alguns acréscimos e modificações importantes, para o tornarem atual, mais dentro de nosso tempo e da fase nova da evolução do pensamento social, político e pedagógico, ainda exprimirá um plano de reformas mínimas, em bases democráticas e socialistas[28].

A esse batalhador educacional deve o Brasil um luta renhida, junto com Anísio Teixeira, Lourenço Filho, Francisco Venâncio

27. *Idem*, pp. 66 e 67.
28. FERNANDO DE AZEVEDO, Carta a Paschoal Leme, 10-03-1945. Veja-se no Anexo, à p. 162 e ss.

Filho, Frota Pessoa e muitos outros[29], por uma concepção de escola leiga, gratuita e obrigatória, pautando-se pelas necessidades regionais, pressupondo uma unidade que não significasse uniformidade, mas, ao contrário, multiplicidade e, por conseguinte, uma educação que, conquanto federativa e descentralizada, leve em consideração que a escola não deve ser

> um aparelho formal e rígido, sem diferenciação regional, inteiramente desintegrado em relação ao meio social, mas passar a ser um organismo vivo, com uma estrutura social organizada à maneira de uma comunidade palpitante pelas soluções de seus problemas[30].

Cumpre agora perguntar: o que aconteceu com o movimento? Em seu livro *A Cultura Brasileira*, Fernando de Azevedo constata melancolicamente que pouco a pouco as idéias da Escola Nova, com a instauração do Estado Novo, em 1937, foram abandonadas. Por isso, não parece ser possível identificar esse movimento, francamente renovador, com o que se manifestara na arte e na literatura e que culminou com a semana de arte moderna em 1922. Nasceram ambos de poderosa fermentação de idéias, mas as marcas deixadas não foram as mesmas. Por quê? Uma das razões poderá ser que uma reforma de educação daquela envergadura, no Brasil, significaria uma modificação radical da mentalidade e das concepções de vida dos que passaram a governar depois de 30. Ora, essa revolução não conseguiu implantar, de fato, nenhum ideário realmente revolucionário, no campo de educação.

> Trazer, não trazia a revolução, que desfraldou o estandarte liberal, um programa de política escolar nitidamente formulado ou mesmo implícito num plano de reorganização nacional que se propusesse a executar quando as armas vitoriosas concentrassem nas mãos de seus chefes os poderes da Nação. Nem prevalecia, a não ser em alguns grupos revolucionários, de tendências mais avançadas, a idéia de que a posse do poder formasse a condição suficiente para grandes transformações sociais, econômicas e pedagó-

---

29. Outros assinantes do Manifesto: Afranio Peixoto, A. de Sampaio Doria, Roquette Pinto, Julio de Mesquita Filho, Raul Briquet, Mario Casasanta, C. Delgado de Carvalho, A. Ferreira de Almeida Jr., J.P. Fontenelle, Roldão Lopes de Barros, Noemy M. da Silveira, Hermes Lima, Attilio Vivacqua, Paulo Maranhão, Edgar Sussekind de Mendonça, Armando Álvaro Alberto, Garcia de Rezende, Nóbrega da Cunha, Paschoal Leme, Raul Gomes, Cecília Meireles.

30. FERNANDO DE AZEVEDO, *A Educação Entre Dois Mundos. Problemas, Perpectivas e Orientações*. São Paulo, Edições Melhoramentos, 1958, p. 71.

gicas. No entanto, já se havia formado uma consciência educacional; e algumas aspirações da cultura, como a criação de um Ministério de Educação...[31]

Profundamente ambígua é a visão azevediana do golpe de 37:

> Se, com o golpe de Estado que instituiu, no Brasil, a 10 de novembro de 1937, um regime autoritário e unitário, entrou em declínio a campanha que se vinha desenvolvendo pela renovação educacional, é certo que alguns de seus princípios foram consagrados na nova Constituição promulgada pelo Presidente da República e assinada por todo o Ministério. O estado de sítio ou de guerra, como lhe chamaram, e em que viveu o país, de 1935 a 1937, e o golpe de força que pôs termo ao regime constitucional de liberdades públicas, impediram efetivamente que, em matéria de política escolar e cultural, a balança acusasse o peso real dos contendores; e a política adotada pelo governo da União julgou poder fazer a economia do conflito, nesse e em outros domínios, pelo conhecimento e pelo equilíbrio das forças antagônicas[32].

A Constituição de 34 incorporou os pontos fundamentais das reivindicações católicas, como o ensino religioso nas escolas, mas algumas das aspirações mínimas do movimento escolanovista também foram atendidas. Fernando de Azevedo, entretanto, é reticente quanto aos resultados subseqüentes do movimento de renovação educacional, no Brasil. Dá ao Código de Educação, redigido em 1933, por ele próprio, para o Departamento de Educação de São Paulo, à atuação poderosa de Anísio Teixeira, no Distrito Federal, e à do Prof. Almeida Júnior, na direção do ensino em São Paulo, no biênio 1935-36, um caráter de exceção.

> Depois dessas e outras iniciativas, pareceu declinar, no Brasil, a campanha de renovação escolar que se vinha desenvolvendo com uma crescente intensidade havia mais de dez anos e que, como sabemos, veio à hora, caindo como um fruto maduro da árvore do espírito moderno e que a seu turno, não cessou de dar frutos saborosos e amargos e muitas vezes contraditórios. Os que estavam à frente do movimento não julgavam tão defeituosa e arcaica a estrutura do ensino, em seus diversos graus, que não achassem possível melhorá-la definitivamente sem uma reforma geral e profunda que importasse numa verdadeira revolução. Onde quer que lhes iam parar às mãos as alavancas do comando, lançavam-se à obra reformadora com uma fé e uma tenacidade que não podiam deixar de ter repercussões em todo o sistema de ensino e de cultura do país. Mas, nacionais no seu espírito e nas suas finali-

---

31. FERNANDO DE AZEVEDO, *A Cultura Brasileira. Introdução ao estudo da cultura no Brasil*, 4ª ed., revista e ampliada, Editora Universidade de Brasília, 1963, p. 661.
32. FERNANDO DE AZEVEDO, *Idem*, p. 685.

dades, e visando sempre instaurar uma política nacional de educação, essas reformas, confinadas nos limites de uma região, não exerciam nem podiam exercer, por serem locais, uma ação direta e profunda senão em determinados sistemas escolares, no Distrito Federal e nos Estados[33].

A educação é um problema político. E ela o é porque, não sendo apenas um problema técnico, provoca inevitavelmente uma discussão de suas finalidades e dos meios que se devem usar para chegar a essas finalidades. Político, também, porque não é um problema isolado, mas está profundamente ligado à vida econômica, social e cultural do país. Por isso, Fernando de Azevedo, ao refletir sobre a realidade educacional, não acha possível realizar qualquer tipo de renovação ou modificação sem reformas de base. Mas também sem uma radical mudança de mentalidades. O "idealismo" de Fernando de Azevedo certamente tem várias interpretações. Quando ele próprio se caracteriza de "idealista crítico", dá a essas duas palavras um sentido demasiado literal, significando a necessidade de grandes ideais educacionais como resultado de uma crítica radical (assim ele o considera). Mas, idealista num nível mais profundo significa também — e isso se evidencia em todo seu pensamento — que maior peso é dado aos fatores ideológicos. As palavras correntes (e recorrentes) são "mentalidade burguesa", "concepção de mundo vencida", megalopia, etc. Esses dois vetores estão intimamente ligados para ele: mudança de mentalidade, "uma nova concepção de vida" e educação, problema político, rumo a uma nova democracia.

É preciso notar a importância do conceito de mentalidade no pensamento de Fernando de Azevedo. Parece significar um conjunto de disposições, de hábitos de pensar, crenças fundamentais. Comporta, por conseguinte, não apenas tendências intelectuais, como também afetivas e volitivas. A expressão "mudança de mentalidade" refere-se, em última análise, à necessidade de uma atitude diferente, uma alargamento do horizonte mental daqueles que se ocupavam (e preocupavam) com os problemas da educação no Brasil.

Quanto ao modelo de sociedade, onde se realizaria essa educação democrática, onde se dissolveriam os horrores da ignorância e da não-participação, é o que chama de uma democracia nova. Assim fala em carta a Paschoal Leme:

---

33. *Idem*, p. 676.

O que vejo, porém, não é a luta com seus perigos, na defesa de idéias nem o desafio de resistência aos largos planos de realizações, mas a confusão tanto nos assaltos dirigidos contra o governo, como na oposição deste às forças de toda ordem que se congregaram para constrangê-lo a marchar, não no sentido progressivo de uma democracia nova, mas no sentido regressivo de uma democracia burguesa e liberal[34].

O INQUÉRITO: UM MOMENTO DECISIVO

Cinqüenta anos após o inquérito sobre a educação no Estado de São Paulo, realizado por Fernando de Azevedo, o que chama atenção é a permanência dos mesmos problemas, já agora aumentados exponencialmente por fatores de ordem demográfica, social e política.

O célebre inquérito, publicado sob o título de *Educação na Encruzilhada*[35], é, na verdade, documento histórico de uma época de transição que nela se reflete com suas contradições internas, seu apego ao passado e suas novas tendências educacionais. É ao mesmo tempo um obra atual, pelos problemas que discute e que ainda não saíram da tela de debates. No prefácio à 2ª edição (1960), Fernando de Azevedo constata:

Pois é nessa encruzilhada que ainda hoje a educação se encontra, igualmente perplexa e hesitante em escolher, entre as perspectivas e orientações que se lhe oferecem, a direção mais consentânea com as novas condições da civilização... Entre os que foram ouvidos, – todos, autoridades na matéria, encontram-se, porém, representantes de diversas correntes de pensamento pedagógico, conservadoras e radicalistas, que era de maior interesse fixar em um inquérito destinado a reproduzir fielmente a realidade social e cultural e as tendências ideológicas daquele tempo. Pois o período que se seguiu à primeira guerra mundial (1914-18), foi para nós uma fase de transição, certamente lenta, mas bem definida, como dizia a princípio, entre a educação tradicionalista e as novas idéias de educação. O inquérito ou o livro em que se publicou, e que é antes de tudo o levantamento de uma situação, tem ainda esse valor documentário, de ser um testemunho sobre a evolução dos espíritos e das idéias nessa época. O que ele apanhou ao vivo, é a "mudança de atmosfera" cultural, resultante das transformações que se operavam na estrutura econômica de São Paulo, mas sem a intensidade necessária para influírem de modo decisivo na mentalidade do professorado e no aparelhamento institucional da educação. O sistema educacional, herdado da tradição, conservava ainda, por volta de 1926, uma continuidade sem

34. FERNANDO DE AZEVEDO, Carta a Paschoal Leme, 10 de março de 1945. Ver no Anexo, à p. 162 e ss.
35. FERNANDO DE AZEVEDO, *A Educação na Encruzilhada. Inquérito para o Jornal "O Estado de São Paulo"* (1926), 2ª ed., Edições Melhoramentos, 1960.

ruptura, mas não sem desvios e acidentes. A perda da crença em certos valores antigos, a inquietação e o desejo de uma tomada de consciência da realidade e de planos de reconstrução já se acusam, no entanto, fortemente, na quase totalidade dos depoimentos tanto mais expressivos quanto mais se considerar a diversidade de posições ideológicas de seus autores[36].

As reformas administrativas e educacionais levam invariavelmente à discussão da dicotomia entre uma educação, mola propulsora e transformadora da realidade, e educação como instrumento de conservação apenas e, portanto, inoperante em uma sociedade em transformação. Se naquele inquérito já se delineou uma consciência educacional, para um grupo (restrito) de educadores, que queria substituir uma democracia de nome por uma democracia de fato, não menor foi "a resistência passiva" de indivíduos instalados na rotina, reação obstinada de interessados em manter o *status quo*. Fernando de Azevedo chama a atenção para o fato de que a educação, sufocada pela burocracia asfixiante e rígida, se divorciava cada vez mais do meio em que se inseria, falhando em suas finalidades sociais e democráticas, montada para uma concepção vencida, havendo uma inadequação entre a "real realidade" e o sistema educacional. Por que a persistência dos erros e, portanto, das críticas? Caracteristicamente, dá prioridade aos fatores culturais:

> É que os elementos adquiridos da tradição nacional se encontram ainda, como revelavam naquela época, bastante vivos para oporem tenaz resistência às inovações, e o terreno em que começava a erguer-se a reconstrução escolar continuava minado pelo formigueiro das intervenções políticas e das administrações desastradas, provenientes, umas e outras, da absoluta falta de consciência, por parte das elites governantes, da importância, gravidade e complexidade dos problemas da educação[37].

Lourenço Filho, respondendo ao inquérito, percebe que

a escola tradicional não serve o povo, e não o serve, porque está montada para uma concepção social já vencida, e senão morta de toda, por toda parte estrebuchante – burguesismo[38].

36. *Idem*, pp. 17, 18 e 19. Alguns dos participantes do inquérito: M.B. Lourenço Filho, A.F. de Almeida Junior, educadores; Teodoro Ramos, engenheiro e matemático; Artur Neiva, cientista; Navarro de Andrade, especialista em agricultura; Reinaldo Porchat, jurista e professor; Ovidio Pires de Campos, professor de clínica médica; Roberto Mange, engenheiro; Amadeu Amaral, poeta, escritor e jornalista.
37. *Idem*, p. 23.
38. *Idem*, p. 102.

O PROJETO AZEVEDIANO DE RECONSTRUÇÃO

Com o inquérito de 1926 que, por incrível ironia, Fernando de Azevedo hesitou em realizar[39], iniciam-se seus esforços para compreender os problemas da educação no Brasil. Partindo do princípio de que o conhecimento da realidade educacional é fundamental, Fernando de Azevedo faz um primeiro diagnóstico e constata que esta realidade é desoladora, havendo doloroso contraste entre a relevância dos problemas educacionais e a mesquinhez do tratamento dado a essas questões. Faz um levantamento, objetivo e arrasador, das características do Sistema Educacional Brasileiro:

1) empirismo anárquico;
2) intervenção desabusada das políticas partidárias, sempre alertas e mobilizadas para explorar, nas reformas escolares, o vasto campo que oferecem, com a criação de cargos, para satisfação de interesses subalternos[40].
3) uma escola tradicional, rígida e sedentária, cujo símbolo mais representativo é o banco escolar, quase convertido em instrumento mecânico de precisão ortopédica.
4) aversão à educação técnica considerada uma agressão ao tradicional currículo da escola secundária, organizada especialmente em vista das exigências das escolas superiores, e, portanto, das profissões liberais.
5) uma idiossincrasia burguesa pelos ofícios manuais e mecânicos, nutrida e cultivada por uma mentalidade de bacharéis e doutores.
6) a inexistência de universidade.

Já então percebe (1926!) a necessidade de participação dos diversos grupos sociais nas políticas de educação e cultura.

Onde quer que se tome a sério esse problema capital (da educação) em que entram em jogo os mais altos interesses da coletividade, o pronunciamento dos técnicos e o debate franco na imprensa e nas assembléias legisla-

39. "Mas o que ilustra de modo significativo a pobreza do meio de então em matéria cultural é o fato de que tivemos as maiores dificuldades para encontrar os elementos necessários a levar a cabo aquele trabalho jornalístico, pois o próprio *Fernando de Azevedo*, a quem cometemos a delicada missão de realizar as consultas, não se considerava em condições de desempenhar-se dela e, por isso, pelo fato de, até aquela data, se ter dedicado a outros estudos. Foi no decorrer do inquérito que, deixando-se empolgar pelo problema, resolveu dedicar-se inteiramente ao assunto em que mais tarde se revelaria um mestre." Julio de Mesquita Filho, *Política e Cultura*, Livraria Martins Editora, 1969, pp. 186 a 189.

40. Leia-se, a esse respeito, a carta de Fernando de Azevedo a Francisco Venâncio Filho, de 16 de fevereiro de 1935, à p. 112 do Anexo.

tivas constituem elementos imprescindíveis ao esclarecimento dessas questões ventiladas sempre em todos os seus pormenores e estudadas a todas as luzes[41].

Quanto à questão do segredo, vício inalterável de nossas políticas de educação e cultura, Fernando de Azevedo assim o denuncia:

> Entre nós, porém as leis de organização e de reforma de aparelhos pedagógicos pecam, na sua quase totalidade, por dois vícios de origem que bastariam para despertar as mais justificáveis dúvidas sobre a sua solidez e elevação. De iniciativa do Poder Executivo, as reformas, esboçadas quase sempre debaixo de um sigilo impenetrável, sobem, como questões fechadas, à aprovação do Congresso, justamente reconhecida por mera formalidade, para transformação de qualquer projeto governamental, em lei. Apressadas na sua elaboração, geralmente clandestina, de autoria de funcionários cujos nomes se mantêm em reserva sem consulta preliminar às congregações, sem solicitação pública de sugestões e sem debate provocado na imprensa, essas reformas ainda encontram, para passagem vitoriosa de todos os erros de que sejam portadoras, as facilidades abertas pela complacência ilimitada das duas Câmaras[42].

Se bem que as finalidades da educação popular tenham sido definidas posteriormente, de modo mais claro, por Fernando de Azevedo na Reforma de 1928 e no Manifesto da Escola Nova, de que foi redator, já as enfatiza nesse primeiro inquérito:

> Nestas condições só por milagre se poderia ter (em São Paulo) um aparelho de ensino harmônico e integral, posto pela legislação a serviço de claros intuitos sociais e educativos e com bastante plasticidade de adaptação às correntes renovadoras do pensamento moderno. Mas, se de um lado, como se vê, tem faltado a consciência da gravidade e complexidade do problema, abordado quase sempre de afogadilho, em tropelias burocráticas, sem colaboração de técnicos de responsabilidades definidas e sem debate público, por outro lado, ainda não se fez sentir entre nós, da parte dos dirigentes, aquilo que se pode chamar "uma política de educação" norteada não por homens mas por princípios. Nada que denuncie um grande ideal orientador formado no sentido profundo das realidades e necessidades nacionais e vivificado ao sopro das idéias científicas de educação. Por isso, com sucederem no poder, homens do mesmo partido, não se criou sequer o "espírito de continuidade" bastante temperado na forja de ideais comuns, para desenvolver, com esforço pertinaz e ininterrupto, e no mesmo sentido, uma política de cultura, de bases sólidas, de espírito marcadamente nacional e de objetivos precisos[43].

---

41. FERNANDO DE AZEVEDO, *A Educação na Encruzilhada. Problemas e Discussões. Inquérito para "O Estado de São Paulo"*, em 1926, 2ª ed., São Paulo, Edições Melhoramentos, 1960, p. 31.
42. *Idem, ibidem.*
43. *Idem*, p. 32.

Fernando de Azevedo em 1926, época em que publicou o Inquérito sobre a Educação, pesquisa encomendada por Júlio de Mesquita Filho, diretor de *O Estado de São Paulo*.

Embora o inquérito se tenha restringido a problemas do Estado de São Paulo e tenha sido respondido por educadores daquele estado, é inegável que ultrapassa as fronteiras paulistas. Os problemas educacionais do Brasil, em suas linhas gerais, excetuando-se, é claro, diferenças específicas das diversas regiões, apresentam semelhanças. Pode-se concluir, por isso, que o inquérito foi a tomada de consciência da questão da educação por Fernando de Azevedo, importando descobrir, já ali, os germes de inabalável convicção azevediana. Os problemas educacionais são, é claro, de ordem técnica. Fazem-se necessários novos métodos, uma administração eficiente, um professorado capaz e preparado. Mas os problemas educacionais são, sobretudo, problemas de ordem política. Profundamente ligados à democratização e à discussão do que fosse um plano de Educação ou de Cultura. Idéias ainda um tanto ou quanto soltas, mas que sua prática pedagógica, como reformador e professor, só contribuirá para confirmar.

A EXPERIÊNCIA ADMINISTRATIVA NO DISTRITO FEDERAL

Se a idéia do manifesto dos pioneiros da Escola Nova se origina da IV Conferência Nacional de Educação (dezembro de 1931, Rio de Janeiro) e se aquele foi considerado por Fernando de Azevedo como contendo o essencial de seu pensamento em matéria educacional, importa chamar a atenção para o fato de que desde a década de 20 alguns educadores brasileiros viam a necessidade de uma renovação educacional, tendo sido efetuadas reformas em Minas (Francisco Campos), São Paulo, Ceará (Lourenço Filho), Pernambuco (Carneiro Leão), Rio de Janeiro (Fernando de Azevedo), Bahia (Anísio Teixeira).

A reforma feita por Fernando de Azevedo, em 1928, no Distrito Federal, suscitou polêmicas apaixonadas, porque produziu uma ruptura na unidade do pensamento pedagógico, dominante desde o Império, repercutindo sobre diversos Estados da União. Houve mais que mera reação aos novos métodos propugnados; as divergências eram ideológicas, oriundas de um contraste de visões de mundo diferentes. Assim:

Na tempestade de protestos e aplausos, na corrente de entusiasmo ou na avalancha de críticas que levantou por toda parte, não se pode deixar de reconhecer antes o choque de conflitos ideológicos do que uma simples reação diante de uma reforma com que o Brasil se integrava no movimento de renovação escolar que se vinha desenvolvendo em alguns países europeus e americanos[44].

Sobre o ambiente da época, assim se expressa o educador:

Em 1918 rompia a Inglaterra esse movimento de reformas com o *Education Act* de Lord Fisher; em 1919-1920 iniciava-se, por uma série de medidas convergentes, a execução progressiva da grande obra planejada por Otto Gloeckel, em Vienna; logo a seguir a Prússia e os Estados Alemães empreendiam, de 1922 a 1925, a reorganização de seus sistemas escolares, desenvolvendo-se sob a constituição liberal de Weimar, uma atividade extraordinária de estudos, pesquisas e experiências pedagógicas; Léon Bérard levava a debate, em 1923, na Câmara dos Deputados, uma nova reforma de ensino, na França, e nesse mesmo ano, Gentile traçava o plano de reconstrução educacional da Itália facista e Lunatscharsky, auxiliado por Kroupskaia, atacava igual problema na Rússia comunista pela mais audaciosa e radical de todas as reformas que então se realizaram e suscitaram por toda parte iniciativas semelhantes de reorganização do ensino em todos os seus graus, de acordo com as novas correntes de idéias e os novos regimes políticos. Mas, ao mesmo tempo que as questões sociais, políticas e pedagógicas, rompendo os círculos restritos em que se debatiam, de filósofos, homens de ciência, reformadores e políticos, passavam a interessar a opinião pública do mundo inteiro e envolviam o Brasil na órbita de suas influências, entrava o nosso país numa época de transformação econômica... pela indústria nacional, depois do conflito europeu, criavam o ambiente favorável à fermentação de idéias novas que irradiavam dos principais centros de cultura tanto da Europa como dos Estados Unidos[45].

Sem dúvida, a experiência azevediana como diretor de Instrução Pública no Distrito Federal, de 1926 a 1930, dando-lhe um contato direto com nossa miséria educacional (o problema fundamental...) fê-lo também pensar de maneira própria esses problemas e suas soluções. Em seu livro *Educação e Sociedade na Primeira República*, Jorge Nagle[46], depois de definir o movimento da Escola Nova, aponta no caso da remodelação de instrução pública no Distrito Federal, um esquema escolanovista diferente, tanto nos pressupostos quanto nas conseqüências. A obra de Fernando de Azevedo teve uma finalidade eminentemente social, fugindo da distorção técnica e vendo a educação como problema político.

44. FERNANDO DE AZEVEDO, *A Cultura Brasileira. Introdução ao Estudo da Cultura no Brasil*, Rio de Janeiro, Instituto Brasileiro de Geografia e Estatística, Comissão Censitária Nacional, 1943, p. 657.
45. *Idem*, pp. 643 e 644.
46. JORGE NAGLE, *Educação e Sociedade na Primeira República*, E.P.V./MEC, 1976 (reimpressão), pp. 255 e 256.

A nova reforma de ensino inspirou-se como se conclui de todas as suas disposições fundamentais, no propósito de dar à escola uma consciência profunda de sua tarefa social e nacional e de se aparelhar dos meios necessários à realização dessa tarefa poderosamente educadora, tanto pela intensidade, como pela extensão de sua influência. Mas essa obra de educação cívica e social não depende apenas da renovação interior da escola, na sua organização e nos seus métodos, com o objetivo de conformar o ensino com a criança e às leis de seu desenvolvimento[47].

Em outras palavras:

A reforma não é apenas uma reforma de métodos pedagógicos. É a reorganização radical de todo o aparelho escolar em vista de uma nova finalidade pedagógica e social. (...) A educação deve ser uma para todos (única), obrigatória e gratuita (...) "um ponto de partida comum para todos" os alunos dos meios diversos, é a poderosa instituição de "aprendizagem da vida coletiva", de "realização da unidade nacional". (...) A escola do trabalho é a escola em que a atividade é aproveitada como um instrumento ou meio de educação. Nada se aprende, senão fazendo: trabalhando (...). Assim, a tarefa da escola, além de criar e desenvolver o sentimento democrático (escola única), poderá transformar-se num instrumento de reorganização econômica pela escola de trabalho. A reforma baseou toda a educação na atividade criadora e pesquisadora do aluno, estimulada pelo interesse, que, permitindo desenvolver-se o trabalho com prazer, lhe dá o caráter educativo de que deve revestir-se na escola primária. (...) A escola nova se propõe, por uma forma de vida e de trabalho em comum, a ensinar a viver em sociedade e a trabalhar em cooperação. O aluno não deve exercer a sua atividade isoladamente, mas quanto possível, em grupos, em que a realização e a responsabilidade de um "trabalho" sejam atribuídas a vários indivíduos para se habituarem a agir em cooperação, afirmando a sua personalidade, com espírito de disciplina coordenador de esforços individuais.(...) A classe deverá organizar-se como uma pequena oficina, de vida e trabalho em comum, onde cada aluno deve à tarefa coletiva a sua contribuição pessoal, trabalhando todos não já para o mestre, mas antes para a pequena sociedade de que fazem parte[48].

Só secundariamente, portanto, se pode ver na Reforma de 28 um interesse nos aspectos de estrutura técnico-pedagógica da escola, tais como os relacionados com o currículo, o trabalho docente e a medida de rendimento. Não se trata, portanto, de substituir um modelo político por um modelo técnico. Para Jorge Nagle, estes são aspectos derivados de uma outra natureza mais ampla e profunda — o aspecto social — e, por isso, só devem ser considerados enquanto instrumentos ou "meios" para se alcançarem os "novos fins". É portanto, a estrutura geral de reorganização

---

47. FERNANDO DE AZEVEDO, *Novos Caminhos e Novos Fins. A Nova Política da Educação no Brasil*, 3ª ed., São Paulo, Edições Melhoramentos, 1958, p. 69.

48. *Idem*, pp. 72 a 74.

ou o "sistema" escolar montado sobre as novas bases que constitui o ponto de partida para o julgamento das realizações do novo modelo empregado na reorganização da instrução pública do Distrito Federal. Para aquele autor, a remodelação afasta-se, nos seus *fundamentos*, da que se executou em Minas, *bem como representa a integração, em outro nível, dos ideais político-sociais em desenvolvimento desde o início do século com os ideais do escolanovismo que apareceram na década dos vinte*[49].

A CONCEPÇÃO AZEVEDIANA DA ESCOLA DE TRABALHO

A leitura dos textos azevedianos que se referem à escola de trabalho, suas entrevistas a respeito, levam a diversas indagações. Certamente o objetivo parece ter sido o de possibilitar, através de uma escola igualitária e única, baseada no trabalho em comum, a entrada de contingentes de operários e técnicos, dotados de preparação profissional séria, no universo industrial brasileiro. O impacto do crescente processo de industrialização no mundo, em países capitalistas ou socialistas, e dentro do Brasil, embora ainda nos seus inícios, foi grande e influenciou de modo evidente seu pensamento com relação ao próprio processo educacional.

A educação, como se mostrou, não é, na concepção azevediana, apenas fornecedora de conhecimentos. Sua finalidade é eminentemente social no sentido de preparar para a vida, na qual o trabalho tem lugar importante, mas também porque concorre para a formação do sentido social do trabalho: a conscientização de sua importância. Se é verdade que "a criança pobre aprenderá a trabalhar, a criança rica, trabalhando igualmente, aprenderá a respeitar o trabalho alheio"[50]. Até aqui não parece haver incoerência nem com a nova concepção de vida que Fernando de Azevedo propaga nem com as finalidades sociais da educação por ele propostas.

49. JORGE NAGLE, *Educação e Sociedade na Primeira República*, E.P.V./MEC, 1976 (reimpressão), pp. 256 e 257. Grifos meus. Para o referido autor "na reorganização mineira coexistiu a proclamação dos novos ideais com uma estrutura técnico-pedagógica essencialmente tradicional". Notam-se, por exemplo, nos artigos 323 e 439, do Regulamento do Ensino Primário, regulamentações não ativistas, falta de autonomia para o professor, etc... (às pp. 254 e 255, *op. cit.*).
50. FERNANDO DE AZEVEDO, Entrevista ao jornal *A Noite*, Rio de Janeiro, 24-05-1927.

Trata-se de adaptar o sistema escolar à nova concepção social baseada no desenvolvimento crescente das ciências e das indústrias e na expansão correlata das classes operárias. Ora, essa concepção de escola de trabalho vai de encontro a um dos pontos mais estabelecidos da mentalidade brasileira: o desprezo pelo trabalho manual. Há, de fato, uma idiossincrasia da burguesia no Brasil pelo ofícios manuais e mecânicos, nutrida e cultivada por uma mentalidade de bacharéis e doutores. Por isso, políticos e educadores, no alto de sua transcendência, viam na educação técnica "uma agressão ao tradicional currículo da escola secundária, organizado especialmente em vista das exigências das escolas superiores, e, portanto, das profissões liberais"[51].

Nessa educação profissional pode-se perceber pelo menos dois aspectos: deve, por um lado, dotar os alunos de uma sólida base profissional, de maneira a elevar-lhes o nível de capacidade técnica e pô-los à altura das circunstâncias, através da prática racional de um ofício, e, por outro, dotá-los de um mínimo de conhecimentos necessários ao cumprimento dos deveres e ao exercício dos direitos de cidadão. À educação técnica caberá:

elevar o nível moral e intelectual do operário; despertar-lhe ou desenvolver-lhe a consciência de suas responsabilidades, como a consciência das bases científicas e a significação social de sua arte; alargar-lhe a visão técnica e artística; aperfeiçoar-lhe a técnica, no sentido do maior sentimento do trabalho, e transformá-lo, por esta maneira, em elemento de progresso técnico nas oficinas e nas indústrias nacionais[52].

A revolução industrial deveria provocar uma revolução também na educação, a fim de que esta fosse capaz de responder às constantes modificações de um saber cada vez mais complexo. Para se atingir esses objetivos naquela fase industrial (décadas de 20 e 30) como ainda, e com mais razão, na nossa atual era eletrônica, era necessária e – mais do que isso – urgente, a preparação de técnicos de todos os tipos e níveis, desde os operários qualificados até os técnicos dos mais altos escalões na hierarquia dos seus quadros. Disto tudo decorre a necessidade de uma mudança radical de mentalidade ou, por outras palavras, de criação e difusão de novos estilos de vida, de pensamento e ação. E o pri-

---

51. FERNANDO DE AZEVEDO, *Novos Caminhos e Novos Fins. A Nova Política da Educação no Brasil*, 3ª ed., São Paulo, Edições Melhoramentos, 1958, p. 157. Notável é também a abordagem que o educador fez desse problema em seu livro *A Cultura Brasileira*, em especial o capítulo II da Parte Segunda.

52. *Idem*, p. 160.

meiro passo para isso seria uma escola básica igualitária. Seria interessante a leitura do texto sobre a escola profissional e do que Fernando de Azevedo comenta, em entrevista a jornal, sobre o assunto. Ambigüidades e contradições aparecem sobretudo no que se refere ao conceito de escola igualitária.

Assim:

> Foi o que, antes de tudo, pretendeu a reforma de 1927, transformando a escola primária de letras em escola do trabalho (Art. 82 Reg.), reorganizando-a nas bases de um regime de vida e trabalho em comum; dirigindo-lhe os últimos anos do curso no sentido vocacional (curso pré-vocacional) e articulando as escolas primárias e profissionais (Art. 274), por meio dos cursos complementares de feição marcadamente vocacional, anexos a essas escolas e sob a direção de professores primários. A reorganização radical da escola primária, baseada sobre o exercício normal do trabalho em cooperação; o predomínio do desenho e dos trabalhos manuais que constituem a atividade fundamental de numerosos ofícios e as largas perspectivas que abre a reforma a todas as formas de atividade da vida social (cooperativas, caixas econômicas, etc.) e às atividades práticas nas oficinas de pequenas indústrias; sobre contribuírem para desenvolver o gosto e o hábito das atividades profissionais de base manual ou mecânica, concorrem para despertar a vocação, chegar a uma "pré-orientação" do aluno e levar a uma contribuição notável à obra da orientação profissional das novas gerações. A introdução, com caráter obrigatório, da ficha escolar, com anotações sistemáticas sobre o desenvolvimento, o caráter e as aptidões do aluno; o exame e o conserto de medidas tendentes a desenvolver, na escola primária, o interesse pela educação profissional (Art. 274): a reunião de pais e professores, com o fim de orientação profissional e as visitas freqüentes dos alunos das escolas primárias não só às oficinas das escolas técnicas, como às fábricas e às empresas comerciais e de tráfico, mostram à evidência o papel importantíssimo da escola primária na obra de orientação profissional e a variedade de meios eficazes, de que se pode servir para exercer sua função e realizar, dentro de sua finalidade específica, um largo plano de cooperação com as escolas profissionais[53].

Ou:

> Se a educação técnica é o fundamento da economia nacional e se apresenta, por isto, como a coluna vertebral de todo o sistema democrático de educação, ela não pode contentar-se com esse objetivo imediato de preparar os alunos para as profissões, ofícios, e todos os misteres em que, encontrando uma ocupação útil, possam também vir a ser úteis à sociedade, na reorganização de suas bases e atividades econômicas. É certo que ela deve satisfazer, antes de tudo, ao fim de suprimir as deficiências do aprendizado; reduzir o desperdício das energias pelo treino profissional e pela organização científica do trabalho; aumentar a capacidade lucrativa dos empregados e operários, satisfazer à crescente necessidade do comércio, da agricultura ou das indústrias; conservar e desenvolver a riqueza, e, dando a todos uma

---

53. *Idem*, pp. 158 e 159.

oportunidade igual, pela preparação eficaz para a ação e para o trabalho, abrir a cada cidadão as mesmas perspectivas para o bem-estar e a prosperidade. Mas, a escola profissional, seja qual for o seu grau, a sua natureza ou a sua especialidade, falhará aos seus fins fundamentais, se não procurar formar o cidadão pela organização idealista da sociedade escolar, pela educação da solidariedade e da cooperação, do espírito de liberdade e de igualdade e do sentimento de interesse comum; se não procurar elevá-lo acima de suas atividades profissionais, por um vigoroso impulso de simpatia, unindo à força que provém da ciência, interessando-o na vida pública, criando-lhe a consciência dos deveres do cidadão e rasgando-lhe os horizontes para os ideais e sentimentos sociais, por uma concepção moral, larga e generosa, que subordine o egoísmo por mais legítimo que seja, à disciplina social, e concilie a ambição pessoal, por mais fecunda que seja, à solidariedade humana[54].

Com essas idéias se estaria abrindo claramente um caminho para que o operariado tivesse preparação adequada, adquirisse um saber que, de alguma forma, lhe desse o instrumento necessário para o trabalho. Mas o que causa espécie, considerando-se os princípios fundamentais da escola nova, é a excessiva pressa com que se quer determinar (pré-determinar?) vocações (ou pré-vocações?). Se, numa escola igualitária, o critério é o das capacidades (e não o econômico), pareceria no mínimo prematuro encaminhar para escolas técnicas (ou qualquer outra) seres ainda incapazes sequer de vencer aquelas primeiras barreiras que carências econômicas e diferenças culturais interpõem ao progresso escolar. Não seriam necessárias medidas compensatórias? Embora permaneça da reforma seu caráter progressista, é preciso perceber aí, também, a marca autoritária e até mesmo discriminatória. Muitas vezes o discurso da emancipação esconde o discurso da vontade. Como compreender de outro modo essas palavras de Fernando de Azevedo:

> Mais tarde, quando as condições econômicas e sociais apartarem em castas a primitiva multidão, haverá, entre pobres e ricos entendimento tácito, simpatia familiar adquirida no primeiro convívio – uma razão legítima, portanto, de unidade e cooperação. A escola criada é a escola do movimento, da saúde, da moralidade, da consciência econômica e da consciência política[55].

O que, em geral, se evidencia, é o exato oposto: que razão legítima haveria para "cooperação" e "unidade" entre "castas" quando, já na escola, se admite que elas estão estratificadas, sem

---

54. *Idem*, p. 169.
55. FERNANDO DE AZEVEDO, *A Reforma do Ensino no Distrito Federal,* São Paulo, Companhia Melhoramentos de São Paulo, 1929, p. 97. Entrevista ao Jornal *A Noite,* 21 de outubro de 1927.

possibilidade de ascensão ao poder? Mas Fernando de Azevedo está, paradoxalmente, na trilha certa. Escolas desse tipo – grátis, para todos, etc., ingredientes imprescindíveis em uma democracia social, – deveriam trazer, cedo ou tarde, uma consciência política e uma consciência econômica. Cumpre ressaltar a existência de pontos obscuros no seu esforço pela socialização da escola, descaminhos que estão gravados na nossa tradição autoritária, mesmo de cunho socializante ou progressista.

Mas o problema educacional não é um problema isolado. O aprofundamento de suas causas levará inevitavelmente a constatações muito mais desoladoras. Em entrevista ao jornal *A Noite*, diz Fernando de Azevedo:

> Nem por outra razão teriam os gregos chamado a verdade *aleteia*, senão para significarem que a verdade nem sempre é o que reveste caráter surpreendente, com seus aspectos inéditos, mas o que, rompendo a crosta da indiferença geral, surge das coisas esquecidas[56].

Estranho texto, difícil decifração. Significará, talvez, que muitas vezes a verdade não surpreende porque é vista, percebida, diariamente. Como informação demasiado repetida, acaba por ser esquecida e, portanto, negada. Para que o processo de denegação se rompa, é preciso que a verdade, "a miséria orgânica e social", exerça apelo poderoso, surgindo das "coisas esquecidas". Seria o apelo da racionalidade, intrínseco à idéia de justiça social? Seria o apelo da emoção? Ou o reconhecimento de que a miséria "orgânica e social", todas as coisas consideradas, é poderoso obstáculo, em última análise, à realização do "progresso", objetivo de todos os planos governamentais? Perguntas. Mas o encaminhamento da solução para o problema da educação básica é visto de maneira realista. Cumpre agir:

> A educação popular, que ainda não passou, entre nós, no Distrito Federal, de uma aspiração platônica, despertada de seus belos sonhos com o pesadelo de legislações intermitentes, confusas e arbitrárias, não pode conservar-se apertada nos moldes estreitos em que a enquadrou a tradição[57].

A ESCOLA-COMUNIDADE

Mas o homem não é apenas instrumento de trabalho. Se a reforma de 28 dá grande ênfase à escola de trabalho, não menos

---

56. FERNANDO DE AZEVEDO, *A Instrução Pública no Distrito Federal*. Projeto de Reforma do ensino primário nº 109, 1927. Mendonça Machado, 1928, R. do Senado, 54. Rio, p. 26.

57. *Idem, ibidem*.

ênfase dá à consciência social e ao espírito comunitário: a educação existe em função de uma sociedade que se industrializa, mas só será útil à sociedade o indivíduo cuja personalidade atingir o máximo de desenvolvimento:

> A vida econômica, a ciência e a máquina só adquirem sentido humano porque nos proporcionam os meios indispensáveis à criação e ao gozo de ideais e de valores da cultura[58].

A educação nova, obra de cooperação social, deveria atrair, solicitar e congregar para um fim comum todas as forças e instituições sociais, a escola e a família, pais e professores que antes operavam, sem compreensão recíproca, em sentidos divergentes, senão opostos. O objetivo era romper as barreiras que se opunham à interpenetração da escola e da sociedade. Professores e pais, legítimos depositários dos interesses e dos ideais da reforma, deveriam assumir a participação direta na administração das escolas e constituir, com seus representantes, o supremo conselho deliberativo e propulsor do Departamento de Educação. Idéias, aspirações e práticas contextualmente avançadas. Aceitando expressamente no seu ideário liberal a possibilidade de uma ligação orgânica entre a escola e a comunidade, a reforma parece ser a construção racional de um sistema educacional ideal e perfeito.

Se a burocratização crescente do sistema educacional brasileiro e a constituição de um imenso e ineficaz aparelho de educação, separado das aspirações comunitárias, não desmerecem a importância das colocações azevedianas, provam, entretanto, que as dificuldades seriam bem maiores e mais profundas do que ele poderia sequer imaginar e prever.

Vinculado a esse problema está o da legitimação das escolas: os diversos segmentos e classes sociais só passariam a acreditar nessas escolas quando houvesse uma comprovação, pelo próprio povo, dos resultados obtidos, através da escola, para a coletividade. Em outras palavras: a quem serve o aparelho escolar? Tem alguma importância para a diminuição de desigualdades de toda espécie? Ou apenas reforça o processo de exclusão de grande parte do alunado, constituindo-se em máquina ineficiente e criadora de fracassados? Realiza, de fato, uma peneiragem seletiva pelo critério das capacidades e aptidões?

---

58. FERNANDO DE AZEVEDO, *Novos Caminhos e Novos Fins. A Nova Política da Educação no Brasil*, 3ª ed., São Paulo, Edições Melhoramentos, 1958, p. 20.

A concepção da escola-comunidade, inovadora para a época, não foi jamais colocada em execução, de maneira extensiva, no contexto social brasileiro. Dois fatores parecem ser responsáveis por isso: a tradicional ojeriza do aparelho burocrático escolar de se abrir às comunidades, consideradas perigosas, e a tendência em ver a educação como mero problema técnico, levantando-se cada vez mais alto os muros das escolas.

Escrevendo sobre a socialização da escola, Fernando de Azevedo salientou sempre a importância do trabalho em cooperação. A reforma não trouxe apenas a transformação de processos pedagógicos, mas teve como finalidade adaptar as crianças às necessidades sociais de uma nova civilização. Daí a importância da noção de solidariedade, "a primeira entre as virtudes dos cidadãos de uma democracia livre"[59], e do valor social das atividades na escola. O projeto prevê a organização de sociedades cooperativas, de produção e consumo, classes ou sindicatos, ou seja, uma organização do trabalho em que um interesse coletivo oriente e discipline os esforços.

Esta escola-comunidade se constitui, em última análise, de uma pequena comunidade, tendo sua organização interna "uma forma de vida e de trabalho em comum", que permita aos alunos "a prática da vida social e coletiva, nas suas principais manifestações"[60]. A primeira que se constituiu "sob o regime de autogoverno e de co-responsabilidade de mestres e alunos"[61], com a possibilidade de intervenção dos alunos na própria administração. O que se encarece é a importância de habituar os alunos no autogoverno, isto é, a pensar e a agir em função do bem coletivo, "criando a consciência da função social da riqueza"[62].

É preciso notar, portanto, que se a Reforma de 1928 (Decreto nº 3281, de 28 de janeiro de 1928) apresenta uma unidade orgânica de concepção, constituindo-se em verdadeiro sistema pedagógico e articulando as diversas instituições educativas, a sua nota distintiva é não apenas a utilização dos princípios modernos da educação (escola ativa), mas um esforço para estabelecer uma concordância entre o sistema pedagógico e a realidade social. Durante a inauguração da "Exposição Pedagógica", Everaldo Backeuser saúda Fernando de Azevedo com um discurso em que

---

59. *Idem*, p. 160.
60. *Idem*, pp. 81 e 85.
61. *Idem*, p. 85.
62. *Idem, ibidem*.

se pode perceber o sentido da atuação do reformador do Distrito Federal.

Nela (na reforma) não se trata de substituir um método por outro método, o processo de silabação pelo processo de sentenciação; o ensino dedutivo pelo ensino indutivo; os programas sistemáticos pelo estudo de conjunto ou pelos centros de interesses; Herbart por Froebel, Montessori por Decroly. Não. Se fosse isto, apesar de parecer muito, seria afinal pouco, porque não revela transcendente descortino nem apresenta insuperável dificuldade decalcar com jeito uma metodologia, revestindo ou não este modesto trabalho com títulos mais ou menos pomposos de adaptação e brasilianização. Se fosse só isso, seria, como já o dissestes, em aforismo lapidar, "substituir uma rotina por outra rotina". A Reforma é muito mais que uma metamorfose de fórmulas metodológicas (...) é antes de tudo, uma reforma de ordem social. Foi a socialização da escola o que procurastes focalizar[63].

Ao procurar pensar os problemas que a administração do ensino no Distrito Federal lhe trouxe, Fernando de Azevedo dirige seus esforços no sentido da construção de um sistema pedagógico racional, visando criar condições mínimas para que todos tenham acesso à educação. Não vê a educação como o instrumento para que todos sejam doutores, mas como meio para aquisição de *know how* básico para a entrada no mundo do trabalho. Essa prioridade, que tem seus fundamentos na concepção azevediana dos fins sociais da educação, pode ser encarada sob vários aspectos. Um, talvez o mais importante, é que ela dá grande importância à formação das forças produtivas e sua inserção consciente no mundo industrial. Consciente, nesse contexto, significa conhecer "o valor social de sua arte" e, também, o valor do princípio de *solidariedade* nas comunidades. Outro aspecto, oposto, de certa forma, ao último, é que perpassa pelo projeto da Reforma um intenso veio autoritário[64]. Reveste-se aquele de formas veladas de dirigismo, atitude típica daqueles que, dentro da sociedade brasileira, procuram organizar a cultura, sob quaisquer de seus aspectos. Essa tendência, entretanto, é modulada pelo fato de procurar articular as diversas instituições educativas não só em relação aos princípios modernos de educação, mas também à realidade social.

O socialismo azevediano é, sob muitos aspectos, um socialismo dirigido, com a funcionalização da escola pública em rela-

63. EVERARDO BACKEUSER, *Saudação a Fernando de Azevedo, na inauguração da exposição pedagógica, em 21 de dezembro de 1929*. Arquivos F.A., I.E.B., U.S.P.
64. O caráter autoritário da personalidade e do pensamento de Fernando de Azevedo é muito bem descrito por Frota Pessoa em carta a Lourenço Filho. Veja-se, no Anexo desse trabalho, à p. 176.

ção à economia. Ou seja, em relação a um *establishment* discutível em seus propósitos e mecanismos. A escola pública, em especial os seus cursos pré-vocacionais, faz da escola um patamar para a fábrica, não oferecendo realmente possibilidade de seleção meritocrática para as outras profissões. Não se pode esquecer, entretanto, que para uma ação ter eficácia tem de partir de suportes e possibilidades históricas concretas. A alternativa existente nas décadas de 20 e 30 era a prática usual de se usar menores de idade, sem nenhum preparo, como força de trabalho. Posições teóricas diferentes – até que ponto o encaminhamento precoce às escolas profissionais é compatível com uma escola democrática? – refletem dilemas da realidade da época.

O conceito de escola-comunidade, possibilitando processos de interação e circuito de retorno entre aparelho escolar e aspirações comunitárias, é tática democrática que de certa forma interceptaria, se colocada em prática, o excesso de dirigismo no planejamento educacional. O conceito encerra em si a idéia de participação e constituição de (alguma) forma de expressão social. Idéias ainda um tanto obscuras, mas que contêm o germe de futuras e lúcidas colocações de Fernando de Azevedo sobre educação, democracia e participação. Por trás desses encaminhamentos e táticas surge a questão social. A adoção de medidas concretas para implementação da orientação dada por Fernando de Azevedo foi de curta duração. Nem a revolução de 30 trouxe consigo um ideário educacional revolucionário, que ultrapassasse aquelas idéias, nem o manifesto de 32 conseguiu constituir-se na base para uma modificação da mentalidade dos que manobravam a educação no país. A real extensão em massa das oportunidades educacionais constitui-se numa tática de resultados imprevisíveis, a serem obtidos a longo prazo. A educação pública é uma velha máquina burocrática, já gasta, utilizada mais como sistema de freios do que de pistões, mais como fator de conservação do *status quo* do que de provocação e desencadeamento de atividades criadoras e modificadoras.

3. Elites e Participação

> *Ou nós educamos o povo para que dele surjam as elites, ou formamos elites para compreenderem a necessidade de educar o povo.*
>
> FRANCISCO VENÂNCIO FILHO

A IMPORTÂNCIA DAS ELITES

De toda filosofia pode-se retirar uma filosofia de educação que se coaduna com seus princípios e valores. Do mesmo modo, não fugiria ao fazer filosófico uma reflexão sobre política de Estado e política educacional. Essa relação é, ou deveria ser, dialética, pois que a política é, ela própria, objeto da educação de todo indivíduo numa democracia. Por isso, os destinos da educação não podem deixar de estar ligados à estrutura e às finalidades do Estado e às tendências democráticas ou antidemocráticas de cada povo, em determinada época de sua evolução.

A arte de formar os homens é, em todo país, tão estreitamente ligada à sua forma de governo que não é possível, – como já observava Helvetius, – "fazer uma mudança considerável na educação pública sem fazê-la também na própria constituição dos Estados"[1].

---

1. FERNANDO DE AZEVEDO, *As Universidades no Mundo do Futuro*, Rio de Janeiro, Edição da Livraria Editora da Casa do Estudante do Brasil, 1944, p. 73. (Foi posteriormente inserido no livro *A Educação Entre*

Uma modificação na constituição do Estado deveria ter por objetivo, segundo a ótica azevediana, o fortalecimento das instituições democráticas, de fragilíssima tradição no Brasil. Para a construção dessa democracia nova, no sempre desejado processo de reconstrução nacional, dois fatores são considerados fundamentais, aspectos complementares de uma política racional de educação: formação das elites e educação popular. Esta última, alicerçada na escola única, universal e gratuita, na escola-comunidade e na escola do trabalho, deveria despertar no povo "a consciência de suas necessidades e orientar a sua vontade na direção das necessidades sentidas"[2].

Se a educação básica é essencial para o projeto azevediano, se a miséria educacional, tanto quanto a miséria econômica, devem ser atacadas em conjunto, a fim de que se estabeleça o *reino da paz, da justiça e do direito*[3], Fernando de Azevedo não crê ser possível que isso se realize sem a formação rigorosa de quadros dirigentes, ou seja, de uma elite. O conceito de elite, nunca abandonado pelo sociólogo educador, vincula-se tanto à importância das universidades, como fator catalítico no processo de transformação da sociedade brasileira, quanto à discussão sobre a possibilidade de sua vinculação com as massas. À primeira porque a universidade, peça essencial no mecanismo das instituições democráticas, deve formar essa elite e à segunda porque, sem uma ligação orgânica com as aspirações populares, as elites se esterilizam e perdem sua razão de ser. Em linguagem mais moderna, estudo do Ibre-FGV chama a atenção para o fato de que não só o desenvolvimento econômico necessita de pessoal de nível secundário e superior.

Deixando a área estritamente técnica, a oferta de "cultura", no sentido mais amplo, delineado em seção anterior, exige pessoal de maior nível educacional que, à primeira vista, pode parecer inútil, pelo menos em termos de produção de bens. No entanto, o fornecimento de diversos serviços básicos à população requer efetivamente um pessoal numeroso com maior nível educacional[4].

Dois Mundos, 1ª ed., São Paulo, Edições Melhoramentos, 1958), a partir da p. 141.
    2. FERNANDO DE AZEVEDO, *A Educação e seus Problemas*, 4ª ed., tomo I, revista e ampliada, São Paulo, Edições Melhoramentos, 1958, p. 264.
    3. *Idem*, p. 26.
    4. BEATRIZ M. F. DE LIMA, FERNANDO LOPES DE ALMEIDA, LUIZ ARANHA CORREA DO LAGO, *Estrutura Ocupacional, Educação e Formação de Mão-de-Obra: Os Países Desenvolvidos e o Caso Brasileiro*, IBRE-FGV, Versão Preliminar, 1981, p. 483.

A afirmação da necessidade de elites, entretanto, não esclarece os problemas de seu recrutamento, seleção e circulação, bem como as dificuldades da realização de uma hierarquia de capacidades. Dúvidas que Fernando de Azevedo tenta solucionar, desde logo, pela concepção de uma elite meritocrática, no outro polo do elitismo parasitário que é, no fundo, anti-elite. A essência do regime democrático de seleção de uma vanguarda que atuasse nos diversos setores estaria "menos no alargamento quantitativo das elites do que na sua renovação incessante que não lhes permite a transformação em classes parasitárias"[5]. Trata-se de uma elite de "mandato social", isto é, de uma criação cultural posta a serviço de um fim coletivo e não alijada dos interesses da comunidade.

A opressão sobre o espírito, a qual priva de toda a liberdade a criação, pode, de fato, assumir as formas mais diversas e realizar-se, como aparece na história, através da própria classe intelectual, quando a liberdade, utilizada em proveito de seu egoísmo, serviu para cultivar o orgulho dos mandarins, educados em um meio de tradições individualistas, ou para resguardar, por uma situação privilegiada, um punhado de clérigos, de letrados e de eruditos que ficam atrás da porta, hostis à vida, ao homem e à criação, adversos às necessidades de ação e às influências de fora, e para os quais a "sua" liberdade nada tem que ver com as liberdades essenciais e vitais para a comunidade e para as massas. As camadas intelectuais, como observou Bardiaieff, "estão sempre ameaçadas de perecer, em razão mesma de sua inutilidade, ou a transformar-se em instrumentos dóceis de opressão, quando levam uma vida isolada, confinada, desarraigada da vida social e da vida do povo", ou, por outras palavras, com a separação senão a ruptura entre a razão, entre o espírito e a matéria, entre os criadores e o povo, ruptura que provoca a decadência[6].

É preciso, entretanto, distinguir as elites. Muitas vezes, para Fernando de Azevedo, a direção política e econômica não designa senão a superioridade pela posição nas alavancas do comando, porém não coincide necessariamente com a direção intelectual e "não é uma aristocracia do espírito". Que significaria o termo aristocracia, sobretudo partindo de alguém que ao longo da vida, pelo pensamento e ação, combateu tão insistentemente as hierarquias antidemocráticas, o ensino de classe e relacionou educação aristocrática com educação ornamental? É preciso referir o termo

---

5. FERNANDO DE AZEVEDO, *A Educação e seus Problemas*, 4ª ed., tomo I, revista e ampliada, São Paulo, Edições Melhoramentos, 1958, p. 90.
6. FERNANDO DE AZEVEDO, *As Universidades no Mundo do Futuro*, Rio de Janeiro, Edição da Livraria Editora da Casa do Estudante do Brasil, 1944, pp. 67 e 68. (Foi posteriormente inserido no livro *A Educação Entre Dois Mundos*, 1ª ed., São Paulo, Edições Melhoramentos, 1958.)

ao contexto em que foi usado e, desta forma, manter fidelidade quanto ao sentido das palavras em uma determinada época. Se a educação deve formar indivíduos tendo em vista a "utilidade social" (e não ornamental) dos seus estudos, deverá, entretanto, haver um critério de qualidade de criação.

Esse *princípio aristocrático*, a que se refere Bardiaieff e que é inerente a toda cultura superior, não está, pois, no divórcio entre os criadores e as massas populares *em que são* recrutadas as elites, nem na estrutura rígida de organizações fechadas, nem em qualquer espírito de dominação intelectual, mas na qualidade, da cultura, de alto nível, na seleção que ela impõe, de superioridades autênticas, nascidas do talento, do saber e da virtude, e que, desenvolvendo-se no máximo grau, fecundam a cultura coletiva e imprimem o tom, o ritmo e as direções ao pensamento humano[7].

As mais diversas formas de governo (democracia liberal, democracia industrial desenvolvida em socialismo ou o Estado ideocrático, fundado no princípio da dominação) precisariam de uma elite porque "sem direção intelectual e moral não há vida política possível"[8]. Por isso a importância, para um país socialista como a URSS, de instituições de alto nível, organizadas quer para resolver problemas urgentes, quer para a pesquisa teórica:

A conquista da civilização e dos meios de enriquecê-la, pelas contribuições originais, é vitória dos países que sabem extrair do seio da nação uma elite de homens, utilizada, pela intensidade de culturas sucessivas em toda a extensão de sua capacidade. *Não há, porém, sombra de espírito aristocrático, que repugna aliás à nossa educação, quando insistimos na necessidade de se atacar seriamente o problema do preparo das elites intelectuais.* Se há suspeita que não pode ser levantada contra a Rússia de hoje é a de tendências aristocráticas... Pois bem, o governo dos *Soviets*, um dos primeiros problemas que enfrentou, inaugurando a nova organização social e política, foi essa das Universidades, que, aos olhos da própria ditadura do proletariado, não era menor do que o da educação do povo e encerrava em si a solução de questões de mais vulto e mais urgentes para os interesses da comunidade e das novas instituições. Não lhe pareceram suficientes as universidades que existiam; criou mais cinco e reorganizou as outras. *Só em nosso liberalismo de epiderme, de uma sensibilidade estranha, e em outros casos tão embotada, chega a provocar pruridos democráticos o contato com esse problema da cultura das elites...*

---

7. FERNANDO DE AZEVEDO, *As Universidades no Mundo do Futuro*, Rio de Janeiro, Edição da Livraria Editora da Casa do Estudante do Brasil, 1944, p. 71. Foi posteriormente inserido no livro *A Educação Entre Dois Mundos*. Grifos meus.
8. FERNANDO DE AZEVEDO, *Novos Caminhos e Novos Fins. A Nova Política da Educação no Brasil*, 3ª ed., São Paulo, Edições Melhoramentos, 1958, p. 200.

Este conflito que se quer, por ignorância ou má fé, estabelecer entre o ideal da formação das elites e os ideais democráticos, não impressiona, porém, senão os que ainda se deixam deslumbrar de ideologias românticas. Pois, educação popular e preparo das elites são, em última análise, as duas faces de um único problema: *a formação da cultura nacional*. Por mais espessa que seja a nuvem daquela objeção, não basta tapar o sol e denunciar os clarões que a iluminam, a verdade que pretende escurecer... Antes de tudo, num regime democrático, é francamente acessível e aberta a classe das elites, que se renova e se recruta em todas as camadas sociais. À medida que a educação for estendendo a sua influência, despertadora de vocações, vai penetrando até as camadas mais obscuras, para aí, entre os próprios operários, descobrir "o grande homem, o cidadão útil", que o Estado tem o dever de atrair, submetendo a uma prova constante as idéias e os homens, para os elevar e selecionar, segundo o seu valor ou a sua incapacidade. *Em segundo lugar, sobre o fim de elaborar e ensinar as ciências cabe hoje às Universidades a função de "divulgá-las", pondo-as ao alcance do povo e realizando entre este e os intelectuais esse movimento generoso com que a Universidade moderna se dilatou a um campo de ação imensamente mais vasto, estendendo-se, por um sistema de medidas combinadas (extensão universitária), até as camadas populares* [9].

A história nos ensina que as ditaduras não são em geral favoráveis aos intelectuais, pretendem antes subjugá-los e somente os apóiam quando eles não constituem ameaça ou se põem a seu serviço sem restrições. Se as idéias dominantes de uma época, que também poderiam ser chamadas "imperantes", são as que se impõem, por exemplo, através dos meios de comunicação, censurados ou controlados, veículos de ideologia das classes dominantes, é preciso considerar, também, aquelas idéias e alternativas dominantes no círculo estreito de uma vanguarda intelectual e passíveis de servir a uma revolução ou transformação da ordem social. Ora, se essa vanguarda não tem retaguarda, pela falta de participação e de base social, ela não terá poder, a não ser quando cooptada pela classe dominante, perdendo seu aspecto revolucionário e alterador da ordem das coisas existentes.

Em países não-democráticos poderiam, portanto, coexistir, sem se comunicarem, uma elite político-administrativo-burocrático-militar que estenderia e expandiria uma determinada ideologia (idéias dominantes na medida em que norteiam os programas de educação e cultura, os modelos econômicos, etc.) e uma outra, que teria idéias diferentes, opostas às primeiras ou em contradição com as mesmas. Na complexidade da vida social e do mundo das idéias pareceria, talvez, um pouco simplista tal explicação,

9. FERNANDO DE AZEVEDO, *A Educação na Encruzilhada. Problemas e Discussões*. Inquérito para O *Estado de São Paulo*, em 1926, 2ª ed., Edições Melhoramentos, 1960, p. 269. Grifos meus.

não só porque há maneiras sutis de as idéias das vanguardas intelectuais serem recuperadas pelas classes dominantes, mas também porque as elites intelectuais, de uma maneira ou de outra, estão inseridas dentro do sistema de poder, trabalhando, lecionando, etc. As estruturas de poder apresentam sempre contradições, há pontos de engrenagem que, às vezes, vão contra a corrente ideológica dominante, influenciando-a ou, na maior parte das vezes, apenas exercendo uma ação amortecedora da vontade imperante. Por isso, para Fernando de Azevedo, "os intelectuais funcionários e os intelectuais das profissões liberais vão muitas vezes contra os interesses que eles representam ou administram"[10]. "Seria necessário, por conseguinte, analisar o papel que os intelectuais desempenham, quais as suas conexões com a direção dos negócios"[11]. A resposta não pode ser definitiva. Há que perceber diferenças, como micropoderes podem agir, ainda que temporariamente, dentro das macro-estruturas. O educador pensa que, às vezes, uma política de educação pode desenvolver-se *de baixo para cima*, por uma "revolução" operada no interior do próprio organismo político. Foi o caso das grandes reformas de educação, no Brasil: 1927-1930 e 1932-1935 no Distrito Federal; 1933, em São Paulo. Nenhuma delas obedeceu a qualquer plano de política geral, preconcebido e determinado pelos partidos dominantes.

O nosso programa não era de técnica, de reforma de processos, mas de política de educação. Se os partidos não tinham nenhuma, porque não tinham uma política geral de que se pudesse derivar ou inferir a de educação; se eles constituíam uma "facção", isto é, um agrupamento de pessoas, em maioria ou minoria, para a defesa de interesses comuns, sem qualquer programa definido de idéias; se a educação, por isto, em conseqüência, se tornou entre nós algo de "exterior" aos partidos e ao Estado, que nela não viam mais que "um problema técnico", quando, na verdade, a educação pública é também sobretudo um "problema político" o movimento de organização de uma política educacional, não podendo ser inspirado de alto, irradiar de cima para baixo, dos planos da política para os da educação, tinha de forçosamente desenvolver-se de baixo para cima, por uma "revolução" que se operou pelos educadores, no interior do próprio organismo político[12].

10. FERNANDO DE AZEVEDO, *A Cidade e o Campo na Civilização Industrial e Outros Estudos,* São Paulo, Edições Melhoramentos, 1962, p. 242.
11. FERNANDO DE AZEVEDO, *Sociologia Educacional. Introdução ao Estudo dos Fenômenos Educacionais e de suas Relações com os outros Fenômenos Sociais,* 3ª ed., São Paulo, Edições Melhoramentos, 1954, p. 271, nota 2.
12. FERNANDO DE AZEVEDO, *A Educação e seus Problemas,* 4ª ed., tomo I, revista e ampliada, São Paulo, Edições Melhoramentos, 1958, p. 146.

Reformas de "baixo para cima" significariam reformas que veriam o interesse geral, aí incluindo o da maioria desse "geral", as classes subalternas? Assim, idealmente, se realizaria essa "revolução". O esquema explicativo de Fernando de Azevedo parece tudo açambarcar, tentando enraizar o abstrato (a grande explicação megalópica do Brasil) no concreto, as diferenças, para ele, sendo sempre transponíveis, em um exercício de esperança e vontade, em uma tentativa de inserir na vida sua obstinada meditação. Talvez aí esteja seu maior mérito e sua maior fraqueza. É preciso pensar o Brasil e, ao pensá-lo, Fernando de Azevedo encontra na educação um elemento poderoso de mobilidade social e transformação do país. Crê que seu projeto, por ser socializante e progressista (para a época), é condicionado de "baixo para cima". Por ser o mais racional é o que representaria as legítimas e verdadeiras necessidades do povo e do país como um todo... Isto daria àquele que o pensou (ou ao seu grupo, o dos educadores), a legitimidade de uma verdadeira outorga.

A TRADIÇÃO DAS ELITES

Qual seria a natureza das elites no Brasil? Em retrospectiva, o espetáculo é o de uma elite culta (em geral), de formação europeizante, desvinculada das massas, autoritária, aparentemente desarticulada e romântica, mas sempre pronta a combater reformas que possam desestabilizar, por pouco que seja, seu controle do poder. A análise azevediana das origens históricas da mentalidade das chamadas elites brasileiras tem sempre, através das diversas obras em que examina esse tema, a mesma conotação crítica:

> Na burguesia urbana, porém, não se encontra uma infiltração menor de outro *habitus*, o espírito autoritário, quase diria aristocrático e reacionário. Mesmo depois da queda da monarquia, em 1889, e do pleno domínio das idéias liberais e democráticas, assistimos, durante cerca de quarenta anos, ao triunfo e à permanência de uma verdadeira aristocracia republicana, proveniente, na sua maneira de ser e de pensar e no estilo de sua conduta, da própria aristocracia territorial, e fiel a três atitudes características e que lhe são caras: *o desprezo orgulhoso do povo; um individualismo altivo, ligado a uma noção abstrata de liberdade e ressentimento de ó povo não aceitar com entusiasmo o que a gente do "alto" teve o cuidado de sonhar para ele...* É que, em matéria política, o patriciado rural e a burguesia urbana antes constituíam centros de gravidade do que detinham um monopólio.

Se a aristocracia dos senhores de engenho e dos fazendeiros de café, com que se procurou constituir, pelos títulos nobiliárquicos, a classe dos "grandes" do império, foi ainda, na república burguesa, baluarte de todos os conservantismos, ela encontrou sempre, no segundo império e no regime novo, um aliado poderoso na burguesia rica e aristocratizada das cidades. Por esse complexo de sentimentos, ideais, normas e convicções, que se baseavam em velhas tradições e lembranças históricas, e constituíam o conteúdo ético da sociedade patriarcal, criaram-se, acima de divergências de interesse e de orientações, profundas solidariedades entre as duas classes conservadoras, no sentido mais rigoroso do termo. Nos movimentos de opinião e nas revoluções, armadas pela pequena burguesia, formada de clérigos, bacharéis e militares, como de pequenos comerciantes e industriais, as grandes forças burguesas foram levadas a unir-se com a aristocracia do campo, apoiando a política de base rural, para salvaguardarem um patrimônio comum, que umas e outras julgavam indispensável à realização de seus próprios objetivos. Elas se dividiam entre si o poder, lutando entre si, mas unindo-se contra as forças novas, intelectuais, da cidade, que gostariam de privá-las de seus apanágios políticos, mas que não prosseguiam nenhuma transformação profunda da sociedade; que estavam mais interessadas na defesa das liberdades políticas e culturais do que no combate econômico, e cuja grande fraqueza e, sob certos aspectos, a sua força, foi estarem sempre contra alguma coisa ou contra alguém antes que por alguma coisa. Sua ação não era, em geral, senão uma reação. Reação contra o clericalismo, contra o militarismo, e, ainda hoje, contra o fascismo. Apesar de sua sensibilidade, viva e fremente, sensível à menor excitação, os homens de 89, imbuídos de individualismo jurídico, manifestavam-se tão apaixonados pelas idéias liberais que seriam capazes de repetir o desafio de Clemenceau, isto é, que "se pudesse haver um conflito entre a república e a liberdade, é exatamente à liberdade, mesmo contra a República, que eles dariam razão". Mas, não se pode contestar que essas gerações de burgueses....[13]

Notável é a sua análise das elites, "os homens novos", da Segunda República, pós 1930:

> Na transição da fase agrícola à fase industrial que coincide com as novas técnicas de produção, as concentrações urbanas, o êxodo da população rural, a ascensão das massas operárias e o apelo ao número, têm essas novas elites um papel social, realmente importante, na democratização do país. Elas não somente exprimem uma época de transição e, portanto, de crise, mas preparam, sem o quererem, pela sua impotência em controlar a industrialização e a marcha do socialismo, a aparição dos líderes populares. A um tempo, produtos e fatores do processo de democratização começaram por varrer e baralhar os velhos quadros políticos, para favorecerem, sem o procurarem certamente, o "corte ideológico", ou uma linha mais nítida de demarcação entre as correntes da opinião pública organizadas em partidos. Essa confusão preliminar, em que se acotovelaram as elites ascendentes e descendentes, as antigas e as novas elites políticas, manifesta-se à evidência na pluralidade, nas repulsões mútuas, nas fraquezas e, especialmente, nas bandeiras dos partidos, talhadas (com exceção da do partido comunista)

13. FERNANDO DE AZEVEDO, *Canaviais e Engenhos na Vida Política do Brasil. Ensaio sociológico sobre o elemento político na civilização do açúcar*. Rio de Janeiro, Instituto do Açúcar e do Álcool, 1948, pp. 172 e 173. Grifos meus.

num manto de arlequim zebrado de costuras e carregado de cores. As idéias, como os homens, misturam-se em programas incoerentes e às vezes disparatados, tecidos com panos de retalhos, para recrutar adeptos nas massas, mediante concessões ao socialismo, e cobrir por elas, sobre as fronteiras flutuantes dos partidos, aqueles que lhes podiam escapar. Em todo o caso, o realismo da política de base rural, aristocrática e autoritária, como o idealismo burguês, que se formou na linhagem dos Enciclopedistas, pais da burguesia liberal, cederam o lugar a uma nova política, burguesa, democrática sem dúvida, mas não liberal, que no seu instinto conservador, procura uma posição de equilíbrio, entre as diversas correntes, radicais ou moderadas, de direita e de esquerda, em que se divide a opinião. As rupturas e cisões dos partidos, as lentas desagregações, as ligações novas, as composições e recomposições, as alianças transitórias, indicam as dificuldades e hesitações das novas elites para restaurar, em bases mais sólidas, as estruturas partidárias, já sem unidade de concepção, de propósitos e de planos. Do seu estudo sobre o "leque político", na França, já concluía Siegfried que o "centro" onde as pessoas razoáveis gostariam de ver estabelecer-se como um altiplano para aí assentarem os interesses e as idéias que consideram sãs, não é senão uma abstração incapaz de tomar corpo, uma aresta afilada entre duas rampas fatais, ou, na medida em que ele ocupa uma superfície – uma superfície de entrosamento das posições ligeiramente móveis dessa aresta[14].

As características das classes conservadoras (fazendeiros de café no Sul e ao Norte os senhores de engenho) persistiram mesmo depois da Revolução de 30, "menos um instrumento de propulsão do que uma válvula aberta numa caldeira em alta pressão de vapor"[15]. Permanece a figura do chefe autoritário e paternalista, do qual emana a mentalidade que perpassa as classes no Brasil.

Mas, com essas mudanças de idéias, pela educação europeizante, e as de mentalidade, determinadas por vários fatores, como o econômico, o político e o constitucional, não se alteraram, no fundo, nesses aristocratas rurais, o espírito autoritário, a gravidade austera que mal se dissimulava sob a distinção de maneiras e o personalismo quase agressivo dos senhores patriarcais. Sob a casca fina de intelectuais e parlamentares, não seria difícil perceber na maior parte deles, o que lhes ficara do senhor de engenho. *Essa concepção personalista de "chefe"*, que proveio do regime patrimonial e de que nos ficaram resíduos, vivos e pertinazes, constitui, aliás, um dos traços mais característicos da conduta política no país e se acha por tal forma ligado à história de nossas instituições que, sem ela, não seria possível explicá-la. Tanto no mecanismo da vida partidária como no sistema burocrático, tudo, de fato, parece girar em torno de pessoas, de chefes de grupo, de par-

---

14. FERNANDO DE AZEVEDO, *Canaviais e Engenhos na Vida Política do Brasil. Ensaio sociológico sobre o elemento político na civilização do açúcar*, Rio de Janeiro, Instituto do Açúcar e do Álcool, 1948, pp. 177 e 178.
15. FERNANDO DE AZEVEDO, *A Cidade e o Campo na Civilização Industrial, e Outros Estudos*. São Paulo, Edições Melhoramentos, 1962, p. 236.

tido ou de governo que se aproveitam de sua autoridade ou de seu prestígio, na política e na administração, para colocar a parentela, recompensar amigos por serviços "pessoais" e mesmo promover represálias contra adversários. A criação de cargos para os mais achegados; a distribuição de cartórios, como prebendas, a familiares, a partidários e apaniguados; as transferências e remoções, utilizadas como meios de favorecer e de dominar; as disposições arbitrárias, de caráter pessoal, na cauda de orçamentos ou no texto de reformas e os "testamentos" políticos, tão famosos como as "derrubadas", são outras tantas manifestações desse personalismo que tem suas raízes em nossa formação patriarcal e a que a pobreza das populações, o baixo nível de vida e a falta de educação política só concorreram para estimular, intensificando a produção desse fenômeno oligárquico, que é o nepotismo, e desenvolvendo, à custa dos serviços públicos, o mais desabusado parasitismo burocrático[16].

Bem, não se pode negar capacidade crítica, acuidade sociológica a Fernando de Azevedo. Os textos acima, situados de 1948 a 1962, revelam também a extrema importância dada às atitudes e valores culturais para a compreensão do Brasil. Ao autoritarismo, tão criticado, não deixou, ele também, de prestar sua homenagem... É o que se tentará perceber nas próximas páginas.

CONTRADIÇÕES AZEVEDIANAS

> *Se não aceitarmos a contradição não entenderemos Fernando de Azevedo. Todo ele é contraditório.*
>
> ANTONIO CANDIDO DE MELLO E SOUZA[17]

Se é o povo, em última análise, quem faz a história, dentro da concepção que Fernando de Azevedo classifica de socialista, as personalidades se apreciam, se agigantam na medida em que exprimem as aspirações das camadas populares e tomam consciência da participação delas na formação e no desenvolvimento da vida do país. A época moderna apresenta, junto com o processo de massificação, o fenômeno da circulação das elites e o surgimento de indivíduos representativos em todos os domínios. A importância cada vez maior do papel das massas na sociedade moderna trouxe, por sua vez, consciência da necessidade da di-

---

16. FERNANDO DE AZEVEDO, *Canaviais e Engenhos na Vida Política do Brasil. Ensaio sociológico sobre o elemento político na civilização do açúcar,* Rio de Janeiro, Instituto do Açúcar e do Álcool, 1948, p. 121.
17. Entrevista em 17 de maio de 1981.

fusão do ensino e da cultura. As razões que justificam essa exigência estão curiosamente de acordo com o espírito autoritário das nossas elites, tão criticadas por Fernando de Azevedo. É o velho argumento, fundamentado na crença de que o povo não sabe o que realmente conta, não conhece o essencial, não aprecia bem as coisas, não tem bom senso, ou seja, espírito crítico. É preciso ensiná-lo a pensar... Esta "recaída" azevediana não se situa em um período "anterior", supostamente autoritário, contrapondo-se a uma época posterior, "democrática". Não. O trecho abaixo é de 1962, não só contemporâneo a uma época de grande e lúcida produção intelectual de Fernando de Azevedo, como também após diversos estudos seus sobre a incapacidade das elites brasileiras de estabelecerem uma interdependência funcional com o povo, do qual deveriam retirar seu mandato. Essa ambigüidade em seu pensamento evidencia-se quando afirma que as massas devem ser educadas a fim de que

adquiram o sentimento do espírito público e maior capacidade de apreciação dos homens e das coisas, e para que, ao se encontrarem menos longe dos eleitos, possam substituir as atitudes de prevenção e hostilidade que experimenta o ignorante em face do homem culto, por um esforço de superação, de proximidade e convivência[18].

Poder-se-ia dizer que esse tipo de raciocínio autoritário vinha de um "elitista rebelado?"[19]. Subjetivamente elitista, partindo do princípio (não comprovado) de que o povo é necessariamente (portanto sempre) inconsciente. Rebelado, na medida em que propõe reformas radicais, antielitistas e acredita na importância do papel histórico das massas? A idéia de que cabe às elites "orientar e dirigir as massas" está também no livro em que apresenta detalhadamente a reforma de 1928, *Novos Caminhos e Novos Fins*[20]. Há ali trechos absolutamente essenciais para se perceber a função didática conferida por Fernando de Azevedo às lideranças. No fundo, o que está implicado no trecho abaixo é que o povo só é sábio politicamente, só acerta, quando educado formalmente, quando conscientizado e, sobretudo, quando dirigido.

18. FERNANDO DE AZEVEDO, *A Cidade e o Campo na Civilização Industrial, e Outros Estudos*, São Paulo, Edições Melhoramentos, 1962, p. 240.
19. A expressão é de Arquimedes de Mello Neto, advogado, editor e gráfico. Entrevista em 25-04-1981, Rio de Janeiro.
20. FERNANDO DE AZEVEDO, *Novos Caminhos e Novos Fins. A Nova Política da Educação no Brasil*, 3ª ed., São Paulo, Edições Melhoramentos, 1958, 1ª ed., em 1932, Companhia Editora Nacional.

Como conciliar essa mentalidade com a convicção do seu papel histórico?

A formação das classes dirigentes e a educação das massas populares são, de fato, as duas faces de um único problema, de cuja solução integral depende a estabilidade da estrutura social e o próprio equilíbrio político das instituições. Pois, sem a educação popular, as elites, formadas em centros universitários, sem contato com as camadas profundas da sociedade, acabariam por constituir uma aristocracia, inacessível e fechada, e por isto, perigosa como todas as castas. A educação das massas populares, sem a formação de *elites capazes de orientá-las e dirigi-las,* importaria na mobilização de forças, para a pior das demagogias. Mas, tornando-se, por um lado, as elites acessíveis às camadas populares, pela sua educação progressiva, e dilatando-se, por outro lado, a ação das elites intelectuais, pela obra de extensão cultural, que a universidade moderna realiza, "vulgarizando" a ciência que elaborou e transmitiu, estabelece-se, como a seiva que sobe nas árvores, para a renovação constante das classes dirigentes, um "sistema de circulação", que mantém a vitalidade fecunda das verdadeiras democracias. Não é na planície de ignorância rasa, em que se confundem os espíritos na uniformidade de um ambiente sem relevos, que emerge a cordilheira das instituições universitárias. As eminências das universidades, em que, pelas pesquisas dos laboratórios e pela doutrina das cátedras, se elabora a ciência e com ela se renovam as civilizações, costumam elevar-se, nos sistemas de cultura democrática, sobre as cadeias de contrafortes, em que se dispõem, para formarem uma obra única e maciça, os blocos assentados pelos construtores ciclópicos e o material acumulado dia a dia, na modéstia de uma profissão de inigualável benemerência, pelos grandes obreiros da educação primária[21].

É a falta de circulação das elites, a paralisação de uma comunicação contínua com as necessidades e aspirações das classes subalternas que dá origem, junto, é claro, com vários outros fatores, à revolução e conseqüente modificação dos quadros das elites.

Esses obstáculos que provêm em parte da repugnância (por tradição, divergência de concepções e estilos de vida, etc.) das classes sociais superiores à infiltração, entre elas, de elementos "novos", em parte da diferença de nível e oposições de interesses econômicos, produzem freqüentemente crises que perturbam a normalidade desse fenômeno de "circulação" nas sociedades humanas. Se esses obstáculos não são importantes, processa-se uma circulação contínua graças à qual "os indivíduos bem dotados, dada a estrutura da sociedade, se elevam pouco a pouco ao ápice da pirâmide e seus descendentes, entrando em decadência, deixam o lugar aos novos. É, com efeito, um ponto, acima de toda discussão, que as aristocracias não duram: para se manterem, elas precisam fazer apelo às classes inferiores". Se, porém, os obstáculos são tais, resume G.H. Bousquet, que a ascensão ao cume seja quase impossível aos elementos de escolha, vindos de baixo, produz-se um duplo fenômeno: de uma parte a elite degenera cada vez mais, por não ser alimentada pela circulação normal e seus elementos de valor

---

21. *Idem*, p. 106. Grifos meus.

inferior continuam a fazer parte dela, e de outra, uma elite nova, cheia de vigor, acumula-se nas classes inferiores, podendo dar lugar, sobretudo se a sociedade está em via de crescimento, a uma luta violenta para a conquista do poder. A causa real da revolução, segundo Vilfredo Pareto, é a interrupção da circulação das elites, e a fome, o déficit e outras circunstâncias que lhe costumam marcar o período revolucionário, no seu início, não serão mais do que fatores auxiliares, que permitem à elite nova fazer apelo à força e à violência para chegar ao poder e nele se manter[22].

Na perspectiva azevediana, "a luta não se produz senão entre elites, e são as minorias que se arrogam o direito de dirigir as massas"[23]. A circulação das elites é dada como fato *normal*, interrompido por *crises*, que perturbam essa circulação. Pareceria, porém, que esta argumentação não é evidente. As elites, quaisquer que elas sejam, tenderiam a se reproduzir, a se fechar, e a circulação de diferentes elites pelo corpo social não é *fato normal*, mas resultado de mudanças arquitetônicas na sociedade: história de sangue e luta pelo poder.

Para Fernando de Azevedo a história é um cemitério de elites enquistadas e anquilosadas. Imbuído de um pensar otimista, para ele a urbanização e industrialização crescentes, o inexorável fenômeno da circulação das elites levarão, cedo ou tarde, a uma sociedade mais justa. A educação entra, neste contexto, como fator possibilitador de um recrutamento democrático e meritocrático dessa elite. A aplicação desse raciocínio ao caso brasileiro o leva à constatação de que ali se estaria realizando, embora através de um difícil e tormentoso processo — muitas vezes permeado de retrocessos — um deslocamento do centro de gravitação política para as massas em ascensão.

Se bem que, como se verificou em momentos diferentes da sua obra, seu discurso reflita às vezes uma atitude autoritária e elitista, é preciso reconhecer que tudo isso é mesclado a um esforço contínuo de pensar criticamente e a um agir democrático. E a palavra esforço deverá ser entendida com toda a conotação de tentar ir além, ultrapassar. A utilização e aceitação cada vez mais freqüentes, dos termos "representação" (pela elite) e "controle" (pelas massas) mostram isso.

22. FERNANDO DE AZEVEDO, *A Educação e seus Problemas*, 4ª ed., tomo I, revista e ampliada, São Paulo, Edições Melhoramentos, 1958, p. 120.

23. FERNANDO DE AZEVEDO, *A Cidade e o Campo na Civilização Industrial, e Outros Estudos*, São Paulo, Edições Melhoramentos, 1962, p. 233.

A questão da formação das elites levanta uma série de problemas. O mais sério, aquele que suscita o maior número de dúvidas, entretanto, não está na afirmação azevediana do princípio de qualidade cuja sinonímia com aristocrático tem suscitado não poucos reparos e críticas. O que causa espécie é o *tempo do verbo ser*, no famoso texto: "massas populares em que *são* recrutadas as elites"[24]. Seriam? Aqui se introduz naturalmente a questão de seleção dessa elite, pois afirmação tão categórica não parece ser um dado da realidade. As elites intelectuais não são recrutadas entre as diversas classes pela simples razão de que as classes subalternas não têm acesso aos bens culturais. Evidentemente, tomado o conceito de cultura em seu sentido antropológico, não há nenhum indivíduo ou grupo humano que não esteja inserido em alguma cultura, fosse ela a de escassez. Entretanto, se a cultura popular não deve ser descaracterizada, forma que é de afirmação de culturas regionais, modo de ser específico de um grupo social ou raça, ela não esgota a fonte de criação humana. Existe também um patrimônio cultural da humanidade e é dele que o povo é sistematicamente alijado. Levando o raciocínio até suas últimas conseqüências, deve-se pensar que, até mesmo em termos de conscientização e apropriação de poder, a posse dessa cultura universal – que, aliás, não tem relação de exclusão mútua com a cultura popular – é necessária. Daí, face a face com a realidade brasileira, a necessidade de planos "revolucionários"[25] nos campos de cultura, educação, ensino e ciência. O problema é de justiça social, o Estado devendo exercer função de serviço público e não de assistência social. Severa (e realista...) é a sua crítica ao Estado arquiburocrático:

que tudo, na organização burocrática já parece estar apenas a serviço do acessório e secundário, ou, para ser mais claro, passou a funcionar sobretudo como "assistência social", isto é, para justificar a remuneração de pessoas que acabam por defender o que recebem para sua manutenção, tendo perdido quase de todo a noção de que serviço público é "serviço", deve servir a algum fim definido e é "público", isto é, funciona para atender a interesses específicos do povo que, em última análise, é quem paga esses serviços através de taxas e impostos. O parasita da burocracia (é preciso dizê-lo com franqueza) continua atracado até hoje no corpo do gigante Brasil e, portanto, no corpo do Estado e no da cidade de São Paulo, sugando-os e

24. FERNANDO DE AZEVEDO, *As Universidades no Mundo do Futuro*, Rio de Janeiro, Edição da Livraria Ed. da Casa do Estudante do Brasil, 1944, p. 71. Veja-se à p. 48 deste trabalho, a citação inteira.
25. FERNANDO DE AZEVEDO, *A Cidade e o Campo na Civilização Industrial, e Outros Estudos*, São Paulo, Edições Melhoramentos, 1962, p. 263.

enfraquecendo-os, e não haverá meio de curar o nosso pobre país dessa atroz doença constitucional?[26].

Mas, roda que gira sem sair do lugar, meio que se transformou em fim de si mesmo, a burocracia brasileira, em especial a educativa é, por sua vez, reflexo de um sentimento e uma idéia que dominam não só as organizações burocráticas, mas as classes dirigentes. Esse sentimento é o medo e essa idéia é a de participação. Medo de que o povo invada literalmente as escolas, com seus desejos, aspirações e cultura e que passe a participar ativamente do seu próprio processo de crescimento cultural. Há uma profunda crença azevediana no valor conscientizador da educação, na medida em que oferece às pessoas um instrumento inigualável para sua libertação, ensinando-as a pensar, a resolver problemas, uma das maiores possibilidades que se pode oferecer ao ser humano. Acreditando até o fim na capacidade crítica do homem, aposta na racionalidade e na importância da educação para o seu exercício. O processo educacional, mesmo controlado ideologicamente, seria incontrolável na medida em que ele próprio propicia, involuntariamente, que o não dito seja dito, o torcido distorcido, o obscuro, clarificado. Os resultados da educação são sempre inesperados... Mas não interessa aos demagogos um povo educado e consciente:

a tendência da demagogia é ou *não cultivar-se*, deixar-se inculta e ignorante, *ou afetar*, para atrair as massas, desprezo pela cultura e descer ao nível delas. É sempre mais fácil e certamente mais prudente do que educá-las e dar-lhes plena consciência de si mesmas... Se se esforçassem por elevar o nível de cultura das massas, por certo se arriscariam a perder sobre elas a influência que conseguem exercer, atuando sobre essa matéria política tão maleável como é a massa instintiva e afetiva[27].

Educação popular e formação das elites sendo, para Fernando de Azevedo, dois aspectos de um mesmo problema — a formação da cultura nacional — é preciso compreender, uma vez que a educação popular é única e obrigatória, como se legitimaria essa elite, quais os critérios de sua seleção. O primeiro passo, entretato, é uma educação primária e, evidentemente, pré-primária também, eficientes, capazes de reduzir de certa forma a distância

---

26. FERNANDO DE AZEVEDO, *A Cidade e o Campo na Civilização Industrial, e Outros Estudos*, São Paulo, Edições Melhoramentos, 1962, p. 264.
27. FERNANDO DE AZEVEDO, *A Educação entre Dois Mundos. Problemas, Perspectivas e Orientações*, São Paulo, Edições Melhoramentos, 1958, p. 32.

social entre as elites e as massas, como entre os trabalhadores manuais e os trabalhadores intelectuais. Almeja-se estrita "sondagem ou a exploração dos valores nascentes"[28]. Assim reafirma sua crença em uma "hierarquia de capacidade", sem distinções econômicas, em um futuro país Brasil:

...fazendo apelo, fora de todos os preconceitos de origem, guardando sempre contato com a massa, quer dela provenha, quer para aí volte, *sempre controlada por ela* e animando-a para melhor servi-la[29].

No educador fala muitas vezes, ou quase sempre, o sociólogo. Não é sem razão que desde o início de seu pensamento e carreira, Fernando de Azevedo pensa a necessidade de uma mudança de mentalidade. Tradicionalmente houve em nosso país divórcio entre elite e povo, entre os que sabem, decidem e podem e os que não sabem, obedecem e não podem controlar os que detêm o poder e a informação. Os canais portadores de seiva são, de uma maneira ou de outra, interceptados, a nossa é uma cultura autoritária e que não discute. Em 1954 é aguda sua percepção dessa mentalidade brasileira (e portuguesa):

Não é menos importante, para o conhecimento de certas características da evolução social, e, especialmente, política e cultural do país, um fato a que tantas vezes já se fez referência, mas que não tem sido analisado suficientemente sob alguns de seus aspectos principais. Refiro-me ao *"divórcio entre as elites e o povo"*. A cultura brasileira (tomada agora a palavra "cultura", no seu sentido restrito e não em sua acepção antropológica) ficou sempre a de uma elite: o povo não a assimilava, mas isso não quer dizer que era puramente ocidental européia, e, por isso, insuficientemente brasileira. Entre as dificuldades que o Brasil não pode vencer no curso de sua história, uma delas tem sido precisamente essa *não-participação* do povo na vida cultural do país, sua recusa, de algum modo, a fornecer o trabalho ou o material necessário ao estabelecimento de uma cultura, mais estável e homogênea, de raízes nacionais. Camadas de elites e camadas populares têm sido, entre nós, quase sempre impermeáveis. É esse um problema que já abordei em relação ao Brasil, e muito semelhante ao que observaram em Portugal, Antônio Sérgio, em sua obra "Ensaios" e, mais recentemente Antônio José Saraiva em "Para a história da cultura em Portugal", que o analisa de vários pontos de vista, nem sempre com rigor e exatidão. Mas, como justamente pondera este último (e suas palavras se ajustam às situações análogas em outros países, como o Brasil) a "elite, representando determinada massa, põe e define os problemas dessa massa: mas isso supõe que recebe dela o sangue que a vivifica e que, entre uma e outra, há uma capilaridade, uma rede de vasos portadores da seiva" (Prólogo, pág. IX). Se o nível dos dirigentes, acrescenta, "é função do nível da massa, uma camada popular cultural-

---

28. *Idem*, p. 233.
29. *Idem, ibidem*.

mente atrasada não nos dá o direito de esperar dirigentes em qualidade e número suficiente para melhorar as condições técnicas de vida, e, além disso, qualquer grupo de dirigentes precisa do apoio e do *controle de uma massa esclarecida"* (Prólogo, pág. XI). É exatamente esse, o fenômeno que se verificou (e ainda se observa) em nosso país, em que entre a massa e elite nem existe uma interdependência funcional nem se estabeleceu uma "rede de canais portadores de seiva", desenvolvendo-se uma e outra como dois universos, falando línguas diferentes.

Esclareçamos melhor esse pensamento. O que possuímos, foi sempre uma elite altamente cultivada e instruída (como no império), mas flutuando como uma pequena minoria na massa informe e caótica de um povo abandonado à sua sorte, mergulhado na ignorância (ainda hoje com mais de 50% de analfabetos) e dominado pela miséria física e social em várias e extensas regiões. Em largo período de nossa história (e é certo que está longe ainda de ser superado) não é somente o dissídio entre o homem do litoral e o do sertão, entre a vida urbana e a vida rural, o que se constata, mas também o divórcio entre as elites e o povo[30].

O recrutamento democrático de elites, por conseguinte, não é um processo isolado. Está estreitamente vinculado à difusão da educação em todos os graus e níveis. Os planos de educação justamente porque visariam a uma "fusão espiritual" da comunidade nacional, duplo processo de homogeneização (escola primária e secundária) e diferenciação (cursos universitários), deveriam abrir oportunidades para todos. A educação de massa, em larga escala, realizaria uma sondagem nas reservas da nação, sem distinção ou diferenças de classe, contribuindo, assim, para a renovação das elites.

A educação deveria contribuir para romper os privilégios e as injustiças de toda sorte a fim de que se realizasse

uma democracia de substância ou de fundo, que se oponha à democracia formal, de modelo invariável e dogma definitivo, que resguarda e protege, sob aparência de uma armadura democrática, as demagogias geradas "em eleição sem seleção", ou as autocracias instaladas "por seleção sem eleição"...[31]

As questões levantadas por esse trecho são inúmeras e constituem, talvez, uma dos pontos mais difíceis de elucidar nas intrincadas relações que se estabelecem entre democracia e planos nacionais de educação, entre igualdade formal e material e finalmente, a possibilidade, ou não, de uma real democratização da

---

30. *Idem*, p. 29. Grifos meus.
31. FERNANDO DE AZEVEDO, *A Educação e seus Problemas*, 4ª ed. tomo I, revista e ampliada, São Paulo, Edições Melhoramentos, 1958, pp. 150 e 151.

educação. No fundo, constata-se não poder haver democratização de ensino sem uma real democracia social, econômica e política. Fundamentalmente: participação.

Exprimindo o mesmo tipo de idéias sobre o problema da cultura de massas, a sondagem que se fará com a "democratização" da cultura, o duplo movimento, de baixo para cima, e, também, horizontal, de culturas diferentes, Fernando de Azevedo, discordando embora de Arbousse-Bastide, fez-lhe o prefácio para o livro *Formando o Homem*. Curiosa *mélange*: crítica à chamada educação humanista, afirmação de uma cultura de mandato social e menção das "fontes populares — bárbaras e primitivas!"

– Seriamente comprometido, talvez ainda por algum tempo. É certo que um princípio aristocrático ou de qualidade, como observou Bardiaieff, é inerente a toda cultura superior e que a cultura humanista de base clássica nunca foi democrática, mas expressão genuína das classes superiores. Mas se esse processo de democratização que inicia as massas na cultura, apresenta um aspecto negativo e teria forçosamente de rebaixar a qualidade, tem a vantagem de fazer as massas participarem mais intensamente da vida espiritual e entrarem em comunhão com a cultura; e por esse meio, rompendo o divórcio entre os criadores e o povo, poderá favorecer o desenvolvimento de uma cultura de "mandato social" que seja a um tempo uma obra aristocrática e uma obra coletiva, de todo um povo. Esse rebaixamento de nível permitirá ainda a cultura achegar-se, para se refrescar e renovar, às suas fontes populares, bárbaras e primitivas, que sobre ela continuarão a influir num movimento de baixo para cima, enquanto, em sentido horizontal, não se poderá prever o que resultará dos contatos, estimuladores e fecundos, das culturas mais diversas, do Oriente e do Ocidente. *Com a sondagem mais profunda que sobre as massas promoverá esse processo de democratização, os valores e as personalidades novas que surgirem não ficarão em frente às massas como estranhos, mas estarão de tal modo ligados a elas, como a flor e o fruto às suas árvores, que não permanecerão mais incompreendidos e inativos...*[32].

Assim, se não há no pensamento de Fernando de Azevedo a idealização do "povo" – pois o considera como carente de educação e cultura – há, por outro lado, ênfase na importância, diferença e necessidade de uma elite intelectual "quando sua atividade é conforme ao progresso histórico, aos interesses coletivos e ao desenvolvimento das forças produtivas"[33]. O problema, pode-se perguntar, é o de quem deve decidir:

32. *Idem*, pp. 151 e 152. "Diálogo à Propósito de um Prefácio". Duas teses em Presença, pp. 151 e 152. (Prefácio escrito para o livro *Formando o Homem*, do Prof. ARBOUSSE-BASTIDE, São Paulo, Sociologia Editora Limitada, 1943.)

33. FERNANDO AZEVEDO, *A Cidade e o Campo na Civilização Industrial, e Outros Estudos*, São Paulo, Edições Melhoramentos, 1962, p. 241.

1) o que é progresso histórico?
2) o que são interesses çoletivos?
3) o que concorre ao desenvolvimento das forças produtivas?

Volta-se sempre ao velho problema político de participação e controle; de quem sobre quem? Perguntas que não são respondidas diretamente, talvez porque fosse necessário introduzir no âmago dessas questões seu caráter essencialmente problemático. O povo ou a massa são grupos ou classes diversas, com interesses diferentes, contraditórios. Todos esses grupos têm suas próprias ideologias, suas representações. Fernando de Azevedo entende, entretanto, ideologia como falsa consciência, contrapondo-a à verdade: "tudo o que é ideologia de grupo dispensa todo esforço e liberta de todo pensamento"[34].

Às vezes, porém, dá ao termo ideologia outros significados, além desse, pejorativo. Um deles identifica ideologia com concepção de mundo. Assim em uma sociedade democrática, haveria níveis diferentes de consciência entre adversários supostos iguais politicamente, em um jogo de participação e luta de interesses.

---

34. *Idem, ibidem.*

4. O Humanismo de Fernando de Azevedo

> *Nós não seremos os dignos continuadores dos gregos senão na medida em que conseguirmos ser os contemporâneos da nossa civilização, como eles eram da sua...*
>
> LÉON BRUNSCHVICG, *Pour un humanisme nouveau.*

O CONCEITO DE HUMANISMO

O alcance e a amplitude do pensamento educacional de Fernando de Azevedo encontram em seus estudos sobre o humanismo seu ponto máximo e justificativa teórica mais completa. Se o sociólogo-educador deu grande importância ao problema da formação das elites, pontas de lança em um processo de transformação e reconstrução nacional, ênfase ainda maior conferiria à articulação dessa elite com um ideal neo-humanista, sem o qual o país desembocaria em uma subumanidade. Na opinião de Fernando de Azevedo, o que se anuncia por toda parte, tendo em vista os progressos da ciência, da técnica e penetração crescente do espírito e dos métodos científicos, é o humanismo científico, que disputa o lugar às formas tradicionais do humanismo clássico, conservando, porém, dele sua contribuição mais permanente.

Esquecem-se, assim ele pensa, todos os que confundem humanismo com o ensino e ritual histórico das letras clássicas, que a força do humanismo, nas diversas formas que assumiu, entre os gregos, cristãos e homens do Renascimento, e o papel social que desempenhou na vida social, repousaram sobre o primado dos valores morais e o fato de que ele foi em todos os tempos solidamente enraizado na vida real, pressupondo uma integração do homem às condições circunstanciais do seu meio e o seu tempo. Seria preciso, a fim de esclarecer as confusões resultantes da diversidade de sentidos da palavra humanismo, estabelecer a distinção fundamental entre as formas históricas que revestiu, variando de conteúdo cultural, e a concepção ou filosofia de vida, e, portanto, de educação, que implica a idéia de humanismo. Nesse último sentido, humanismo seria todo movimento do espírito que

se caracteriza por um esforço para elevar a dignidade do espírito humano e valorizá-lo, e que, ligando a cultura antiga à cultura moderna, tende à universalidade e, em conseqüência, no plano de educação, à formação do homem todo inteiro, mas o homem como tal e não sob uma de suas formas ou de seus papéis particulares, como se exprime **Marrou**[1].

Não é fácil a compreensão do humanismo científico de Fernando de Azevedo, numa época, como a atual, em que se favorecem sobretudo a formação técnica e o espírito científico. Os resultados da ciência muitas vezes se voltam contra os homens, em vez de servi-los, e a máquina, em lugar de ser um auxílio de todos a serviço de todos, tornou-se um instrumento de dominação e lucro para poucos. O que propõe, entretanto, é um novo humanismo, cuja importância está, justamente, na assimilação crítica do passado, de valores humanos, sedimentados no curso da história e na aceitação da ciência como pedra angular de todos os ramos de estudo, instrumento de luta contra as causas das diferenciações sociais. Grande parte dos textos azevedianos sobre o humanismo se situa nos anos 40 (e início de 50), mas mesmo muito mais tarde, falando de problemas de cibernética, de automação, pouco antes de morrer (1974), não deixou de chamar atenção para a importância da ciência nos países em desenvolvimento. Como tem confiança em seus poderes, não lhe ocorre que ela apresenta limites (tanto quanto a natureza, que ela deveria transformar) e que muitos problemas da humanidade não só não foram resolvidos como foram agravados com a civilização técnico-industrial. Ocorre-lhe, entretanto, que há limites políticos para uma possível inserção dos cientistas, dos sábios, nessa verdadeira república

---

1. FERNANDO DE AZEVEDO, *Na Batalha do Humanismo, e Outras Conferências*, São Paulo, Ed. Melhoramentos, 1952, p. 149.

platônica por ele sonhada. Lúcido, consegue concluir que uma ditadura renaniana dos homens de ciência não se realizou. Eles é que foram usados pelos políticos... Nunca existiu uma república de sábios, não são os sábios que controlam os governos, mas os governos que controlam os sábios... A constatação da possibilidade de cooptação dos intelectuais e cientistas não lhe tira, evidentemente, a crença no poder da ciência, que não correspondeu, sob muitos aspectos, às esperanças que nela se depositaram. História de verdade e erros, o lema da Ciência não é *semper ignorabimus*, porém *impavidi progrediamur*. Trata-se de conceber um humanismo alargado pelo apelo cada vez maior à cultura científica, mas não centrado exclusivamente nela. O humanismo estritamente científico, sendo limitação ou especialização, seria mutilação do verdadeiro humanismo que rejeita, por sua própria natureza, tudo o que é unilateral e exclusivo e tende a apoiar-se nas duas culturas, clássica e científica, ambas indispensáveis, nenhuma suficiente para qualquer tomada de posição lúcida em face da vida e do mundo. Assim, Fernando de Azevedo define, com E. Leroux, o conceito de humanismo: um antropocentrismo refletido que, partindo do conhecimento do homem, tem por objetivo a valorização do homem[2].

UNIVERSIDADE E LIBERDADE

As raízes do pensamento azevediano sobre liberdade e universidade democrática estão no seu conceito de humanismo. A liberdade não é para ele, entretanto, apenas uma categoria do espírito humano, mas uma conquista da humanidade, decorrendo daí sua universalidade. Nas flutuações dos regimes políticos para essa ou aquela direção, o Estado ora favorece, ora sacrifica esse princípio de liberdade. Para Fernando de Azevedo a universidade, peça fundamental em uma democracia, deveria constituir aquele espaço para "conversações intermináveis", reino da liberdade, da dúvida e da discussão, molas propulsoras de todo pensamento crítico e criador. A perspectiva azevediana é de cunho cosmopolita: as universidades deveriam oferecer espaço para intercâmbios não só de nível nacional, mas internacional e supranacional.

As sociedades têm tido, através dos tempos, instituições cuja função é a de elaborar, desenvolver e transmitir a cultura do seu

2. *Idem, ibidem*

tempo. As universidades, entretanto, na forma como as conhecemos, nasceram no século XII, sob o signo da universalidade e impregnadas da idéia de colaboração entre alunos e professores. Na Idade Média, de fato, o mesmo espírito de associação que deu ao ofício sua fisionomia corporativa (toda corporação de oficio é uma universidade) presidiu também ao desenvolvimento do comércio e das universidades no sentido intelectual, associações de doutores e de estudantes – *universitas scholarium et magistrorum* – e não *universitas litterarum vel scientiarum*. Para Ernest Robert Curtius as universidade ocidentais

nasceram, de fato, como corporificação de um grande movimento espiritual: o renascimento do século XII, em que se efetuou a renovação das ciências jurídicas, das ciências naturais e da filosofia; a cultura humanística e o sentimento humanístico da vida chegaram a um novo florescimento. Todo esse movimento encontrou sua concretização em novas instituições: o século XII realizou em forma institucional o ensino superior e a investigação. O seu resultado são as primeiras universidades, que se tornaram rígidas quando cessou o grande movimento espiritual no outono da Idade Média. A universidade alemã moderna não teria nascido sem o estímulo do neo-humanismo de 1800, podendo-se, por conseguinte, estabelecer a proposição de que a universidade pode ser um "lugar de cultura", mas não o "lugar de origem da primeira idéia de cultura"[3].

A universidade só poderá ser, porém, a morada da liberdade, condição para que possa exercer sua função de criação e elaboração crítica da cultura de uma época, se nela prevalecerem o respeito, a pesquisa e a discussão da verdade.

É que sempre foi necessário, para desabrochar e amadurecer a personalidade, que tende à universalidade e se torna, por isto, capaz de um esforço produtivo da ciência, esse ambiente, largo e arejado, de uma sociedade de cooperação, aberta aos contatos e às influências culturais, que admite a discussão, torna possíveis as confrontações de experiências, a coordenação de pontos de vista, incitando cada indivíduo a pôr-se no lugar dos outros, a comparar e a repensar as teorias, a analisá-las e debatê-las[4].

À universidade em seu processo histórico aplica-se aquela concepção de D.H. Lawrence, segundo a qual a vida arranca de um sentimento e acaba numa forma. É nova e luminosa a universidade sempre que luta por plasmar novas concepções de vida e

---

3. FERNANDO DE AZEVEDO, *As Universidades no Mundo do Futuro*, Rio de Janeiro, Ed. da Casa do Estudante do Brasil, 1944, pp. 47 e 48 (posteriormente inserido no livro *A Educação entre Dois Mundos*, São Paulo, Ed. Melhoramentos, 1958).
4. *Idem*, p. 48.

do destino do homem, orientada por novo sentimento que acaba por declinar, pois morre tudo que se resolve em uma forma final limitadora. Chega um momento em que entra em declínio, à espera de que outro sentimento a empolgue e a obrigue de novo a transformar-se. Essa abertura para a vida, o real e a verdade, entretanto, muitas vezes, é sufocada, período em que as universidade traem sua própria razão de ser.

Nas épocas, porém, ou nos países em que se desestima a inteligência e se faz apelo à vontade e à força; em que a intensidade da crença e um credo, político ou religioso, ou "a certeza em matérias sobre as quais a dúvida é a atitude mais racional", adquire importância maior do que o desejo e a livre investigação da verdade, as universidades tendem a fechar-se sobre si mesmas, a declinar e a fossilizar-se no seu conjunto, ou em todos os domínios de matérias que não sejam "neutras" ou em que possam estabelecer-se zonas marcadas com o "sinal de perigo"...[5].

Fernando de Azevedo pronunciou esse discurso sobre as universidades durante a Segunda Guerra Mundial, época em que se fez sentir de maneira pungente o valor da liberdade, conceito que é visto agora dentro de um momento histórico concreto.

Certamente, a extrema concentração do poder e a nova concepção do Estado, como um fim em si mesmo, em que culminou esse processo *e consiste a essência do fascismo*; o advento das ditaduras estribadas num partido único e a ruptura dos fundamentos do regime capitalista foram transformando, em diversos países, *esse clima de liberdade*, indispensável ao novo despertar das mais altas tradições universitárias. O movimento social que nega o valor da liberdade e tomou em face das coisas do espírito uma atitude de desconfiança, senão de hostilidade, desfechou, entre as duas guerras mundiais, a mais violenta ofensiva contra o pensamento liberal, preparado pela corrente racionalista e romântica; e, substituindo, numa vaga de "desracionalização" do pensamento, a verdade pelo mito e pelo irracional, que constitui um recurso a forças obscuras e vitais, trocou a confiança na inteligência pelo culto da vontade e pela invocação à violência e elevou ao primeiro plano das idéias humanas o valor da técnica e das realizações materiais. Para Johan Huizinga, que formulou, em seu livro *Na Sombra de Amanhã*, um melancólico "diagnóstico de mal-estar espiritual de nosso tempo", é precisamente o repúdio dos altos valores da grande tradição – verdade e liberdade – que reside à base de todos os males modernos. É precisamente a exaltação da vida tomada em si mesma, dos valores concretos, biológicos ou sociais, acima dos valores (abstratos, se se quiser) do espírito, que lhe pareceu "a grande apostasia".

Numa época em que as palavras de ordem já não eram espírito, inteligência e verdade, mas "existência", "vontade de poder", o "sangue e o solo" e tudo a que os pensadores modernos chamam a "vida", o "instinto vital"; em que o homem se comprazia, numa atitude mortal para o espírito,

5. *Idem*, p. 55.

com as grandes conquistas no domínio material, ainda que realizadas a preço da liberdade, numa unanimidade pela escravidão, não poderia surpreender o declínio da cultura livre e, com ele, o das universidades européias, em que prosperaram a filosofia e as ciências e se elevou a tamanha altitude a dignidade da inteligência e do espírito humano. É que do horizonte político, carregado de tempestades, desaparecera a liberdade de pesquisar e de discutir; e, como escreve Ortega y Gasset, o regime político, branco ou vermelho, tendia sempre a decretar: "Senhores, acabou-se a discussão". Ora, discussão não é senão a forma dialética, a forma mesma em que o pensamento se produz. A vontade, ao contrário, é por essência, a que termina a discussão. Donde a ação direta, o culto da violência que é a forma da vontade[6].

Portanto, não seria simplesmente o avanço das ciências e da tecnologia, mas o exercício e a conquista da liberdade que contribuiriam para vencer as injustiças sociais e as servidões tradicionais. Na formação da cultura e do caráter nacional, as universidades constituiriam, para Fernando de Azevedo, o fulcro onde se poderia resolver o conflito entre a autonomia do espírito, que está na própria raiz da cultura moderna, e as autoridades exteriores que pretendem limitá-la, nos domínios do ensino e na coordenação do espírito científico. Entre os problemas que se apresentam na reorganização das universidades, o problema político é o que assume, portanto, maior gravidade, porque implica, essencialmente, a afirmação ou a negação da liberdade de pensamento, de crítica e de investigação. Se a história da humanidade é um progresso na consciência da liberdade; se a liberdade é a primeira e fundamental condição para que se torne possível a cultura, em qualquer de suas manifestações, não se concebe pensamento sem liberdade de pesquisa e de opinião, nem, portanto, cultura sem liberdade. Assim, ou a universidade se alheia às lutas políticas, ou tentará compreender o embate político e o jogo das diversas forças em conflito e contribuir para o esclarecimento dos problemas em discussão. A comunidade científica, de um modo ou de outro, terá sua opinião a dar, quer quanto ao encaminhamento de questões fundamentais para o país como aos projetos de desenvolvimento e às pesquisas de base.

O conceito de liberdade ultrapassa de muito o mero quadro universitário: é a liberdade do espírito, que se alimenta no oxigênio de uma atmosfera de vida social intensa e dinâmica e sem a qual, para Fernando de Azevedo, as próprias liberdades políticas viriam a desaparecer. Liberdade estreitamente vinculada a uma concepção ética da vida do espírito livre e responsável, liberdade,

---

6. *Idem*, pp. 61 a 64.

que longe de ser incompatível com a idéia de uma cultura de "mandato social", isto é, de uma criação cultural posta a serviço de um fim coletivo, é a condição mesma de todo trabalho criador, livre por natureza; que exige do homem uma dura e permanente conquista e não lhe assegura uma dignidade, senão tornando-o mais plenamente responsável; é a liberdade, enfim, que não é combatida somente do exterior, por forças externas a nós, mas ameaçada em cada um de nós por uma frouxidão no amor da verdade, pela anarquia mental e moral, pela franqueza ou improbidade de pensamento e pelas fadigas das inteligências, cada vez mais escravas das palavras, – símbolos poderosos de paixões, que só nos fazem sonhar com a liberdade quando estamos na oposição que, impelindo-nos a procurar nela apenas um "instrumento político" para a conquista do poder, não nos permitem atingir o sentido profundo da liberdade, as suas responsabilidades e as suas disciplinas"[7].

Para que a universidade não se constituísse numa instituição cristalizada e reacionária, incapaz de dar conta da realidade que a cerca, deveria caminhar no sentido de tornar-se, de fato, um centro irradiador de cultura. Cultura e vida não se opõem, pois que a cultura não passa de uma maneira de se exercer a vida.

Se, pois, a cultura, em vez de se desenvolver à margem, passar a ser o núcleo, a medula do sistema, e a universidade, em consequência, o centro de que se irradia sobre a nação, das elites às camadas populares, o *espírito crítico de reflexão e de exame,* e em torno do qual se congrega e se organiza a cultura, na heterogeneidade e riqueza de seus elementos, como poderá erguer-se a universidade a essa posição central, no grupo, se ela se recusa a encarar os problemas que interessam ao homem total ou à totalidade da vida do espírito; se ela não criar e favorecer um ambiente de livre circulação de idéias e próprio à formação dos mais diversos tipos intelectuais; se, em lugar de harmonizá-los, tender a separar a teoria e a prática, o pensamento e a ação, "que se completam, se inspiram e mutuamente se enriquecem", ou se, em vez de trazer a cultura para a vida e torná-la a mestra da experiência, "tentar isolar da vida a cultura", encerrando-se em campos isolados e irredutíveis de especializações, dificultando a colaboração não só dos homens como dos métodos e das disciplinas e cortando as comunicações e as solidariedades múltiplas dos mais diversos domínios de estudos e de pesquisas? As universidades não devem, portanto, ser organizadas apenas para promoverem a especialização intelectual e científica ou profissional e técnica, no mais alto grau, mas ainda para contribuírem, por todas as formas, pelo seu espírito e pelos seus métodos, como pela sua estrutura, para essa cultura geral ou essa "larga mentalidade comum" que reside à base de todo humanismo[8].

A vida a que se refere Fernando de Azevedo é tudo aquilo que nos cerca e que exerce um apelo poderoso ao nosso interesse, à nossa sensibilidade, à nossa inteligência. São os problemas fun-

---

7. *Idem,* p.66.
8. *Idem,* pp. 94 e 95.

damentais, são os temas fundamentais, é a realidade que excita e atrai, amedronta e afugenta:

> A cultura, elaborada pelas universidades, mas achegada ao meio imediato e aos seus problemas, não seria por essa forma uma cultura "sobreposta", mas orgânica, assimilada e recriada pelo próprio povo, neste sentido de que a criação de uma nova mentalidade resultaria não só das influências de cima para baixo, mas da permeabilidade da cultura "superior" às influências de toda a vida social exterior ou subjacente às grandes estruturas universitárias[9].

Por isso:

> É nesse trabalho de compreensão e de adaptação constante, para alimentar e renovar a cultura nas fontes vivas da nação, que devemos concentrar o nosso esforço se queremos fazer da universidade uma obra "que apresente o interesse mais humanamente geral e represente o mais especificamente o seu país de origem". Todo ensino superior, não importa de que natureza, universal no seu espírito e nos seus métodos, aumenta a força de sua vitalidade e de sua eficiência, se partir das pesquisas do meio imediato para as suas construções teóricas, e, por certo, – porque diretamente centrado sobre o material, as condições e os problemas atuais e pondo-os sob o ângulo de eternos princípios, – *enraíza o abstrato no concreto e a meditação na vida e, extraindo a seiva do próprio meio popular e nacional em que mergulha suas raízes, desabrocha com mais vigor e mais brilho na flor do pensamento humano*[10].

ESTUDOS DESINTERESSADOS

Às universidades cabem as funções de ensino, pesquisa, preparação de quadros dirigentes. Deveriam, portanto, estar em estreita relação com a vida nacional, sem subtrair-se à influência e inspiração das realidades concretas, cabendo-lhes, por outro lado, manter o espírito científico e a possibilidade de uma "pesquisa livre e desinteressada". Há que se distinguir, entretanto, o sentido desse último termo, ou melhor, os diferentes sentidos que Fernando de Azevedo lhe deu em épocas diversas. Em um processo característico de seu pensamento revê, repensa e modifica suas idéias sobre "estudos desinteressados", classificando-os, em 1954, de arcaicos quando em mera oposição a "úteis".

Na época da formação das universidades brasileiras, a palavra desinteressado teve o sentido de um ensino superior que não fosse proposto ao fim imediato de uma determinada profissão (engenharia, medicina, direito), mas de uma carreira científica. O

---

9. *Idem*, pp. 99 e 100.
10. *Idem*, pp. 101 e 102.

modelo é o dos "savants" soviéticos e americanos, que se dedicam exclusivamente a elaborar, produzir e transmitir a cultura, em quaisquer dos seus vários aspectos. É, basicamente, a consciência da necessidade da pesquisa teórica pura para o país.

Num segundo momento, complementando o primeiro sentido, cultura desinteressada significa cultura de base, para especializações ulteriores, espécie de anteparo aos "efeitos desintegradores de atividades circunscritas a campos profissionais cada vez mais limitados". Em estilos diferentes, mas em concordância de pensamento, Anísio Teixeira e Fernando de Azevedo escrevem sobre essa formação comum, desinteressada, porque não diretamente ligada às diversas especializações. Para Anísio Teixeira, na Faculdade de Filosofia, Ciências e Letras

se irão encontrar e conviver os discípulos de todos os campos de cultura humana que aprenderão em comum a disciplina da lógica, a precisão do saber científico, o valor da literatura e da história e o segredo do conhecimento estético ou artístico. Nessa aprendizagem comum formarão o seu espírito para que aos engenheiros não falte a sensibilidade, aos filósofos não falte a precisão, aos cientistas não falte o humanismo e aos artistas não falte o saber. O espírito universitário é, acima de tudo, esse espírito de comunidade e interpenetração de todo o saber humano[11].

Fernando de Azevedo, poeticamente, dá a sua explicação:

aquele clima, em que se realizam os estudos desinteressados, não é a aplicação de conhecimentos a determinada profissão de base científica, mas a pesquisa e o culto da verdade em si, o espírito crítico e experimental, o gosto da descoberta, a aventura da criação; é a erudição dos estudos fortes, a limpidez e a exatidão do pensamento, a ciência da antiguidade apanhada em toda a sua graça e na sua força completa; é o espírito geométrico e o espírito de finura, a curiosidade filosófica, a repulsa a todos os dogmatismos e a dúvida metódica; é o sentido do que há de mistério no real e de que a ciência coabita com o inexplicado e o inexplicável, e, portanto, além da paixão pela ciência, é a reverência pelo incognoscível, a inquietação do mistério que envolve a vida e o destino[12].

Certamente Fernando de Azevedo não desconhece a estreita relação entre a teoria e a prática, mas, para ele, as pesquisas mais promissoras, aquelas que justamente mais se prestarão a ser aplicadas, não visam diretamente a uma ação. O que propõe é a não-intervenção, é a necessidade de pesquisas teóricas, é a crença na imprevisibilidade dos inventos humanos, em qualquer setor, e

11. FERNANDO DE AZEVEDO, *A Educação entre Dois Mundos*, São Paulo, Ed. Melhoramentos, p. 115.
12. *Idem*, p. 116.

é, sobretudo, a liberdade dentro da universidade. Assim, se por um lado a universidade deve estar atenta à vida social, tomar contacto com as forças vivas da nação e formar uma elite intelectual ligada a essas forças como seus canais intermediários, ela deve, por outro lado, possuir certas idéias diretrizes, uma espécie de carta magna de sua vida normal. Para evitar que a universidade seja reflexo apenas, em vez de agente de mudança, cumpre ressaltar a importância da liberdade na vida universitária. Processo de transmissão de símbolos, valores e representações, a educação consiste em uma transferência de cultura; não é, entretanto, processo que se realiza mecanicamente, mas, vivo e dinâmico, é feito através de resistências e conflitos, por meio dos quais as gerações novas sofrem a ação das gerações adultas e reagem sobre elas, podendo ter uma possível ação renovadora, que não fica sem efeitos sobre o processo das transformações econômicas e sociais. É preciso não esquecer, entretanto, outros fatores que também concorrem para essas mudanças: irrupção das massas, influência de culturas diferentes e a própria importância da ciência como agente capaz de provocar contradições e desfazer criticamente o já feito e pensado, procurando uma saída fora dos caminhos da rotina.

É falsa e perigosa para a descoberta da verdade e o avanço científico

essa velha hierarquia de valores, ligada a um estágio já ultrapassado da evolução social de que era um produto e uma expressão e em que se sobrepõe o "teórico puro", "o desinteressado", "o único nobre" (como se ele não tivesse nascido da impura necessidade), ao "utilitário", ao aplicado, humilde, servil, desconsiderado? Que é esse teórico (pergunta com razão Georges Friedmann), nascido da prática, ingrato para com seus autores e que não consente em alimentar a prática, senão resmungando e de mau humor, quando a técnica, que supõe, toda ela, um saber teórico de que seria a aplicação, não é hoje, como nunca foi, uma coleção de fórmulas e de receitas, e não é, na realidade, mais do que "a parte da ciência que se voltou para a ação"? Não é a técnica um dos pontos de partida do conhecimento racional e, desde que se libertou da coerção social, não parece prolongar-se em ciência propriamente dita, tornando-se fonte de racionalidade? Se a ciência outrora, como já ponderava Taine, não formava senão pretensões vaidosas e concepções quiméricas, quando ela se mantinha à parte, longe da vida prática e se dizia soberana do homem, possui hoje uma autoridade sem cessar crescente, porque ela entrou na vida ativa e se declarou serva do homem[13].

Nota-se, portanto, uma modificação no próprio sentido de *desinteressado* porque não há outra maneira de se conservar ou

---

13. *Idem*, p. 105.

restabelecer a energia primeira, a força criadora, livre, a vida intensa e fecunda das universidades, senão tornando-as permeáveis às influências da vida social subjacente e do momento histórico e tão contemporâneas de nossa civilização, como as antigas o foram das sociedades para as quais se organizaram. O essencial, para Fernando de Azevedo, em uma universidade, persistindo através das mais variadas formas de que ela se pode revestir no tempo e no espaço, é, de uma certa maneira, todo o seu ideal do que seja o verdadeiro humanismo: o gosto da especulação filosófica, o amor à ciência, a fé na razão e o culto da verdade, a liberdade de pensamento e de pesquisa, o espírito de tolerância e de cooperação e o sentido do universal. Persiste sua profunda crença nos valores da razão humana. As universidades não poderiam exercer sua tríplice função de criar, criticar e transmitir os valores da cultura

> sem esse culto da razão, que é a síntese da teoria e da prática, a "soma" viva das experiências e reflexos da humanidade e que é feita, portanto, do que a inteligência chegou relativamente a universalizar entre os dados da ciência e da vida; sem esse ideal que irradia, em torno da liberdade, como um centro de luz e de calor, e sem esse generoso desejo de renovação e esse grande apetite de descoberta com que se resguardam da rotina e da estagnação e se transformam em instrumentos de progressos incessantes. Se há coisas sem as quais não podemos viver e, se, enquanto buscamos essas coisas a nossa vida não ultrapassa em dignidade a vida animal universal, há coisas, como nos lembra Boutroux, sem as quais não queremos viver e é propriamente a procura dessas coisas materialmente inúteis, como o amor mesmo da ciência, as alegrias da pesquisa e da descoberta, que é nossa marca de homens[14].

Haveria uma relação constante entre a liberdade e os progressos dessas instituições chamadas "universidades", o que pressupõe, evidentemente, uma livre pesquisa executada em comum e a idéia de que democracia implica, em sua essência, liberdade de pensamento e de opinião. Na verdade, o culto do pensamento abstrato, das pesquisas teóricas, que eventualmente se resolvem em uma prática, são apenas entraves momentâneos, extremamente frutíferos e enriquecedores, redundando em acréscimo de força para realização não só de uma democracia política formal, mas também de uma democracia econômica e social, "promovendo a satisfação das duas exigências essenciais, aliás moralmente fundadas, das massas: a liberdade e a justiça social"[15].

14. *Idem*, p. 107.
15. *Idem*, p. 108.

Se a democracia é o reconhecimento da igualdade e do valor da pessoa humana, a democratização das universidades deveria supor uma eliminação prévia dos obstáculos ao recrutamento seletivo em todas as classes dos indivíduos mais capazes. Para alcançar tal fim Fernando de Azevedo retira de Proudhon a idéia da necessidade da substituição de uma justiça comutativa, que apenas concede aos indivíduos oportunidades iguais, por uma justiça distributiva, que os recompensasse "de acordo com a sua inteligência, cultura e produção"[16]. Inteligência, cultura e produção, entretanto, não caem das nuvens, nem são dados biológicos. Todas essas questões passam pela dificuldade de estabelecer critérios seletivos justos, por real merecimento, sem considerar desníveis econômicos, sociais e de saúde que, desde logo, predeterminaram de fato quem vai "fracassar" e quem vai "merecer".

A democracia, entretanto, é o caminho a seguir e certamente deverá passar pela análise e debate das idéias propostas por Fernando de Azevedo, pressupondo uma atmosfera moral e social de liberdade e livre indagação. Para fundamentar a importância da liberdade, Fernando de Azevedo colhe na crítica de Rosa Luxemburgo a Lenin e Trotski, escrita na prisão de Breslau, em 1918, onde se manifesta com notável lucidez sobre a liberdade das coisas essenciais, as seguintes reflexões:

A liberdade, somente para os partidários do governo, para os membros de um partido, por mais numerosos que sejam, não é liberdade. A liberdade é sempre liberdade daquele que pensa diferente. Não por fanatismo de justiça, mas porque tudo que há de instrutivo, de salutar e de purificador na idéia política se prende a isso e perde sua eficácia quando a "liberdade se torna um privilégio".

Só a experiência, acrescenta mais adiante, falando do socialismo, como um produto histórico nascido da escola mesma da experiência,

é capaz de trazer os corretivos necessários e de abrir caminhos novos. Só uma vida borbulhante, absolutamente livre, se ramifica em mil formas e improvisações novas, recebe uma força criadora, corrige ela mesma seus próprios erros. Se a vida pública dos Estados de liberdade limitada é tão pobre, tão esquemática, tão infecunda, é precisamente porque, excluindo a democracia, estanca as fontes vivas de toda riqueza e de todo progresso intelectual[17].

16. FERNANDO DE AZEVEDO, *As Universidades no Mundo do Futuro*, Rio de Janeiro, Ed. Casa do Estudante do Brasil, 1944, pp. 107 e 108.

17. *Idem*, pp. 59 a 61. Conferência realizada a 22 de junho de 1944 no Ministério das Relações Exteriores do Brasil.

Chama a atenção, nos textos azevedianos sobre humanismo, a sua capacidade de abstrair idéias, como as de universidade e liberdade, de seus contextos históricos, apresentando uma visão sintética, formal e totalizadora do que seja o humanismo como filosofia de educação. É que seu anticlericalismo – Júlio de Mesquita o considerava "um seminarista arrependido" – não o impediu de ser tributário dos hábitos intelectuais legados pelos jesuítas, entre os quais sobressai o culto das idéias gerais, dos universais. As idéias gerais, porém, não estão, nem podem estar fora da realidade concreta; sem ela o humanismo não teria um fundamento *in re*, mas seria um clamor meio vago contra formas de pensamento desumanas, revelando uma tendência a resolver problemas reais apenas na esfera do ideal e no plano teórico. Entretanto, como Lucien Febvre, de quem certamente sofreu influência[18], Fernando de Azevedo julga que, partindo de condições concretas, o pensamento humano consegue alçar vôo. Essas abstrações constituem momentos decisivos para que haja, depois, um retorno em ação racional, transformadora da realidade. Atendendo a necessidades específicas da época, que precisava urgentemente de universidades e centros de pesquisas teóricas, seu humanismo não é ideologia obsoleta, mas está fundamentado em valores humanos permanentes que deveriam, para ele, realizar-se sob a forma de um socialismo científico.

Talvez não tanto científico, quanto utópico, seja o que se pode concluir dos textos azevedianos... Se explicitamente não crê possível a construção *a priori* de sistemas e instituições políticas e sociais perfeitas, não deixa de apresentar muitas vezes, num plano meramente onírico, é verdade, e profundamente influenciado por Anatoly Lunatscharsky (1873-1933), ministro de Educação de Lenin, a antevisão profética de uma Grécia Clássica nova, "mas desta vez universal, mundial, construída sobre a técnica sólida da ciência e da máquina". Modula, entretanto, esse tom grandioso por lúcidas observações sobre a necessidade de estudos filosóficos e de interesse pelo mais trágico dos problemas, "o problema moral e religioso".

Ao se pensar a exeqüibilidade do projeto humanista azevediano surgem dificuldades. É que os modelos ideais, mesmo considerados como provocações para sucessivas e reiteradas tentati-

---

18. FERNANDO DE AZEVEDO, *Máscaras e Retratos*, 2ª ed. revista e ampliada, São Paulo, Ed. Melhoramentos, 1962, p. 235. Também em *As Universidades no Mundo do Futuro*, p. 85.

vas de aproximação com a realidade, precisam ser singularizados. Na verdade, que é uma universidade livre, ela existe? Há que se distinguir, particularizar, e isto se evidencia ao se estudarem as dificuldades de autonomia e liberdade nas universidades brasileiras. Que poder(es) as controla financeiramente? Questão importante. Só sistemas não autoritários poderão propiciar a máxima liberdade de criação e aquela liberdade interior que Einstein considerava condição essencial ao desenvolvimento da ciência.

Outro ponto que talvez expresse de modo lapidar o platonismo azevediano é a sua confiança e crença nessa verdadeira república de sábios que a universidade deveria construir. Dali, desse centro irradiador por excelência, sairiam os esplêndidos resultados da ciência, sob todas as suas formas, acrescidos de um verdadeiro espírito crítico de reflexão e exame... Em parte, é claro, as universidades podem exercer essa função. Mas nem sempre o fazem. A sociedade apresenta também, sempre apresentou, outras vias de expressão desse espírito crítico, desse esforço humanístico, dessa luta pelo humano. Muitas vezes é de fora dos muros acadêmicos que se fazem ouvir as vozes de um pensamento livre e criador e formas não rotineiras de sensibilidade e saber políticos. Talvez por isso, ao perceber que as universidades se cristalizam, fechando-se à vida, Fernando de Azevedo tenha sido obrigado a citar um autor absolutamente não acadêmico: D.H. Lawrence...

Por fim, a importância do cosmopolitismo azevediano, no plano da educação e da cultura. Justamente porque toda instituição tende naturalmente a se isolar ou a querer pensar de modo unívoco, a universidade democrática deveria abrigar professores e alunos de todas as partes do mundo e formas diferentes de pensamento.

Essa abertura para o mundo, note-se desde logo, não é uma negação do nacional, mas uma aceitação do outro, do diferente, de sua contribuição específica para um projeto de construção nacional. Em 1934, Fernando de Azevedo acolhe com simpatia a vinda de professores estrangeiros a fim de que, com a sua ajuda, se pudesse criar, no Brasil, uma instituição científica de alto nível, a Universidade de São Paulo, "capaz de assumir a liderança no processo de superação do estado de atraso em que se encontrava o país"[19]. Essa atitude era também política, pois mostrava a ne-

---

19. SIMON SCHWARTZMAN, *A Formação de Comunidade Científica no Brasil*, FINEP – Cia. Editora Nacional, 1979, vol. 2, p. 197.

cessidade de São Paulo recuperar a antiga hegemonia e superar a derrota de 32. A visão azevediana do homem como fazendo parte de um cosmos não é, por conseguinte, *naïve* ou antibrasileira. Critica asperamente, por exemplo, em 1966, a importação de técnicos (!) estrangeiros para planejar e reformar a educação em qualquer dos níveis do ensino brasileiro.

Como saberiam elés o que realmente nos interessa? Pois o que é bom para os Estados Unidos – ao contrário do que tão levianamente já se afirmou, pode não ser bom para nós. E não o será certamente nas esferas da educação nem em outros campos, como sejam os econômicos, sociais e políticos...[20]

20. FERNANDO DE AZEVEDO, *O Problema do Ensino Universitário*, outubro, 1966. Arquivos do Instituto de Estudos Brasileiros, USP, p. 20. Pasta 42.

5. Educação e Transformação

> *A verdade é que só a educação cria forças vivas;*
> *a instrução não serve senão para dirigi-las.*
>
> FERNANDO DE AZEVEDO

A necessidade de uma educação transformadora, capaz de contribuir para a democratização de oportunidades e capaz de ser também fator de dinamização da cultura, leva Fernando de Azevedo à investigação do papel da escola e das universidades e da sua função na história da educação no Brasil. Sua ambição é de que ela possa atuar como fator dinamizador em um projeto de reconstrução nacional, projeto esse visto como modernizador. Entenda-se, por essa palavra: industrialização e criação de possibilidades de tornar-se o Brasil um centro criador e não imitador de cultura. Evidentemente, a proposta está condicionada a uma série de variáveis.

O encaminhamento da questão é feito no sentido de que deveria haver um ideal comum e uma "uniformização da diversidade das tendências". Grande importância é dada à necessidade de uma mudança de mentalidades, partindo de uma "visão em grande", ou seja, de uma perspectiva capaz de perceber as ligações dos diversos problemas educacionais uns com os outros, assim como também a sua extrema complexidade. Decorre daí a ênfase na importância do Estado, único capaz, a seu ver, de prevenir as conseqüências praticamente irrecuperáveis de um projeto de educação ineficiente. Tal perspectiva leva à necessidade da unificação dos aparelhos de educação básica, as diversificações devendo realizar-se na Universidade, espaço considerado por Fernando de Azevedo como da livre discussão e liberdade. Há, por conseguinte, uma contradição: quer, como se viu anteriormente, instaurar projetos de escola-comunidade, centrados, por sua própria natureza, em diversidades locais, e deseja, simultaneamente, que se inicie um processo de homogeneização forçada.

Voltando ao binômio educação-transformação, pode-se colocar a questão de maneira sucinta em uma única pergunta: até que ponto a educação, ela própria transformada em seus métodos e sua finalidade, pode ser fator possibilitador de mudança social e desenvolvimento? Desenvolvimento, nesse contexto, ultrapassa, é claro, o mero crescimento econômico, adquirindo um sentido bem mais amplo, com significado social e humanista. A questão, aliás, tem suscitado ultimamente uma série de respostas. Há os que taxativamente asseguram que o processo de transformação social é simples resultado do sistema econômico e produtivo, devendo os sistemas educacionais adaptar-se às demandas da economia. Há, no polo oposto, os que acreditam que a educação é força causal, porque fonte de conhecimentos e, por isso, de poder e riqueza. A última tendência reflete-se na teoria que considera a educação elemento-chave para qualquer processo de desenvolvimento econômico-social, sendo ótimo investimento em capital humano. Não está no escopo desse trabalho discutir essas teses mas vale a pena indicá-las, para se perceber como tais problemas já estavam, embora sob roupagem diferente, incluídos de forma consciente nas pesquisas de Fernando de Azevedo, que os estudou de modo metódico e com visão eminentemente sociológica.

A sociedade reflete-se nas instituições educacionais? Durkheimianamente, Fernando de Azevedo acha que sim. Ao estudar a educação como agente de mudança social, em um dos seus últimos livros – *A Cidade e o Campo na Civilização Industrial*[1] – pondera que a educação é basicamente um mecanismo de transmissão de cultura, perpetuando, portanto, representações e valo-

---

1. FERNANDO DE AZEVEDO, *A Cidade e o Campo na Civilização Industrial e Outros Estudos*, S. Paulo, Ed. Melhoramentos, 1962.

res. Ela é, ao mesmo tempo, parte integrante das culturas humanas. A relação pedagógica, como relação social, é a que se estabelece entre a geração adulta e a geração nova, entre educadores e educandos, entre mestres e discípulos e essa relação "é marcada pela intenção, pelos meios e pelos resultados da ação educativa"[2].

Na *Sociologia Educacional*, talvez o seu melhor livro, resultado ao mesmo tempo de sua prática educacional e de seus estudos sociológicos, Fernando de Azevedo aborda, com rigor e precisão, a definição e análise do que seja educação.

A educação é, como se vê, fenômeno eminentemente social, tanto por suas origens como por suas funções e apresenta os dois caracteres dos fatos sociais: a objetividade e o poder coercitivo. É uma realidade social suscetível de observação, e, portanto, de tratamento científico. Mas o fenômeno da educação que se dá em todos os grupos sociais, se distingue dos outros fatos sociais por sua função específica que consiste num processo de transmissão das tradições ou da cultura de um grupo, de uma geração a outra. Se considerarmos a sociedade sob os três pontos de vista pelos quais pode ser encarada: *a)* a unidade social; *b)* a continuidade social e *c)* a evolução social, podemos, com Alfredo Povina, apreciar o fenômeno da educação em relação a cada um desses fatos fundamentais. Pois, se a educação tem por objeto, como ensinava Durkheim, "desenvolver certo número de estados físicos, intelectuais e morais, reclamados pela sociedade política no seu conjunto e pelo meio especial a que o indivíduo se destina", é por ela que a sociedade procura realizar a sua unidade social, pelo jogo desses dois subprocessos de homogeneização e de diferenciação, que, no fundo, importam num processo de assimilação à sociedade geral, no seu conjunto e às sociedades secundárias ou especiais (grupos profissionais, classes) que se formam, no interior das sociedades, pela lei da divisão do trabalho. As sociedades procuram assim diversificar as pessoas, partindo de um esforço para uniformizá-las. Mas a educação sendo um veículo que realiza a transmissão da experiência social, é o processo que garante à sociedade a sua existência contínua, assegura a "continuidade social", isto é, a permanência da unidade social no tempo[3].

É preciso, porém, compreender o que é o processo educativo, como funciona, antes de propô-lo como fator de transformação. Como conciliar educação, processo de transmissão de valores dominantes (Durkheim), com uma visão que quer utilizá-la em um processo democrático de reconstrução e renovação? A definição funcionalista de educação como forma de transmissão de tradição fundamenta-se na noção de continuidade, mas não

---

2. *Idem*, p. 166.
3. FERNANDO DE AZEVEDO, *Sociologia Educacional. Introdução ao Estudos dos Fenômenos Educacionais e de suas Relações com os Outros Fenômenos Sociais*, 3ª ed., São Paulo, Edições Melhoramentos, 1954, pp. 72 e 73.

é suficiente a uma explicação histórica. Citando Emílio Willems, Fernando de Azevedo concorda que

> as instituições, sobretudo suas maneiras de funcionar e os quadros humanos que as integram, refletem fielmente a distribuição do poder. As instituições educativas, principalmente as do ensino secundário e superior, encontram-se intimamente ligadas aos interesses de grupos ou classes dominantes. Essas, pelo geral, são interessadas em um determinado tipo de educação secundária e superior. É precisamente o tipo que lhes garante a sua própria continuidade. Onde quer que seja, os grupos dominantes são essencialmente conservadores e, em tais condições, não admira que a escola adquira uma feição rígida e hostil à renovação. Compreende-se que principalmente o ginásio esteja sob a pressão desses grupos. As Universidades geralmente preparam especialistas para profissões definidas e daí a sua renovação tornar-se interessante até certo ponto às classes dirigentes. Mas o ginásio que ministra uma "cultura geral" precisa de um controle ideológico que pode não ser deliberado para adquirir eficiência[4].

A sociedade reflete-se nas instituições e, entre elas, na escola, fator de unidade e estabilidade. Por isso, a escola torna-se facilmente uma "presa das classes conservadoras, interessadas na manutenção de um tipo de educação"[5], que constitui um dos meios ou instrumentos mais eficazes para assegurar-lhes a continuidade. Haveria, portanto, uma relação entre a educação como regime institucional e o ambiente social que lhe serve de fundo e uma outra, não menos óbvia, entre a educação e os grupos dominantes.

No limite dessas observações críticas, poder-se-ia dizer, com Ortega y Gasset(!):

> atribuir à escola uma força criadora histórica que não tem nem pode ter é um resíduo de beatice idealista do século passado[6].

Por isso, aduz Fernando de Azevedo:

> O princípio básico para poder-se compreender a escola como instituição normal de um país depende muito mais do ar público em que integralmente flutua do que do ar pedagógico artificialmente produzido dentro de seus muros[7].

---

4. FERNANDO DE AZEVEDO, *A Cidade e o Campo na Civilização Industrial*, p. 167. A citação refere-se a um artigo de EMÍLIO WILLEMS, "O Ginásio 'humanístico' como forma de Controle Ideológico", *O Estado de São Paulo*.
5. *Idem, ibidem.*
6. ORTEGA y GASSET, *op. cit.*, p. 168.
7. *Idem, ibidem.*

Mesmo quando já se fazem notar transformações na sociedade, motivadas pelos mais diversos fatores, a escola permanece alheia e, muitas vezes, resistente, a essas modificações. Os que dela saem não saem preparados para a vida, mas com uma bagagem inútil de conhecimentos obsoletos, que de muito pouco lhe servirão. Os mais desfavorecidos economicamente são, naturalmente, os que mais sofrerão por causa desse tipo de educação, muitas vezes a única possibilidade que se lhes apresenta de adquirir um instrumental mínimo para melhoria de vida, acesso à informação e participação. Há uma defasagem cultural entre a escola e o mundo, entre a rotina pedagógica e as transformações por que passa a sociedade.

A escola permanece, ainda, por algum tempo, antiquada na sua organização, no conteúdo da cultura que transmite e nas suas técnicas de ensino, enquanto tudo se transforma em torno dessa instituição em que, como na família e na religião, se faz sentir com mais força a pressão às vezes tirânica da tradição, pela influência inevitável e mais próxima das camadas de adultos e velhos e, através delas, das classes conservadoras que detêm o poder econômico e político[8].

Se a Escola Nova teve a ambição de transformar o meio social ou, pelo menos, contribuir para a aceleração desse processo, é preciso reconhecer que a paixão azevediana pelos problemas educacionais não lhe tirou o espírito crítico. Fernando de Azevedo, aos poucos e sempre procurando conhecer melhor os problemas da educação no Brasil, não é mais um pedagogo otimista. É um sociólogo realista.

Ora, a filosofia social "repondo o sistema pedagógico em seu lugar, em conjunto, no meio das instituições, domésticas e políticas, religiosas ou econômicas" (Bouglé), nas quais do berço ao túmulo, é envolvido o indivíduo, começará por limitar essa concepção demasiadamente larga, e, portanto, romântica do papel do educador, aumentando-lhe o sentimento de responsabilidade e a consciência da necessidade de esforços contínuos em face da consciência profunda da pluralidade e variedade das forças que concorrem ao movimento das sociedades[9].

Inúmeros outros trechos repetem a mesma consciência das limitações da ação da escola. Reconhecê-las é condição para que a escola e a universidade possam inserir-se como elementos catalisadores das energias criadoras do país. Em um longo trecho Fernando de Azevedo expõe claramente o problema:

8. *Idem*, p. 167.
9. FERNANDO DE AZEVEDO, *Novos Caminhos e Novos Fins...*, p. 98.

A primeira conclusão a que nos levam os estudos sociais, é a limitação do papel da escola na sociedade. De fato, confrontando o sistema pedagógico com o sistema social geral, e pondo, portanto, a escola em face do conjunto das instituições sociais, verifica-se o erro de visão a que nos habituou a concepção excessivamente larga e romântica do papel da escola, na vida social, em que atuam, colaboram e às vezes se chocam, exercendo uma pressão constante sobre o indivíduo, todas as outras instituições sociais. Se a escola, é o "núcleo especial de educação", instituído expressamente para "produzir um resultado que a direta participação do indivíduo na vida coletiva tornou, pela sua complexidade, precária, senão impossível", não é menos certo que não é somente na escola, mas no lar, no templo, na oficina, na rua, que a sociedade marca o indivíduo com seus caracteres. Não é somente pela palavra que a sociedade modela, observa C. Bouglé; é muitas vezes pela força das leis, e, ainda mais vezes, pela própria força das coisas, por esse conjunto poderoso e obscuro de obrigações, pressões, atrações e tentações que às vezes, sem que se perceba e sem que o queiramos, orientam a nossa própria conduta (...)

Mas, essa concepção nova, mais estreita, do papel da escola na sociedade, não só influiu poderosamente na resolução científica dos problemas de educação, como serviu para dar aos educadores uma consciência mais exata de sua função social. O confronto da escola com as outras instituições sociais, definindo o seu lugar na vida, criou uma nova política de educação, reorganizando a escola, em novas bases, num regime de vida e de trabalho em comum; tornando-a um organismo vivo e flexível, pela introdução de novas práticas e modificação de outras, no sentido de uma eficiência maior; levando-a a cooperar com as outras instituições sociais e aparelhando-a de instituições pré e pós-escolares, capazes de lhe alargar o seu círculo de ação. O professor dentro dessa concepção, eleva-se de um "mestre", no sentido clássico, à categoria de um "agente social", com alto espírito de cooperação, que precisa aliar à doçura insinuante de um apóstolo a energia de uma "força social em ação", para agir eficazmente, isto é, aliar à sua reflexão os mais vastos campos de experiência. O mestre trabalhava antes, cada um por sua conta, segundo o seu ofício e de acordo com o seu coração, dentro de uma diversidade de tendências, que mais dissimulava, sob a uniformidade mecânica de processos, essa indisciplina mental proveniente da falta de um "ideal comum", claro e definido, e de uma consciência exata de suas responsabilidades. A nova concepção do lugar da escola na vida e a compreensão mais nítida de sua função social despertaram a consciência da necessidade de transformar a escola num foco de influências educativas, num ponto de aplicação de todas as forças vivas, capazes de irradiarem a sua ação às outras instituições políticas, sociais e religiosas, e obterem delas para a obra comum, numa sinergia de esforços, a mais larga reciprocidade[10].

Se as instituições pedagógicas são o processo educativo cristalizado em instituições, se se reconhece que a educação organizada e sistemática é, quase sempre, eminentemente conservadora, portadora de uma cultura determinada, dificilmente cria-

---

10. FERNANDO DE AZEVEDO, *Novos Caminhos e Novos Fins...*, pp. 110-111.

dora, como pensá-la diferentemente? Para que ela possa ultrapassar essa sua função não-modificadora, reflexo da sociedade que a administra, verdadeiro aparelho de adaptação, é preciso encará-la sob outro aspecto: como força que pode concorrer eficazmente para mudanças sociais. São as suas duas faces: instrumento por excelência de conservação, mas também instituição potencialmente capaz de concorrer para transformações sociais.

Por isso, Florestan Fernandes, ao estudar a contribuição de Fernando de Azevedo, percebe, nessa discussão, a importância da contribuição azevediana.

> Nessa conjuntura, a vocação mais rigorosamente científica e, ao mesmo tempo, prática, revelou-se em Fernando de Azevedo. (...) Por isso, deu um rumo diferente às suas indagações sociológicas. Em síntese, o sentido de suá posição parece ser o seguinte: a renovação deve começar pela escola e não se realizar, somente, na escola[11].

Para poder verificar-se a real possibilidade de a escola ser fator de mudança social seria preciso uma análise

> das inter-relações e toda a série de interações entre a escola e a sociedade, as reações de uma sobre a outra, como também as retro-reações (ou *feedbacks*), essas ações em retorno que se exercem a partir da escola, como um receptor na medida em que apreende da sociedade os elementos que deve elaborar para transmissão, e como um emissor na medida em que se torna um "foco de irradiação", atuando sobre ela através das gerações jovens[12].

Embora reconhecendo, portanto, a importância do pensamento durkheimiano, Fernando de Azevedo tenta ultrapassá-lo ao perceber a urgência, para o Brasil, de ser a escola fator de mudança.

Em *Sociologia Educacional*, depois de expor, mais uma vez, o que caracteriza a educação, Fernando de Azevedo reitera:

> Graças a ela, é possível a assimilação pelo homem das aquisições anteriores da sociedade, a "transmissão dos conhecimentos acumulados, que é obra da solidariedade no tempo, segundo a justa expressão de Duprat"; e, embora pelo seu caráter tradicionalista, decorrente de sua própria natureza, a educação seja antes um instrumento de adaptação, não é apenas, do ponto de vista de evolução social, um elemento passivo na medida em que reflete

---

11. FLORESTAN FERNANDES, *Educação e Sociedade no Brasil*, São Paulo, Dominus Ed. e Ed. USP, 1966, p. 554.
12. FERNANDO DE AZEVEDO, *A Cidade e o Campo na Civilização Industrial, e Outros Estudos*, p. 170.

o *progresso social, mas um fator ativo na medida em que pode servir de instrumento para auxiliar as transformações coletivas*[13].

Como, porém, criar uma escola modificadora sem cair num voluntarismo essencialmente antidemocrático, que tiraria sua força mobilizadora de um *deus ex-machina*, "os grandes ideais da educação"? Como admitir pluralismo democrático sem admiti-lo também na esfera educacional? Problemas colocados por textos demasiado assertivos, mostrando a face messiânica de Fernando de Azevedo. O tom às vezes deprime. A escola deve ser

um elemento dinâmico, criador e disciplinador de atividades e energias e capaz de transmitir um ideal às novas gerações, e, exercendo sobre elas uma pressão poderosa, contribuir para a transformação em determinado sentido, do meio para o qual se criou[14].

Referindo-se ao novo Brasil que surgia na década de 30, exalta em tom grandiloqüente a necessidade de se criar uma nova escola.

A escola, porém, não tem por tarefa sobretudo "adaptar ao meio", mas freqüentemente de premonir, de fortificar contra ele, de preparar homens que sejam capazes de *reagir contra ele* e de modificá-lo, de remediar a seus defeitos, dando ao povo uma cultura que permita suprir o que falta ao seu gênio e de revelar-lhe, renovando-o conforme as épocas, o sentido de seu destino[15].

A educação não deve ser vista como processo passivo, mas como o resultado de uma luta, de uma conquista.

Uma aristocracia podia contentar-se em defender e conservar, observa Georges Rippert, mas uma democracia deve inevitavelmente *conquistar e acrescentar*. Daí vem (e terá de vir forçosamente) uma transformação incessante do direito (como da educação) sob o impulso da idéia democrática[16].

A democracia a que Fernando de Azevedo se refere seria aquela que, no terreno educacional, eliminasse (ou atenuasse) o abismo que separa as classes subalternas, a massa, de modo geral,

---

13. FERNANDO DE AZEVEDO, *Sociologia Educacional. Introdução ao Estudo dos Fenômenos Educacionais e de suas Relações com Outros Fenômenos Sociais*, 3ª ed., São Paulo, Edições Melhoramentos, 1954, p. 73.

14. FERNANDO DE AZEVEDO, *Novos Caminhos e Novos Fins*, p. 72.

15. FERNANDO DE AZEVEDO, *A Educação e seus Problemas*, p. 183.

16. FERNANDO DE AZEVEDO, *Velha e Nova República...*, p. 92. Os grifos são do Autor.

das elites. A contribuição da escola seria de promover a redução progressiva da distância educacional entre as elites e os trabalhadores manuais e, por outro lado, colaborar na democratização do processo de seleção, pelo qual as elites seriam recrutadas nas massas. O critério é o das capacidades, critério tão racional quanto ideal, imagem do critério da *República* de Platão. Pode-se, talvez, indagar desse projeto de educação, tão ideal quanto irrealizado, se pela simples expansão em termos quantitativos do sistema de ensino, pelo livre jogo da procura do ensino haverá, de fato, uma atenuação das desigualdades culturais e educativas, ou seja, uma democratização do ensino, com incidências diretas ou indiretas nas desigualdades sociais e econômicas.

Ora, a educação não tem levado diretamente, nem a curto nem a longo prazo, a uma democratização da estrutura social. Segundo alguns especialistas, Antonio Hespanha[17], por exemplo, se certas medidas não são corrigidas por mecanismos compensatórios os desequilíbrios se acentuam ainda mais.

Talvez o raciocínio de Fernando de Azevedo se aplique melhor às sociedades mais integradas, capazes de absorver grandes tensões sociais e que podem ir funcionando, aos solavancos, com aspirações sociais pouco contraditórias. Em sociedades como a brasileira seriam necessárias medidas de discriminação positivas, visando a favorecer as pessoas socialmente desfavorecidas, garantindo-lhes não igualdade formal de oportunidades, mas igualdade material de oportunidades. Estes sistemas de ensino neutros, ou neutralizantes, transportados para países de grandes tensões sociais, ou entram em colapso (como é o caso do Brasil), ou necessitam de medidas de caráter administrativo repressivo. De qualquer forma, a questão da igualdade de oportunidades é levantada, assim como a questão da escola-comunidade:

> Mas, fixando mais de perto a questão, se a vida, pelas condições da civilização atual, tende a renovar-se sem cessar, a expressão "preparar para a vida", no sentido pragmático de preparação para um "estudo social prefixado", já não pode designar os novos fins da educação. A escola, que deve ser o reflexo dos ideais e tendências da comunidade, não pode manter-se afastada da comunidade, mas, ao contrário, deve formar parte dela, variando com ela, e proporcionando igual oportunidade para todos. Ora, dentro de um quadro social que se renova constantemente, a nova educação, que se contentava em despertar e desenvolver as qualidades e aptidões do indivíduo, e passou a ter a aspiração de criar novas aptidões, tende agora a dotá-

17. *Raiz e Utopia*, pp. 62, 63, nºs 11/12, Outono, Inverno, 79. Educar em Portugal.

los da habilidade, mais que todas difícil, para se comportar e trabalhar eficazmente em situações novas e imprevistas. Mas, em vez de um ideal estático de adaptação a uma situação anterior, com que a escola tradicional se tornava freqüentemente cúmplice dos males sociais, essa nova concepção envolve um "ideal dinâmico", com que a escola se transforma de aparelho de adaptação "a um estado social preexistente", em um instrumento de adaptação a situações novas, e, portanto, de transformação social, capaz, pela sua organização, de acompanhar o ritmo da nova civilização[18].

A escola só poderá ser fator de evolução e progresso social e não apenas de adaptação mecânica, quando se abrir para as aspirações da sociedade, permitindo um trabalho de criação e reconstrução de experiências. Isto significa também que ela deveria admitir conflitos na medida em que dificilmente há convergência de interesse dos diversos grupos que compõem uma comunidade ou, em sentido mais amplo, a sociedade como um todo. Todas essas considerações, se examinadas com rigor, levam a impasses que dificilmente seriam resolvidos sem uma concepção mais democrática, menos totalizadora, do fenômeno da educação. As escolas oficiais, mesmo quando admitem a necessidade de mudanças, elas o fazem tendo sempre em vista um projeto de assimilação, recuperação das diferenças, uniformização. Trata-se, de fato, de uma ação sistemática, concentrada nos sistemas de educação e cultura, espalhando por todo o território nacional e todas as classes sociais a mesma cultura intelectual e moral. Esse culto ao semelhante que se resolve em um dirigismo "progressista" revela, mais uma vez, as ambigüidades de um pensamento e de uma época, assentadas em uma atitude autoritária e voluntarista. Isso não diminui em nada, é claro, a enorme contribuição de Fernando de Azevedo para a compreensão dos problemas educacionais, sobretudo o enfoque sociológico que lhes dá. Percebeu perfeitamente as limitações da educação, porque a escola só é realmente fator de mudança social quando as mudanças sociais que ensina podem ser facilmente assimiladas e aprovadas pela sociedade. Se os assuntos sobre os quais paira algum tabu ou controvérsia dificilmente entram na esfera das instituições pedagógicas, se só tem aí livre curso o que a sociedade (ou parte dela, que mantém o controle do poder e da informação) aprovou ou tolera, conclui-se que a educação organizada é mais um reflexo do que um fator de mudanças sociais. Somente quando já há mudanças sociais em andamento é que a escola contribui para torná-las mais efetivas,

---

18. FERNANDO DE AZEVEDO, *Novos Caminhos e Novos Fins*, p. 112.

enraizá-las, ordená-las. Não parece haver dúvida, portanto, de que "a educação, organizada e sistemática, sem uma força que atue de cima para baixo, impondo-lhe um sentido e uma direção revolucionária é, por sua natureza, eminentemente conservadora"[19]. Isto significaria:

1) que seria necessário uma elite, que atuasse de "cima para baixo" mas de alguma forma ligada ou controlada pela massa?

2) que é preciso analisar as condições de possibilidade desse papel transformador da educação?

Deve-se procurar nas condições sócio-culturais, econômicas e ambientais, onde ocorre o fenômeno da educação, a resposta para sua ação transformadora.

Excluindo-se casos extremos, de regimes totalitários, quando o sistema educacional não mais se organiza de acordo com os quadros sociais existentes e suas necessidades, passando a ser manejado como instrumento pelos poderes públicos, a fim de impor sua vontade à sociedade e à nação, a educação, como fator de transformação, dependeria de inúmeras variáveis. Fernando de Azevedo as estuda procurando responder à seguinte interrogação: em que condições a educação — processo integrativo, instrumento de estabilidade e unidade — poderá funcionar como elemento de renovação e fator de dinâmica social? De acordo com o sociólogo, essas condições podem estabelecer-se a partir de pontos de vista diversos:

a) *Fator demográfico*, quando na população de determinada sociedade predominam, por essas ou aquelas circunstâncias, as gerações futuras. A educação não se realiza de maneira totalmente mecânica — mera transmissão — justamente porque é feita através de resistências e conflitos, por meio dos quais as gerações novas, que sofrem a ação das gerações adultas, reagem sobre estas. Vista sob esse aspecto, é elemento essencialmente vivo e dinâmico.

b) *Fatores econômico e social*, se se operam transformações mais ou menos profundas na estrutura social, abalando o prestígio das antigas classes dominantes e abrindo caminho à ascensão de novas classes e elites. Essa condição comporta a discussão das relações entre elite e massa.

19. FERNANDO DE AZEVEDO, *A Cidade e o Campo na Civilização Industrial, e Outros Estudos*, p. 166.

c) *Fator de aculturação*, mediante contato, mais ou menos ativo e fecundante, de culturas diferentes. O estudo dessa variável é fundamental para se compreenderem os limites da escola em sua função de democratização. Se os padrões oferecidos aos alunos desprivilegiados estão em desacordo com sua cultura, visão de mundo, ordenamento da realidade, linguagem, etc., como ultrapassar, assimilando-a, essa defasagem? Ou essa tentativa, quase sempre frustrada, de assimilação é, ela própria, uma imposição autoritária? O problema, de certa maneira pressentido por Fernando de Azevedo ao perceber a importância de culturas diferentes, parece apresentar, de fato, um dilema.

d) *Fator tecnológico*, pela possível (e desejável) ação das invenções e dos progressos de técnicas de produção, de transporte, de comunicação e recreação que concorrem (ou podem concorrer) para libertar a educação das influências conservadoras e abrir-lhe novas perspectivas. Evidencia-se neste tópico, mais uma vez, a crença azevediana no poder libertador da ciência e da tecnologia.

Se a educação, seja assistemática (e convém assinalar aqui a importância da existência de instituições de cultura e educação desligadas das instituições oficiais), seja organizada como técnica social, tem, em geral, por objetivo, a transmissão de valores e símbolos estabelecidos, como poderá ela transformar-se em força de renovação? O problema pode ser visto sob outro ângulo de análise, diferente daqueles já apresentados como condições para a educação ser transformadora. É a educação vista por seu caráter político, conforme a ideologia de grupos que detêm o poder e dele se utilizam em um ou outro sentido. Se essa colaboração já era percebida como essencial para se compreender o fenômeno de educação desde os anos 20, é com outra consciência que Fernando de Azevedo o aborda ao acrescentar um novo capítulo – A educação como agente de mudança social – para a 6ª. edição de *Sociologia Educacional*, nos anos 60[20]. A educação pode ser estruturada apenas para a realização, nos regimes totalitários, de esquerda ou direita, de propósitos impostos de alto a baixo. O ensino se paralisa ou retrocede em certos setores, nas disciplinas consideradas "suspeitas" (filosofia, sociologia e história), progre-

---

20. FERNANDO DE AZEVEDO, *Sociologia Educacional. Introdução ao Estudo dos Fenômenos Educacionais e de suas Relações com os Outros Fenômenos Sociais*, 6ª ed., março de 1964. Os originais desse acréscimo estão no Arquivo Fernando de Azevedo (IEB, USP).

dindo no campo das ciências matemáticas, físicas, químicas e biológicas. Essa linha de raciocínio, partindo de um homem que aspirou sempre a um neo-humanismo, ou seja, uma visão de mundo que não desprezasse a ciência, mas lhe desse o devido (e importante) lugar que ela ocupa na história da civilização humana, reflete aquela atitude de crítica incessante, já caracterizada em suas primeiras obras. É preciso lutar contra todo regime rígido de idéias e de cultura, submeter o pensamento a constante revisão. Não se trata de negar a ciência (ou a técnica) mas detectar o que representa, em determinado momento, a sua total predominância sobre outros tipos de análise. É preciso notar, de resto, que no Brasil a própria comunidade científica tem adotado postura crítico-política sobre os assuntos que lhe são pertinentes. É que, já o percebera Aristóteles, o homem é um animal político. Em célebre debate entre Arago e Lamartine, o último já advertia:

> Eu não me espanto, de que os tiranos se acomodem com especialistas e técnicos; eles têm necessidade de instrumentos engenhosos, arquitetos, mecânicos, artilheiros, homens de cifras, homens-máquinas para calcular, máquinas para construir, máquinas para matar, máquinas para servidão. A cifra não tem alma. Eles desconfiam desta força: desvirilizam a humanidade para dominá-la. O homem especialista não lhes recusa nada; o homem de idéias gerais lhes causa medo: ele sente, ele pensa[21].

O caminho melhor, por ser mais racional, para a educação colaborar em um processo de transformação – tese que Fernando de Azevedo acha possível, dentro de certas condições – é a via democrática. A educação poderá ser essa força renovadora se for recuperada a sua dimensão política e social que passa, inevitavelmente, pelos ideais de eqüidade e justiça social. Como? Através dos poderes públicos ou de grupos mais diretamente interessados na educação que possam apresentar e executar, após debate amplo e livre, planos de ação. Ou seja: dentro de condições democráticas de participação, com a conquista de mecanismos de expressão social e comunitária. A educação pode (e deve) ser instrumento de democratização e modernização social. É ainda uma atitude de ação entravada que leva o velho sociólogo, racionalista incoercível, a essas conclusões. Quase cego, no fim da vida, intuições luminosas o levam a pensar de novo, e melhor, a relação educação-transformação.

---

21. FERNANDO DE AZEVEDO, *A Educação e seus Problemas*, pp. 63-64.

Posse de Fernando de Azevedo na Academia Brasileira de Letras, em outubro de 1968. À esquerda, Austregésilo de Athayde.

Conclusão

> *Vosso tanque, general, é um carro forte*
> *Derruba uma floresta, esmaga cem homens*
> *Mas tem um defeito, precisa de um motorista*
> *Vosso bombardeiro, general, é poderoso*
> *Voa mais rápido do que a tempestade*
> *Mas tem um defeito, precisa de um piloto*
> *O homem, meu general, sabe voar e sabe matar*
> *Mas tem um defeito, sabe pensar.*
>
> BERTHOLT BRECHT*

O projeto educativo e cultural que Fernando de Azevedo tentou colocar em prática, defendido em livros, exposto em conferências, entrevistas e cartas, fundamenta-se na convicção de que não se pode pensar em desenvolvimento econômico e em democracia – em si menos um regime do que um processo, também ele, em mutação – sem se cuidar ao mesmo tempo de educação, ciência e cultura, problemas mais do que urgentes e igualmente fundamentais. Para que a educação atue como componente acelerador, e não retardador, desse processo ao mesmo tempo político, econômico e cultural, o sociólogo educador procurou estudá-la sob os mais variados enfoques. O reconhecimento do

---

* *Apud* Fernando de Azevedo, discurso de posse na A.B.L., 1968.

valor, importância e limitações da educação como agente modificador foi apenas o primeiro e necessário passo para uma consciência mais objetiva de suas possibilidades e, portanto, de sua atuação como mola propulsora de transformações coletivas.

Inflexível e amargurado sonhador, atraído por megalopia desvairada, Fernando de Azevedo enxergou a educação em grande, isto é, em relação a problemas fundamentais do povo brasileiro. Através de buscas obstinadas, caminhos, descaminhos, meandros e linhas retas, tentou ultrapassar aquilo que ele próprio representava: o limite trágico de uma época de transição, marcada por ambigüidades, chegando a uma consciência possíve de seus problemas, sem improvisações, demagogias ou antecipações arbitrárias.

Fundamentando seu pensamento está o ideário de um novo humanismo, de claro sentido ético e socializante: suas reflexões o conduzem à convicção de que educação popular e formação de quadros dirigentes fazem parte de um único problema: a formação da cultura nacional. Na verdade a educação não é apenas produtiva – seus benefícios retornarão à sociedade pela melhoria dos padrões de eficiência, pelos conhecimentos adquiridos – mas também enriquece os indivíduos de aptidões novas para o desfrute da existência, propicia-lhes maior participação na vida social e, portanto, no processo decisório. Percebeu, além disso, a importância de a mente humana estar armada com instrumentos conceituais para saber antecipar e administrar a rede cada vez mais complexa de problemas que se apresentam no mundo moderno, fato essencial para o país Brasil. O aprendizado inovador, que muda os valores, é, no mínimo, tão importante quanto aquele destinado a manter os valores e estruturas de um dado sistema.

Quixote da educação, transmite muitas vezes a impressão de ser um visionário, acreditando em uma "revolução verdadeira que se operou no país", no campo da educação. Cinqüenta anos de distância fazem perguntar: onde está a vitória, o sucesso dessa revolução que abriria as portas do sistema educacional e do mundo da cultura às crianças, duplamente famintas de alimentos e de saber, ilusão de universalização do pré-escolar, das escolas-comunidade, da participação de alunos, mestres e pais no governo das escolas, da circulação das elites, formadas pelo critério do mérito, das transformações econômicas e sociais ligadas às transformações educacionais?

No fim de sua vida Fernando de Azevedo, pós 64, escreve o Manifesto dos Intelectuais, e retoma o jornalismo. Faz então reiterados apelos no jornal *A Gazeta* em prol do ideário liberal dos direitos humanos, defendendo os jovens, a liberdade da cátedra, os professores perseguidos. Talvez seu discurso de posse na Academia Brasileira de Letras revele, em 1968, a atitude fundamental, a sua primeira coerência: crença no poder da razão humana. A racionalidade é o caminho por excelência, porque verdadeiramente revolucionário, para a consecução de seus ideais sociais e humanistas. A defesa dessa racionalidade seria dever dos que querem modificar a realidade, não dos que querem manter uma ordem imutável nas coisas.

PARTE SEGUNDA: ANEXOS

Nota Explicativa

Este Anexo contém alguns documentos que ajudam a conhecer não só o homem Fernando de Azevedo, sua personalidade estranhamente dividida, o apreço que tinha pelos amigos, mas também as linhas mestras do seu pensamento, a maneira como trabalhava e a atmosfera social, política e intelectual que o envolveu e na qual viveu e atuou.

De sua correspondência, extensíssima, com grande riqueza de observações e críticas, selecionaram-se as cartas que pareceram importantes para a compreensão de pontos importantes de nossa pesquisa. Salvo as que foram encontradas nos arquivos particulares da Sra. Lollia Azevedo (correspondência com Frota Pessoa) e de Alberto Venâncio Filho (correspondência com Francisco Venâncio Filho), copiadas dos originais manuscritos e com ortografia atual, as outras estão no Arquivo Fernando de Azevedo, no Instituto de Estudos Brasileiros da Universidade de São Paulo. Há, na parte da correspondência recebida pelo educador, uma única carta de Frota Pessoa a Lourenço Filho (remetida, depois, por este, ao próprio Fernando de Azevedo) que nos parece assaz curiosa e elucidativa.

De grande interesse para a compreensão de longos anos da história da cultura brasileira parece ser, de modo especial, a correspondência mantida por Fernando de Azevedo com Abgar Renault, Anísio Teixeira, Cecília Meirelles, Francisco Venâncio

Filho, José Getúlio Frota Pessoa, Lourenço Filho, Nelson Werneck Sodré e Paschoal Leme. Tudo aí conta: seu estilo, suas preocupações, o espírito de luta, as fraquezas, a atração pelo poder, a crítica aos homens, às instituições e aos tempos.

Há, também, neste Anexo, além do plano, manuscrito, de livro que Fernando de Azevedo tencionava escrever – Miséria da Escola e Escola da Miséria – o Manifesto dos Pioneiros da Escola Nova (1932) e o Manifesto dos Intelectuais (1965): situados em épocas tão diversas, mostram a importância de sua atuação. Completam-no a listagem das pessoas entrevistadas e uma bibliografia.

1. CORRESPONDÊNCIA

São Paulo, 25 de abril de 1925

    Meu caríssimo Venâncio *

    Quando me escreveste de Petrópolis (e foi a última carta que recebi), prometeste-me escrever mais longamente do Rio, para onde estavas de viagem marcada. Deves ter encontrado no Rio um cartão meu rabiscado, como este, às pressas, entre muitas ocupações e algumas preocupações de todos de casa sobre meu estado de saúde, que a mim também não me parece satisfatório. Espero vencer esse esgotamento agora acompanhado de perturbações mais graves, com uns três meses de repouso, e um mês de vida de campo, numa fazenda em S. Paulo. Enfim... o espírito ainda forte, num corpo inteiramente combalido. Escreve-me. Travei relações pessoais com o Vicente L. Cardoso, que aqui passou uma semana. Teu, fraternamente,

Fernando

    * Francisco Venâncio Filho. Nascido em Campos, em 14-4-1894. Formou-se em Engenharia Civil mas não exerceu a profissão, dedicando-se ao magistério e aos problemas da educação. Professor do Colégio Pedro II, ali introduziu os métodos experimentais no ensino da física. Pertenceu à Associação Brasileira de Educação desde a sua fundação, tendo sido por diversas vezes presidente da mesma. Diretor do Instituto de Educação do Rio de Janeiro (1945-1946), foi um dos líderes do Movimento Euclidiano no Brasil, tendo publicado livros sobre esse escritor: *A Glória de Euclides da Cunha, Rio Branco e Euclides da Cunha,* e também sobre educação. Faleceu em 12-8-1946.

São Paulo, 14 de setembro de 1926

Meu querido Venâncio

Só hoje retirei do Correio a carta expressa que me escreveu no dia 7 deste mês. Como estou só, em casa, e freqüentemente em Santos, em visita à minha família, o carteiro, não me encontrando a mim, nem outra pessoa que o atendesse ao portão, todas as vezes que me procurou, deixou na caixa o aviso, que só ontem, ao abri-la pela primeira vez nesta última semana, me caiu sob os olhos. Carta expressa do Rio! Corri ao Correio. Calculei logo que fosse uma carta sua, mas não pensei que me ia trazer notícias tão inquietantes sobre o seu concurso.

Revolta-me tudo o que me diz a respeito. Esse país, meu caro! A chaga política que o corrói, só o ferro em brasa poderá eliminá-la. Ando já meio desiludido. Têm falhado uma por uma as esperanças que o desejo intenso de que tudo melhore depressa, faz nascer e crescer, para murchar logo com uma nova lição dos fatos. Este a que se refere você, — de uma imoralidade e injustiça revoltantes, é dos que operam como água gelada, na fervura de qualquer entusiasmo. Mas, vamos ao caso.

Não estive ainda com meu amigo Dr. Washington, desde sua volta do Norte. Ele acha-se agora em Santos, em convalescença de um ataque de gripe. Não o tenho procurado não só para não o incomodar, mas com o receio de me confundirem com um desses vulgares bajuladores que rodeiam os poderosos. Alimento, porém, ainda grandes esperanças neste homem, que tive a ocasião – e ocasião rara – de conhecer de perto. Será a última esperança que se desvanecerá, a respeito dos homens públicos das gerações anteriores. Deus queira, que não se apague e que seu governo a justifique.

Vou, pois, procurar o Renato Jardim, expor-lhe o caso, pedir-lhe o conselho e os empenhos junto ao amigo comum, para tolher a marcha a uma clamorosa iniqüidade. Alcançarei alguma coisa? Seu, de coração

Fernando

São Paulo, 11 de março de 1931

Meu caro Venâncio

Obrigado pelos fascículos do Delgado de Carvalho e pelos Boletins, que acabo de receber. Acredito que ainda não tenha sido publicada em jornal do Rio a minha conferência, sobre a reforma, em um de seus aspectos não estudados até então. Tenho estranhado esta demora, para que não encontro razão. A minha aula inaugural será sábado (dar-lhe-ei aviso com tempo) na instalação solene do Curso de Aperfeiçoamento do Instituto Pedagógico. Escrevi sobre esse curso três artigos, dos quais saíram já dois publicados, ontem e hoje, e o 3º sairá, amanhã, com os demais no *O Estado*.

Não os assinei: escrevi-os para amparar e defender a obra de Lourenço, em uma de suas mais úteis iniciativas.

Pouco me têm escrito os amigos do Rio. Do Dr. Serrano não recebi resposta à minha última, se é que esta não foi resposta a que me mandara, de Friburgo. Tenho notado o seu laconismo, depois de sua volta para o Rio. Procuro em vão o motivo. Tenho presentes, a todo o momento, as suas recomendações, começando por evitar tudo o que possa perturbar a relativa tranqüilidade de Eliza e das crianças, resguardando-as quanto possível das minhas inquietações interiores e dos efeitos das minhas grandes tristezas íntimas. O tempo, posterior à sua partida, sob o ponto de vista a que me refiro, tem sido de mais calma e despreocupação. Não, para mim, decerto; mas para os de casa, mais afastados ou melhor, mais a coberto de minhas amarguras.

Quanto a outra recomendação, pode ficar tranqüilo. Se tiver de dar aos meus desgostos a solução extrema, fá-lo-ei de maneira a não deixar suspeitas sobre a voluntariedade calculada de um ato, que pode e deve revestir todos os aspectos de naturalidade. Poderei, *muito naturalmente*, ir-me extinguindo aos poucos, com alguns dias de moléstia e de agonia, ou de repente, vítima de alguns desses males naturais. Tenho pensado muito sobre o caso. Em qualquer hipótese, se tiver de chegar a essa solução, será de maneira que não comprometa, por leve suspeita, a nossa grande obra, o meu nome e os meus amigos. Você tem toda a razão.

Sinto, para o trabalho, as forças na sua plenitude: as mesmas energias, a mesma lucidez, os mesmos ideais e a mesma impetuosidade em defendê-los. Receio, porém, não manter por muito tempo ainda esse "tonus" moral e essa mesma disposição de espírito. Escreva-me, que suas cartas se tornam necessárias. Tenho a mais profunda consciência da significação e do alcance de nossa obra, realizada com a mais intransigente honestidade de propósitos e de processos, sobre a inspiração de ideais de educação, a que o espírito renovador, de sentido marcadamente revolucionário, não tirou o caráter profundamente humano das construções definitivas. No silêncio de minha consciência e em face de uma vida, que não sei até quando se prolongará, não vejo *um só ato* de minha vida pública, de que me possa arrepender, por mais severo que seja no julgamento de meus atos. No entanto, não posso conformar-me com sofrimentos que poderia e deveria ter evitado e com a permanência de um sentimento, de que não se avaliou nem se compreendeu a sinceridade.

Sentia a necessidade de escrever-lhe. Já me tinha preparado para deitar-me. Voltei à mesa de trabalho, para escrever, para falar-lhe no tom confidencial com que já me tenho desabafado tantas vezes. Depois de sua volta, outros atos, que não deviam partir de quem partiu, me chocaram profundamente a minha sensibilidade. Por que a tenho tão delicada? Mas percebo que já me vou tornando mais senhor de mim mesmo e mais orientado para o caminho que me abriu a consciência, num exame atento de meu estado de espírito. Do muito e sempre seu, fraternalmente

Fernando

São Paulo, 24 de março de 1932

Meu caro Venâncio

Desde que voltei do Rio, não tive conta de nenhum de vocês. Fiquei de dar ao *Diário de Notícias* uma entrevista sobre a criação do "Instituto de Educação". Excelente, a todos os respeitos, o plano de Anísio. É preciso que o apoiemos, em toda linha, para a realização dessa grande obra educacional, traçada com tanta firmeza e elevação de vistas.

O movimento já começou a sofrer os seus primeiros ataques. O Centro D. Vital, pelos seus representantes no Rio e em São Paulo, já assentou contre ele as suas baterias. Artilharia grossa. Mas nenhum dos obuzes o atingiu. O Sr. Tristão de Ataíde, cuja cultura honra a nossa geração, está infelizmente obcecado, no ponto de vista em que se colocou: dá-me a impressão de um alucinado, que se compraz em imaginosos perigos por todos os lados. A sua linguagem, no *O Jornal*, em que figura, em relação aos signatários do manifesto, até a palavra "desfaçatez", é de uma violência, grosseira e má fé, que surpreendeu em um homem inteligente e culto, como o é, incontestavelmente.

A sua argumentação é falha, falsa e tendenciosa. Ele mutila os trechos e lhes dá a interpretação que entende, e, em vez de discutir, recorre a esses elementos equívocos de panfletário desabusado, empenhado em estabelecer a confusão, em fazer insinuações e deixar que os outros completem o seu pensamento, cada um conforme seus interesses, suas paixões e seus pontos de vista. O artigo está inçado de (*Sic*), pontos de admiração, reticências. O artigo que o Alexandre Correa, um outro católico, apostólico, romano, de um sectarismo fanático, deixou sobre a mesa d' *O Estado*, é uma peça inepta e grosseira, que se afina, com a de Tristão, pela sua nota de agressividade.

Esses homens, perdendo assim a calma, parece sentirem que estão perdendo terreno... E estão, de fato. Esse manifesto concretiza e corporifica princípios, ideais e aspirações que foram consagradas em legislações como a da Áustria, da Turquia (em parte), do Uruguai, do México e da maior parte dos Estados da América do Norte. No Chile se fez um movimento no mesmo sentido. A Espanha com Rodolfo... à frente, está realizando uma obra orientada pelos mesmos princípios e ideais. Não é só, como se vê, a Rússia. Agora, eles servem-se da Rússia, como um espantalho que se põe nas chácaras para afugentar passarinhos... Essa gente, em vez de canalizar uma corrente e dar-lhe uma direção, procura inutilmente rumar contra ela.

Escreva-me. Procuro hoje telefonar-lhe. Preciso falar-lhe. Se não o conseguir, escreverei. Adeus.

Saudades aos amigos e recomendações em casa.

Do muito seu

Fernando

CORRESPONDÊNCIA

São Paulo, 5 de abril de 1932

Meu caro Venâncio

Obrigado pela sua carta e pelas felicitações que me mandou por telegrama e renovou agora, em carta, com todo o carinho de sua amizade. Compreendo os esforços e os sacrifícios que exige a luta em que estão empenhados. Foi nela que se consumiram as melhores energias da minha mocidade.

No tumulto de seus trabalhos, no desempenho do cargo que lhe confiou o nosso Anísio, receio, por isto, que o idealismo construtor, que é a nossa glória e o nosso sacrifício, o leve a um esforço superior à sua saúde e à sua resistência. Conheço a sua capacidade de trabalho e a sua capacidade ainda maior de dedicação, para ter a certeza, e, com ela, os receios de que elas não se circunscrevem aos limites traçados pelas forças físicas. É certo que deve dar tudo o que puder pela obra educacional, em cujo interesse, porém, é preciso economizar as forças para prolongar a sua aplicação em defesa dos ideais comuns.

Escrevi ao Serrano, agradecendo-lhe o seu amável telefonema de felicitações. É, de fato, esse amigo uma figura admirável que quanto mais se conhece, mais se estima e se admira. Escrevo hoje ao Frota e ao Anísio. Lamento não poder comparecer, no dia 5, à inauguração do Instituto de Educação. Mas estou, como estarei sempre presente em todos os atos de administração do Anísio, de cujo êxito definitivo depende, em grande parte, a vitória, no Rio, e talvez no Brasil, de nossos ideais de educação. O prédio magnífico, que eu sonhei, ao projetá-lo; que vi no papel, nas linhas harmoniosas de suas plantas, de suas fachadas e de seus detalhes; de que eu tinha uma antevisão plástica, uma imagem viva e perfeita, em cuja contemplação quase objetiva se reanimavam minhas forças e se fortalecia a minha resistência, nas lutas desesperadas para construí-lo; esse prédio, cuja construção acompanhei, pedra por pedra, no terreno que escolhi e segundo o projeto que me consumiu dias e meses de estudos, não podia ter mais alto destino do que esse que lhe acaba de dar o idealismo renovador desse grande espírito e coração, que é o Anísio Teixeira.

Agora, ao assunto do dinheiro. Vai junto a esta carta o cheque de 4:000$, a importância que lhes cabe correspondente a 10% sobre o preço de compra. Falei ao Octalles que se prontificou imediatamente em fazer o pagamento, como de costume. Mas como servi de intermediário junto a ele para o pagamento, imediatamente obtido, é preciso que vocês atendam a um pedido que vai por meu intermédio: ele lhes pede que dêem o 2º volume o mais tardar até 15 de maio. No interesse dele, sim, mas, falo como amigo, no interesse de vocês, também.

O Octalles Ferreira precisa ser ajudado por nós na obra que empreendeu. Ele conta comigo junto de vocês, como vocês contam sempre comigo junto dele. Dê-nos, pois, o livro que ele reclama. Mais método na vida. Mais disciplina no trabalho. Menos dispersão de esforços, e virá o livro, que ele pede e vocês podem dar, sem sacrifício da saúde, de que é preciso cuidar no interesse da obra educacional. Desta faz parte a renovação do livro escolar, em que estamos agora empenhados.

Creio que escrevi com a prontidão que me pediu. Prontamente e largamente como vê. Estou projetando uma ofensiva, para a renovação do livro escolar. Começando pelo Rio, como já lhe escrevi. Peço-lhe informar-me com urgência e responder-me as três perguntas que seguem em papel à parte e interessam à Comp. Mais tarde, por carta ou pessoalmente, lhe darei conta do plano, que estudamos, dessa ofensiva contra a literatura escolar tradicional, viciada, antiquada e mal apresentada, que é um dos maiores redutos de resistência da escola tradicional.

Tenho estado triste e apreensivo. A minha saúde... O meu estado de espírito... A permanente agitação da minha vida interior... Há certos fatos que, embora passados, deixam uma ferida profunda que nunca se fecha. Adeus. Do muito e sempre seu

Fernando

Recomendações a D. Dina, à sua mãe e carinhos no Fernando. Outra boa notícia: já saíram 4.000 exemplares do seu livro.

São Paulo, 12 de abril de 1932

Meu caro Venâncio

É amanhã, o dia de seus anos. Vai aqui, por carta, com o meu grande e afetuoso abraço de felicitações, o pedido que lhe faço de me considerar presente, em sua casa e entre os amigos, que tiverem a ventura de passar algumas horas desse dia, na sua intimidade.

Escrevi-lhe um dia destes. O Octalles Ferreira insiste sempre no pedido que já lhes fez, por meu intermédio, de apressar o 2º vol. de *Ciências físicas e naturais*. Seria para ele, como para mim, uma grande satisfação, se o Paulo Carneiro nos desse ainda este semestre, a sua *Química*, que já tem um preparo, segundo me informou. E o Rádio de Roquette Pinto, e o Mauá, de Afrânio Peixoto? E o Anísio quando nos dará a "Aprendizagem e suas bases psicológicas" ou outro livro, para a série "Atualidades Pedagógicas" da B.P.B.?

Li ontem, no *Jornal do Comércio*, de domingo um artigo mesquinho e impertinente do Barbosa de Oliveira, sobre o manifesto, que ele não compreendeu, nem podia compreender, na estreiteza de horizonte mental, em que o confina menos o seu ponto de vista sectário e ultra-montano do que o notável acanhamento do seu espírito enfezado... Esses homens... Ainda que nunca me enganei a respeito deles e, portanto, do "Barbosinha", cujo ideal (segundo tantas vezes me confessou) era transformar a Escola Wenceslau Braz, numa escola de formação profissional de mestres e contramestres *para todo o Brasil*... Largo ideal de espírito estreito. Deve saber o plano por que ele se bateu para obter com a Prefeitura, comigo portanto, um entendimento segundo o qual a Prefeitura deveria recrutar os seus mestres e contramestres, na sua Escola de Artes e Ofícios. Era um meio de dar *vida* à Escola Wenceslau Braz, e criar mais um obstáculo à organização em novas bases da educação profissional, no Rio.

No seu artigo chega a dizer o nosso homem que não falamos, no manifesto, em educação profissional. Não o leu, e se o leu, não o entendeu. Lá está a questão colocada em seus justos termos e no seu lugar. O grupo católico do Centro D. Vital arregaça as mangas ou, para melhor dizer, põe as manguinhas de fora, mas com a sua agressividade habitual, outros com sua mesquinhez de espírito e outros ainda com a tranqüila ingenuidade daquele animal que, escondendo a cabeça e deixando fora o resto do corpo, cuida ter escapado ao caçador que o persegue...

Eles "não servem a Cristo, põem Cristo a servir", como já li, se não me engano, nas Farpas. Adeus. Mais um grande abraço pelo dia de amanhã, em que o terei presente, no meu pensamento.

Do seu, de sempre

Fernando

São Paulo, 11 de novembro de 1933

Meu caro Venâncio

Afinal, a sua carta! Veio sempre! Já estava estranhando a sua demora. Fiquei satisfeito por saber que fez boa viagem e aproveitou sua excursão à América do Norte, onde teve a visão do século XXI. Sem ter visitado esse país, tenho também essa impressão. A Rússia e os Estados Unidos são os dois países que me interessam mais e os que procuro conhecer e compreender melhor, menos pelo que são ou valem do que pelas "forças" que contêm, de renovação.

Espero que já tenha posto em dia a sua vida, no Rio, e que, dominadas as contrariedades, passou a entrar num período de atividades fecundas. Gostaria de saber dos projetos que trouxe e do pé em que está a realização dos projetos antigos... Os cabelos brancos que têm aumentado menos pela idade do que pelos sofrimentos, ainda não me tiraram também o gosto de projetar, embora já me tenha reduzido um pouco o ímpeto da ação (ou estarei iludido?) uma sabedoria mais doce e sonhadora, tocada de um leve ceticismo...

Mas, em todo caso, sinto-me cada vez mais um "homem novo", disposto a aceitar e a enfrentar naturalmente, como se nelas me tivesse criado, as "situações novas" por mais estranhas e imprevistas que sejam. Quanto mais penso e estudo e observo, tanto mais me convenço de estarmos nas vésperas de transformações profundas que nos porão sob os olhos algumas coisas nunca vistas, mas já sonhadas, e em parte tentadas em outros pontos. Nós estamos condenados a assistir o drama desse período de inquietação e de angústia em que a luz de uma civilização se vai extinguindo para dar lugar a uma noite escura e agitada, talvez tempestuosa, que precederá a uma nova civilização. E os que viverem mais ainda poderão assistir os seus primeiros clarões sobre as ruínas de uma civilização antiga, como os de uma aurora sobre um campo de batalha...

Adeus. Escrevo-lhe a correr, para não tardar a resposta a sua carta. Espero, pelo Afrânio, os livros que lhe encomendei.

Do muito seu, fraternalmente

Fernando

Recomendações à sua mãe e à D. Dina.

São Paulo, 1º de fevereiro de 1934

Meu caríssimo Venâncio

Escrevi-lhe há uns três dias respondendo-lhe à carta em que me comunicou o nascimento de seu segundo herdeiro*. Conversando hoje com o Octalles a respeito da B.P.B., assentamos certas medidas de extensão editorial e cultural, para cuja execução de acordo com o nosso plano, precisamos da colaboração do que o *professorado, no Brasil, tem de melhor*. Você sabe que esse plano interessa diretamente tanto à obra de renovação escolar como aos professores, em geral, e particularmente aos editados. Dos alunos, não se fala, que esses serão os primeiros atingidos pela ação da B.P.B.

Pretendemos agora desenvolver largamente e intensamente:

1) a série III (atualidades)

2) a série IV (iniciação científica) e a 2ª série livros didáticos (poemas, livros de textos e livros-fontes), que é a série fundamental; na qual terão de se apoiar as outras. A 4ª (Brasiliana) e a 1ª (literatura infantil) pode-se dizer que já têm condições de vida própria.

À vista disso, peço-lhe *com o maior empenho* que me indique nomes e me auxilie na escolha de professores para escrever *livros escolares* de todas as matérias que constituem o curso secundário. Os *melhores livros*, os mais bem feitos e bem apresentados, os mais modernos e vivos, pelo *preço muito barato*, não serão um grande serviço à reorganização da educação pública, no Brasil? Os nossos amigos Raja Gabaglia e Paulo Carneiro parece que não nos darão mesmo os livros prometidos. Eu lamento sinceramente. Mas, confesso que já me vou desanimando de obtê-los. Eles darão quando puderem. É preciso recorrer também a outros, para essas e outras matérias, mas outros, equivalentes de valor, de espírito novo e de capacidade profissional, notória.

Não deixe de responder-me a esta carta. E os de iniciação científica? Que ficou resolvido? Será possível que não consigamos, no Brasil, constituir uma série interessante e útil de livros sínteses e claros e exatos, de vulgarização científica? Ajude-nos nesse trabalho em que estamos empenhados.

* Alberto Venâncio Filho. Advogado, autor de *Intervenção do Estado no Domínio Econômico* (1968); *Das Arcadas ao Bacharelismo* (1977); *Conferência sobre Francisco Venâncio Filho, um Educador Brasileiro* (1985).

Leu o Decreto, criando a Universidade de S. Paulo? Mandei-o ao Anísio, pedindo-lhe que o lesse e o desse a ler aos amigos comuns, e entre estes, a você evidentemente, que aliás, senão me engano, citei pelo empenho de ter a sua opinião. Esse decreto é um grande serviço a S.Paulo e uma vitória para os nossos ideais.

Chegou-me ao conhecimento que o Sr. Oswaldo Orico prepara um livro, em que nos ataca a mim e ao Anísio violentamente. É o que ele anuncia, com desplante e o cinismo habitual. É preciso prevenirmo-nos contra os assaltos desses indivíduos, sem dignidade, sem ideais e sem escrúpulos, movidos ou por despeito e vaidade ou por interesses feridos. Ele afirma (e isto ouvi de pessoas a quem falou) que é preciso destruir os três: a mim, o Anísio e o Lourenço, destruir-nos por todos os meios. Previna o Anísio contra qualquer surpresa desagradável. Cada vez me convenço mais da verdade daquele lema: Tudo para o bem e para os bons; nada para o mal e para os maus.

Adeus. Recomendações a D. Dina, a quem reitero as minhas felicitações pelo nascimento do pequeno Alberto. Um grande e saudoso abraço do sempre

Fernando

São Paulo, 5 de agosto de 1934

Meu querido Venâncio

Embora com a cabeça dessorada, quase incapaz de atar idéias (já trabalhei, hoje, cerca de 8 horas, lendo e escrevendo), não quis recolher-me sem lhe dizer quanto me penhorou a sua carta escrita sob a inspiração de uma grande amizade. A semana que entra já me ameaçava, pelos meus compromissos e trabalhos, roubar-me o prazer de lhe escrever, e eu não tinha, além disto, o direito de retardar mais a resposta a alguns tópicos importantes. Tenho como um dos maiores bens da minha vida tê-lo conhecido e haver logrado despertar uma amizade, de que tanto se beneficiam e tão justamente se podem orgulhar os que a mereceram.

Senti, nos três dias, tão rápidos que passei, no Rio, que não podia, de fato, ter-me o destino reservado bens mais preciosos do que os homens, as criaturas que pôs no meu caminho e que constituem um prolongamento da minha própria família. O calor do acolhimento com que fui recebido e das homenagens que me foram prestadas, alimentava-se um foco interior desta minha segunda família, – a dos meus amigos, educadores, em que tenho encontrado a fonte de minhas alegrias mais profundas e o estímulo mais constante para o meu trabalho e as minhas lutas. É certo que *precisamos manter-nos unidos*, não somente nós três, o Lourenço, o Anísio e eu, a que você se refere, nominalmente, mas todos nós, a cuja união, iniciada pela simpatia recíproca, a identidade de vistas e de ideais forneceu a mais forte argamassa de coesão.

A "profunda, sincera e visceral estima e admiração" que tem por mim o Anísio (refiro-me às palavras suas), com que me distingue e me apoia, você sabe que é calorosa e sinceramente retribuída e não podia ficar à mercê de divergências, incompreensões e contratempos. Tenho por ele uma grande amizade e admiração, que ele soube inspirar a todos pelo seu alto espírito e pelo impulso vigoroso de seu idealismo. Erros, quem os não tem cometido, entre os maiores idealistas? O que importa, por último, é que, no balanço, a coluna dos serviços domina inteiramente, até nos fazerem perdê-la de vista, a dos erros praticados. Escreva-me. É preciso ficarmos vigilantes sobre os atos de novo governo, sobre o qual você não parece sentir-se disposto a anunciar esperanças. Escreva-me. Com a amizade fraternal de

Fernando

São Paulo, 16 de fevereiro de 1935

Meu querido Venâncio

Não sei como lhe agradecer a solicitude em que me acompanha a sua amizade, em todos os momentos em que tenho de tomar qualquer decisão importante. Nem por vê-lo calado, às vezes, posso imaginá-lo distante. O seu silêncio então, o que trai é antes o cuidado vigilante sobre os fatos e as idéias que se trocam, para poder pronunciar-se em segurança quando se lhe pede a opinião. Concentra-se para refletir. Reflete para ser realmente útil. O seu voto é freqüentemente o peso que, nos momentos graves, se deita na balança e nos faz decidir, quando ainda hesitamos.

O tempo que aí passamos juntos e as horas em que convivemos, em S.Paulo, só me reavivaram a consciência, já tão profunda, do bem que representa para mim a sua amizade. Espero que o Anísio tenha compreendido todo o cuidado, inquieto e constante, que pus em evitar que se magoasse, ainda que levemente, com a minha resposta definitiva, determinada pelas mais graves razões, entre as quais, não foi a menor o desejo de afastá-lo da idéia do Conselho Técnico, que dadas as condições da situação atual, poderá vir a ser mais uma fonte de contrariedade e de decepções para ele e para o Dr. Pedro Ernesto. Você conhece, mais do que ninguém, a dolorosa impressão que me deixou o contato com a política do Distrito Federal, que, apesar de ser de uma das cidades mais cultas da América do Sul, é verdadeiramente repugnante, não só pela sua voracidade insaciável, e pela absoluta ausência de sentimento do interesse público, senão também pela vilania e tortuosidade de seus processos. A Câmara de vereadores, salvo uma ou outra exceção honrosa, é a imagem do antigo Conselho Municipal, de triste memória, e uma afronta à cultura e à civilização.

Mas, sobre este assunto já conversamos bastante. Quanto mais reflito sobre a criação do Conselho, mais se acentuam as dúvidas levantadas ao primeiro exame da questão. Sabe você que nunca fiz objeção à idéia, em si mesma, que me parece excelente. Mas, passado o período do governo discricionário, e no momento em que os antigos grupos políticos, que se diriam definitivamente liquidados com a revolução de 30, voltam a rondar a administração, dispostos aos assaltos a que os habituara a politicalha mais sórdida e desenfreada, – não vejo como poderá funcionar com eficiência esse Conselho, cujos planos de execução, submetidos à Câmara de Vereadores, serão fatalmente mutilados e deformados. Tudo isto me entristece e me preocupa, tanto mais quanto a política, se se infiltrar ainda mais na administração acabará por sacrificar as magníficas realizações empreendidas, no terreno educacional, pelo Anísio, que precisa conservar-se com toda austeridade para planos de maior envergadura, em campos mais vastos de ação.

Escrevo hoje ao Paulo Assis Ribeiro, agradecendo-lhe o livro de Vito Volterra que devolverei dentro de 15 dias a um mês. Logo que receber as provas vou ver o que devo corrigir e acrescentar, no meu livro, à vista desse trabalho que só conhecia de citação e através de outras obras e artigos. Envio-lhe hoje a carta para o Nobrega da Cunha sobre o Jorge Mendes de Oliveira Castro. Quanto aos dois projetos, sobre os quais você me pediu a opinião, escreverei depois. Estou afobado com os exames no Instituto e outros trabalhos inadiáveis. Escreva-me. Recomendações a D. Dina e à sua mãe, e um grande e afetuoso abraço do de sempre amigo certo e grato

Fernando

São Paulo, 30 de maio de 1935

Meu querido Venâncio

Estou para lhe escrever a dias. O Octalles partiu ontem para aí, ele poderá dar notícias minhas e das coisas em S. Paulo. Tenho andado doente e realmente fatigado. As esperanças de cooperar para a renovação educacional, em S. Paulo, já se desvaneceram: *afora a Universidade*, que já está organizada, mas ainda na sua fase crítica e sem substrato material (prédios, instalações, laboratórios), em que se possam apoiar as instituições universitárias, tudo o mais, em matéria educacional, vai no pior dos mundos. A desordem é total, e do abandono em que está a educação pública, já é difícil levantá-la, já porque as influências políticas retomaram o ímpeto e o gosto das interferências e injunções partidárias, já porque o espírito conservador e de rotina, o personalismo e a ignorância voltaram, nos domínios na educação, a solapar todas as iniciativas e realizações, com a quase indiferença dos poderes públicos.

Penso, por isto, seriamente em deixar o cargo de diretor do Instituto, onde em menos de dois anos trabalhei incessantemente para integrá-lo no sistema universitário, de que passou a fazer parte em janeiro de 1934. Espero apenas a oportunidade para apresentar a minha demissão, que já teria apresentado se não fosse a oposição de amigos. Eles receiam que, com a minha saída, venha a comprometer-se a atual organização do Instituto, que é hoje, em S. Paulo, o único centro ou foco de cultura científica relativa à educação e de renovação educacional. Mas já fiz o que me cabia: os sacrifícios devem ser respondidos por todos, e se às vezes é preciso que a um se imponha uma partilha maior (e esta partilha é tanto maior quanto maiores as responsabilidades de direção), não é justo que os sacrifícios sejam impostos sempre e exclusivamente a um. Enquanto me pareceu que não podia desertar o posto, nele me mantive, com sacrifício de saúde e de minha tranqüilidade. Vejo, porém, que se vai tornando inútil a minha permanência no cargo, que poderia continuar ocupando, mas sem exercê-lo, por falta de recursos materiais de toda a sorte e pela incompreensão de quase todos, nos meios da educação. Ah! a mentalidade *primária!* que inimigo terrível! Quando certos indivíduos param, se a gente os estimula a andar, a dar um passo adiante, você sabe o que costuma acontecer: podemos levar, se desprevenidos, no rosto os dois pés juntos dessas alimárias...

Preocupa-me a luta em que está envolvido o Anísio e de que desejo com todo o coração saia vitorioso em toda a linha. Acompanho-o com os sentimentos da mais profunda solidariedade de amigo e de companheiro de ideais e de lutas. Diga-lhe de minha parte que me considere a seu lado, inquieto, vigilante, para alegrar-me e sofrer com ele, e, juntamente com vocês. Envio-lhe hoje um exemplar de "Petronio y su tiempo", a edição espanhola (10.000 exemplares) de meu livro; e hoje mesmo mando à Cia. Serra, um exemplar deste volume e dos Princípios. A propósito dos *Princípios*, quero remeter-lhe um dia destes cópia da carta que sobre esse livro me escreveu o C. Levi-Strauss*, professor de Sociologia da Faculdade de Filosofia, Ciências e Letras, da Universidade de São Paulo. Adeus.

Escreva-me. Um grande e afetuoso abraço do seu

Fernando

* Claude Lévi-Strauss. Nasceu em 1908. Fez parte do grupo de professores que veio ensinar na Universidade de São Paulo, quando da sua fundação. De 1935 a 1939 viveu no Brasil, ensinando Sociologia na Universidade de São Paulo. Desde sua chegada, porém, fez contato com as populações indígenas do interior do país. Em 1955 publica *Tristes Tropiques,* leitura fundamental para os estudiosos de etnologia e antropologia estrutural, resultado de suas expedições a Mato Grosso e à Amazônia Meridional.

São Paulo, 6 de janeiro de 1936

Meu caro Venâncio

Já lhe havia escrito a carta que segue pelo correio de hoje, e foi posta no correio de amanhã, quando recebi ao meio-dia, um telefonema do Lourenço Filho. Em resumo, foi o seguinte: – Disse-me ele que telefonou, a pedido e em nome de Francisco Campos, para me convidar para diretor do Departamento de Educação, do Rio, adiantando-me que, no caso de aceitar este cargo, eu seria contratado para professor da Universidade do Distrito Federal, acumulando-me, portanto, os cargos de Diretor Geral de Educação e de professor de um instituto universitário, para que a minha situação, no Rio, fosse ao menos equivalente à que eu tenho em S.Paulo.

Este, o convite. Agora as razões. Tivera ele uma longa conferência com o Campos, de que resultou a convicação de ambos, de que, tendo sido eu o iniciador desta obra continuada pelo Anísio, ninguém, em melhores condições do que eu, para continuá-la, dentro de uma orientação renovadora, mas com equilíbrio (palavras dele). Que achava ele, Lourenço, que passamos um momento excepcional, em matéria de educação, e para que não perecesse a obra em crise, era preciso que eu lhe retomasse a direção. Que o Campos pensa desta forma. Convidou-me e sugeria a idéia de uma ida ao Rio, para um entendimento pessoal, se eu não pudesse dar logo a resposta 2ª feira (dia 6).

A minha resposta. Agradecido pela lembrança que tiveram ou que teve o Campos, sob a inspiração do Lourenço. Pedia-lhe que transmitisse ao Campos os meus agradecimentos pela distinção. Que eu, porém, – sentindo grandes dificuldades para aceitar, – não poderia dar resposta sem exame da situação, que me seria exposta por ele, Lourenço, em carta pormenorizada, remetida pelo correio expresso. Nesta carta, o Lourenço me diria, confirmando o convite, qual a situação real; quais as verdadeiras disposições do Campos, em que condições ele me fazia o convite que só podia aceitar nas condições que costumava estabelecer para aceitar cargos desta natureza, e qual a sua opinião pessoal sobre o caso. O Lourenço ficou de me escrever a carta, domingo, para eu poder receber na 2ª feira.

A minha atitude. Acho que *infelizmente, não posso aceitar o cargo*. E o digo, por todos os motivos, *com um grande pesar*. E você sabe as razões por que me parece não dever nem poder aceitar o cargo; a gravidade da situação criada pela confusão geral; a incerteza quanto aos propósitos do Campos; o pouco conhecimento pessoal que tenho dele, e as informações pouco favoráveis que me dão, a respeito dele, e são confirmadas por atitudes, em diversos momentos; os seus últimos discursos, e a desconfiança de que, convidando-me, ele quis convidar um *Técnico* para ficar à disposição de uma (e qual?) política de educação. Ora, eu fui sempre menos um técnico do que um político de educação, e a minha política tem sido sempre a *política de educação*. No entanto, como não me pertenço, não quero deliberar só, sem consultar aos amigos. Mande-me a sua opinião, e se quiser, poderá ouvir alguns amigos, de sua *absoluta confiança e debaixo da mais completa reserva!* Escreva-me logo.

Um grande abraço do muito seu

Fernando

São Paulo, 23 de março de 1936

Meu caro Venâncio,

Fico-lhe muito obrigado pelo prazer que me quis dar a sua amizade, vindo ao meu encontro à hora da partida e dando-me assim a oportunidade que já via escapar, de vê-lo e abraçá-lo. Lamentei que tivéssemos tão pouco tempo para conversarmos. Gostaria muito de conversar com você com mais vagar. Espero que aqui ou na primeira viagem que eu fizer tenhamos tempo para matar saudades e trocar idéias sobre assuntos que nos interessam e especialmente sobre a grave crise que atravessa a educação no Brasil, ameaçada, sobretudo no Rio, por essa estúpida e desavisada reação clerical. Nunca fui anti-católico ou anti-religioso, mas o que se está fazendo, com o Tristão e outros à frente é criar uma gravíssima questão religiosa, que pode provocar uma reação anti-clerical, das piores conseqüências.

Li com toda a atenção a sua carta em que pede demissão do cargo de assistente. Tudo claro, incisivo e documentado. Uma exposição que obrigaria o Ministro a refletir, se ele fosse capaz de ter momentos de reflexão. Da última conversa que com ele tive, ainda voltei mais triste e desiludido. A primeira condição para se realizar uma obra séria da educação no Brasil, é mudar o Ministro. Chamam-lhe aí "O Louco do Rex". O carioca é um povo que sempre tem razão, nos seus julgamentos irreverentes. Gostaria de que esse juízo sobre o Ministro atual fosse desmentido pelos fatos. Mas os fatos capazes de desmenti-lo já estão tardando. Quem sabe ele nos prepara alguma surpresa!... Adeus. Com muitas saudades e à espera, com ansiedade, de um dia para conversarmos.

Do muito e sempre seu,

Fernando

São Paulo, 20 de setembro de 1936

Meu caro Venâncio,

Só hoje tive notícias suas em uma rápida visita do Paulo Assis Ribeiro que esteve, este mês, por duas vezes no Rio. Soube por ele que vão bem você e os seus. Dos demais amigos falou-me pouco: não se demora bastante no Rio para se avistar com eles e estivemos juntos muito rapidamente para conversarmos sobre tudo que nos pudesse interessar. Já tenho concluídas as três conferências sobre "Política e Educação", assim distribuídas: I – Política contra a Educação; II – As lutas políticas e a Universidade; III – Política de Educação. Concluídas e já datilografadas. Não assente em definitivo coisa alguma a respeito dessas conferências, sem um entendimento prévio comigo, por carta. Escreva-me logo que lhe seja possível ou lhe peça o coração.

O meu livro *A Educação e seus Problemas*, já está pronto. Entregarei os originais à Comp. até fins deste mês, e acredito que até dezembro esteja publicado. Ele traz, ao meu ver (e quantas vezes os autores se enganam a respeito do destino de suas obras!) os estudos e trabalhos mais sérios e válidos, mais bem pensados e construídos, que tenho escrito sobre educação. Sendo páginas lançadas com espírito objetivo, são fortes e algumas delas, vigorosas. Não há a menor preocupação de ocultar, nelas, a verdade. Creio que poderei agora concentrar os meus esforços na preparação da Sociologia Educacional, para a qual tenho o mais abundante material que se poderia recolher sobre a matéria. É livro, de plano inteiramente novo, diverso de tudo que se tem publicado até hoje e com pontos de vista novos. Os *Princípios de Sociologia* já estão em 2ª edição, que saiu em julho.

Lembranças, em casa, a todos, sua mãe e sua Sra. e saudades aos dois garotos. O pequeno já está falando? E o Fernando como vai? Melhor, mais forte? Um grande abraço, que repartirá com os amigos comuns, do de sempre

Fernando

O Carlos Mendonça quando nos entregará o seu "Silvio Romero"?

São Paulo, 3 de agosto de 1937

Meu caro Verâncio,

Esperava escrever-lhe hoje com mais vagar, à noite. Por isto vinha retardando a resposta à sua carta. Mas sobreveio trabalho que me privará do prazer de uma conversa mais longa. Vai esta a correr, sem esquecer, porém, nenhum dos pontos que você abordou. Antes de tudo, todo o meu agradecimento, de coração, pelas palavras com que a sua generosidade me estimula e conforta, fazendo-me crer que a minha obra foi verdadeiramente bela e útil e a minha missão educativa ainda não está concluída. Fala-me do Ministério da Educação, "julgando agora mais do que nunca oportuno (são palavras suas) o momento de minha investidura no Ministério que de fato criarei". Oh! o Ministério... Mas isto é sonho de vocês! Um grande sonho, pelo que tem de idealismo, de sinceridade, de interesse pela educação. Em todo o caso, tudo posso naqueles que me confortam e no ideal que me anima. Vejo com clareza os problemas e tenho, sobretudo, uma vontade e uma fé que abalam montanhas.

Anuncia-se que o Armando Sales irá a 14 de agosto a Belo Horizonte, onde fará um grande discurso político. Para nós, educadores, esse dia deverá ser marcado com uma pedra branca, pois, no que ouvi dizer, o Armando Sales tratará, nessa conferência, da política e do plano de educação, que se propõe realizar. Será a primeira vez que um candidato à Presidência da República reservará uma de suas orações políticas para o grande problema nacional. Todos aguardam com ansiedade esse discurso, que deve ter grande repercussão. Em todo o caso, se não for em Belo Horizonte, será em outra cidade do país, que o Armando Sales falará, na sua campanha presidencial, sobre o problema da educação.

Já estive com o Paulo que voltou do Rio e me contou os fatos que deram lugar a demissão do Lourenço Filho. Telegrafei ao Mario de Brito pela sua nomeação. Recebi, por seu intermédio, a excelente e nobre carta do Anísio, que, dizendo-me coisas muito amáveis sobre o meu livro, mostra com uma grande elegância as divergências que em dois ou três pontos "ainda" nos separam. Não estou de acordo com ele em dois destes três pontos capitais. Vou escrever-lhe e dou-lhe as minhas razões, agradecido pela atenção e pelo acolhimento que deu ao meu livro. Li e reli a sua carta que me agradou a todos os respeitos, e sobretudo pela nobre franqueza com que se abriu comigo debatendo problemas e discutindo afirmações de "Educação e seus Problemas". Convidei o Paulo para repetir, no Instituto, na 2ª quinzena de agosto, a sua formidável conferência sobre ensino secundário. Ele aceitou.

Dos títulos que lhe ocorreriam, para o seu novo livro, o que mais me agrada é: *Figuras e fatos de educação*. Os outros dois: "Homens e coisas de educação", e "Educação e educadores", não me desagradam. Escolha o título definitivo, e, depois de distribuir a matéria, de acordo com o título acertado, mande-me os originais. Lembranças aos seus e aos amigos comuns. Não se esqueça de mandar-me as suas palavras sobre a "Brasiliana". Adeus.

Um grande e saudoso abraço, com toda a gratidão

do Fernando

Vou publicar na "Brasiliana", com uma ilustração o inquérito feito para *O Estado de São Paulo*, em 1926, e já anunciado em meus livros anteriores.

São Paulo, 2 de março de 1938

Meu caro Venâncio

Estou há vários dias atormentado por uma crise interior que se estabeleceu pelo conflito entre esses dois sentimentos, – o de não trazer uma decepção a amigos como Teixeira de Freitas que confiou em mim e põem na minha ação toda a garantia de êxito do recenseamento de 40, e a consciência cada vez mais viva não só das minhas responsabilidades como das dificuldades imensas que se levantam à execução do plano projetado. Sempre me pareceu pouco normal tomar sobre meus ombros tamanho encargo, embora, em princípio, aceite se a idéia reservando-me o direito de examinar essa possibilidade quando se tivesse de resolver o caso. O Teixeira de Freitas, grande amigo e homem verdadeiramente admirável, parece-me, pela sua confiança ilimitada em mim e pelo seu otimismo quanto aos elementos de êxito, – dominado por uma dupla ilusão de que eu seja o homem para o cargo e de que são favoráveis as condições para uma operação censitária de larga envergadura.

Escrevi-lhe, logo que tive a notícia de estar próxima a ocasião para a escolha do presidente da comissão censitária nacional, dando-lhe as razões pelas quais, reexaminando a possibilidade de ser eu eleito, devia hesitar em assumir tão grande responsabilidade e deixando entrever uma recusa em tomar a direção desses serviços. Nesse dia, sem que esperasse e tivesse conhecimento prévio, era eu eleito. O Teixeira telefonou-me. Vem a S. Paulo. Conversamos. Ficou entre nós entendido que a minha resposta definitiva estaria condicionada a uma conferência com o presidente da República, a quem supunha estar o cargo diretamente subordinado. Sei agora, por outra carta sua, que está subordinado o serviço de Recenseamento ao Ministro da Justiça.

Entre as razões que me faziam hesitar seriamente estavam o deslocamento, a que me obrigaria esse trabalho, de minhas atividades principais e dos campos de minha especialidade, e a falta de conhecimento profundo dos serviços censitários. Ser-me-ia muito fácil ser Ministro da Educação; os problemas, que teria de enfrentar e resolver, são-me familiares e, num golpe de vista, poderia abrangê-los e dominá-los. A minha vida é uma longa preparação, não calculada ou intencional, mas real e desinteressada, para qualquer posto, por mais alto que seja, nesse domínio de atividades públicas. Também esse cargo nunca o desejei, e tremeria diante de um apelo para o exercer, e só concordaria em assumir tamanha responsabilidade se me fossem assegurados todos os meios para realizar a obra de que o Brasil necessita. O cargo para o qual fui nomeado (não tive ainda qualquer comunicação oficial) transferir-me-ia do domínio de minhas atividades habituais, em que sinto mover-me como no meu próprio elemento, para um terreno quase estranho às minhas cogitações de todos os dias. O sociólogo não faz recenseamento, utiliza-se dos dados censitários nos seus estudos e para as suas conclusões.

Acresce que um recenseamento geral é uma operação extremamente difícil, cujo êxito depende – em períodos absolutamente normais de estabilidade e segurança – de grandes créditos, de organização técnica modelar e de meios de administração suficiente para assegurar a execução de levantamentos completos e precisos. O último recenseamento da França, que dispõe de sistemas de registro da população e de um aparelhamento permanente para a realização periódica dos censos, custou mais de 14 mil contos. As dificuldades, em nosso país, da grande extensão territorial e de população disseminada, de níveis culturais e econômicos tão diferentes, agravam-se pelas atuais condições econômicas e financeiras, pela ignorância geral dos habitantes (64% de analfabetos, ao que se calcula), pela falta de sentimento de interesse comum, pela resistência à centralização que deve ser a maior possível, e, ainda, pelo estado de desconfiança e às vezes de inquietação, resultante de um período longo de perturbações políticas.

Os técnicos em recenseamento e em estatística contam-se pelos dedos das mãos, e, se os há de grande valor, cómo Teixeira de Freitas e outros, eles têm lutado constantemente com a falta de recursos materiais para os levantamentos estatísticos, em setores limitados. O esboço de um programa de ação que me tocou Teixeira de Freitas, para minha reflexão pessoal é verdadeiramente tentador, mas é de tão grandes proporções que a sua execução não poderia custar ao país menos de 20 mil contos. E isto, avaliando a grosso modo, e muito por baixo. Ora, ele me comunica que da verba de 3.800 contos destinada, neste exercício, ao Instituto Nacional de Estatística e de Geografia, apenas 200 contos (suscetíveis de serem ampliados) estariam reservados aos serviços preparatórios do Recenseamento, este ano. Se você considerar ainda que os recenseamentos em quase todos os países civilizados são efetuados de 5 em 5 anos, (servindo cada qual para melhorar e aperfeiçoar o seguinte), e que o último realizado entre nós, já ficou a quase 20 anos, atrás, compreenderá você como é justo e inteiramente razoável o meu escrúpulo em tomar sobre os ombros tarefa tão pesada, difícil e de tamanha importância para a nação.

Não fossem a intervenção do Teixeira de Freitas, cuja amizade é um dos bens preciosos de minha vida, e a alta distinção que me conferiu o Conselho Federal, elegendo-me, e já teria dado a minha resposta definitiva recusando tão alto cargo. O presidente, nomeando-me, deu-me uma prova pública de confiança com que muito me honrou. Mas é preciso considerar a questão sob todos os aspectos e refletir muito para tomar uma decisão tão grave. Quanto mais examino a questão, mais me convenço de que eu não devo aceitar essa nomeação, embora me sinta verdadeiramente distinguido pela confiança dos meus amigos e do presidente da República. Eu só aceito cargos que possa exercer com a consciência profunda de poder servir ao Brasil, dedicando-me a um serviço público com todas as forças de que eu seja capaz e a certeza de realizar integralmente a obra, se não me faltarem os recursos materiais e o apoio do governo. Ora, eu não tenho nem aquela consciência nem essa certeza.

Peço-lhe examinar essas razões e conversar sobre elas com o Teixeira de Freitas a quem eu não quereria desgostar de forma alguma, mas a cujo otimismo eu me sinto obrigado, por um dever de consciência, a contrapor a realidade dura que temos sob os olhos. Escrevo-lhe a correr da pena, sem tempo de reler o que ficou lançado no papel como se estivéssemos conversando. Você me conhece bastante. Tenho feito tudo para despertar em mim a confiança em minha ação, como diretor e organizador do recenseamento no Brasil. E não a consegui ainda, nem creio poder consegui-lo. Se tivesse essa confiança, eu agiria como uma força da natureza. O trabalho sairia digno do Brasil; mas amo demais o meu país para aceitar um posto, por mais alto que seja, sem a consciência profunda de honrá-lo, pela competência e pela intensidade da ação, e de servi-lo pela execução perfeita da tarefa que pusesse sobre os ombros.

Esta carta não dispensa resposta, seja qual for o atropelo de sua vida. É um sacrifício que lhe peço o de ocupar-se com o assunto, de que estou tratando, e responder-me com a urgência possível. Seria para mim um grande golpe verificar que a minha resistência em aceitar esse cargo viesse, não digo romper, mas arrefecer a grande amizade que me une ao eminente brasileiro, Teixeira de Freitas, que todos veneramos.

Um grande e saudoso abraço

Fernando

Em tempo: Obrigado a escrever a toda pressa, para não perder o correio de hoje, não pude tocar senão os pontos principais. Outros há-os, ainda, de ordem particular, sobre que conversaremos você e eu, se for ao Rio, para conferência com o presidente ou o ministro da Justiça. Embora aparentemente bem disposto, não tenho passado nada bem, de saúde. De espírito, nem vale a pena falar: ando amargurado com essa vida triste que não sei se vale a pena continuar a ser vivida. Você dirá que sou um pouco romântico. Sim, e talvez muito na medida em que esta palavra significa vibrante, ardente, apaixonado, anti-conformista, apesar da impressão contrária que possa causar, à primeira vista, pelo meu senso de medida e de equilíbrio, adquirido à custa de grande esforço. Se você achar que pode ou deve mostrar a minha carta ao Teixeira de Freitas, está autorizado a mostrá-la, mas confidencialmente. Mande-me a sua opinião franca e objetiva, depois de ponderar as minhas razões. O que não quero é perder a amizade do Teixeira de Freitas, pela qual seria capaz de um grande sacrifício pessoal, se esse sacrifício não comportasse uma quebra de honestidade intelectual e profissional. Estou refletindo, mas mais inclinado, senão quase decidido a não aceitar. Na minha vida interior, é tão alta a voz do pensamento que nenhum ruído exterior pode abafá-la.

Adeus. Obrigado a você e ao Pascoal pelo seu abraço que retribuo com o meu, carregado de reconhecimento

Fernando

São Paulo, 26 de junho de 1938

Meu caro Venâncio

Por maior que seja a sua capacidade de imaginação você não poderá reconstruir os fatos que se desenvolveram, provocando a minha demissão, e os que se seguiram, completando a mais acabada obra de perfídia e de má fé, de ignorância e de brutalidade, de estupidez e de traição, que já se tentou em S. Paulo. Dizem-me todos (e foram mais de 200 as pessoas que me visitaram estes três dias) que não se conhece, nos anais políticos de S. Paulo, uma obra de destruição tão odiosa e tão repugnante nos seus processos. O que temos é, como vê, um governo de irresponsáveis e de loucos, além de refinadamente patifes, que assaltaram as posições em S. Paulo para desorganizar, destruir e explorar a administração em seu proveito, com uma desfaçatez e uma audácia que chegariam a espantar se alguma coisa ainda nos pudesse causar espanto.

Eis os fatos. Por um decreto feito a correr, no atropelo de última hora, embora maquinado numa torva conspiração de meses, criou-se a 23 deste uma Escola Normal Modelo. Nada mais inocente ou, ao menos, inofensivo, não lhe parece? Pois não é. Por esse decreto ficava estabelecido que essa Escola passaria a funcionar nos prédios e instalações do atual Instituto de Educação; que as escolas experimentais (pré-primária, primária e secundária) anexas a esse Instituto estariam desanexadas dele para serem incorporadas àquela Escola; que a portaria, a secretaria, as bibliotecas, contínuos e serventes, com suas respectivas verbas de pessoal e de material, do Instituto se transfeririam para a Escola Normal Modelo. Portanto, ficou o Instituto de Educação, da Universidade de S. Paulo, sem prédios, sem instalações, sem secretaria e sem biblioteca, sem laboratórios, sem contínuos e sem serventes. Um verdadeiro e audaciosíssimo assalto ao patrimônio, bens imóveis e instalações do Instituto, que são bens da Universidade. Puseram-nos na rua. Não podia, pois, ter outra atitude, senão a de demitir-me, em caráter irrevogável em sinal de protesto. E protestei por todas as formas e com a maior veemência.

Mas acha tudo isso demais? Pois ainda falta alguma coisa. Hoje, dia 26, saiu publicado um decreto que extingue o Instituto de Educação da Universidade de S. Paulo, cria a seção de Educação na Faculdade de Filosofia, Ciências e Letras e transfere cadeiras e professores do Instituto extinto para aquela Faculdade, cuja direção foi ontem mesmo entregue ao Alexandre

Corrêa*! Puseram-nos na rua, e depois, por esse novo decreto mandaram um caminhão da Luzitania (empresa de transportes de móveis em S. Paulo) para fazer a mudança do que restava do Instituto para aquela Faculdade! É a isto que se reduz afinal o decreto de hoje. E tudo isto feito clandestinamente, sem audiência da congregação do Instituto que se calcou aos pés, sem a aprovação prévia do Conselho Universitário que se desautorou; e com um desrespeito mais grosseiro e desabusado da legislação federal e, mesmo do Decreto Federal, que aprovou os Estatutos da Universidade e foi profundamente atingido e violado pelos decretos do governo do Estado. Poderia imaginar-se coisa pior? Pois ainda há alguma coisa. Em todos os postos colocaram desafetos meus e inimigos rancorosos: O Alexandre Corrêa, na Faculdade, para onde foi transferido (se é que não venha a ser posto em disponibilidade), o Alvares Cruz, de uma mediocridade chapada, de uma burrice maciça e de uma torpeza sem qualitativo, na direção do Departamento de Educação, e o Francisco Azzi (vocês o conhecem) – em lugar de quem? – do Dr. Meirelles Reis, – como diretor geral da Secretaria de Educação!

É a caiucalha que atiraram contra nós e cujos botes não nos atingem os calcanhares; é a camarilha desembestada, que agora ceva os seus ódios pessoais, a serviço dos quais tudo se sacrificou: uma instituição universitária, direitos, leis estaduais e federais, a própria honra e dignidade da administração. Estou vendo que todos os nossos esforços serão inúteis. Destes cinco anos de trabalho ininterrupto que ficou, que me reservaram? Da obra, nada ficou: foi tudo integralmente destruído. Não ficou pedra sobre pedra. É como se tivesse passado um furacão. Tomaram-nos de assalto os edifícios e as instalações, que pertencem ao Instituto e à Universidade, secretaria, biblioteca, laboratórios, contínuos e entregaram a uma instituição igual às outras escolas normais e estranha e inincorporável a um sistema universitário. E quanto a mim pagaram-me os serviços com a mais miserável ingratidão e a mais clamorosa injustiça! Se verificar que ainda é possível lutar pela educação e pela minha pátria, a que tenho dedicado todas as minhas energias, continuarei a lutar sem desfalecimento; se verificar, ao contrário, que me subtraem todos os recursos e meios de reação e que a minha pessoa é um obstáculo à obra de reconstrução educacional no Brasil, eu darei, – o único sacrifício que ainda não fiz, – a minha própria vida, como um protesto contra essa ordem de coisas e um apelo a todas as forças vivas do país para lutarem pela educação nacional. Amo a minha pátria sobre todas as coisas e aos meus ideais mais do que a mim mesmo.

Adeus. Leia essa carta a quem entender. Estou examinando a frio a situação, e escrevo um documento que deixarei a vocês como a minha palavra de despedida.

Com um grande e afetuoso abraço

Fernando

* Alexandre Corrêa – opositor ferrenho de Fernando de Azevedo, publicou, entre outros, artigo contra o livro *Princípios de Sociologia* com o irônico título de "Sociologum habemus..." na revista *A Ordem*, em outubro de 1935.

São Paulo, 4 de julho de 1938

Meu caro Venâncio

Obrigado pela sua carta. Li-a várias vezes e dei-a a ler, a alguns amigos. O que foi feito contra uma instituição, a universidade e contra nós, foi uma miséria inominável. Confio na ação da A. B. E. e de todos os companheiros e amigos do Rio. O Milton deve partir para o Rio, talvez 4ª ou 5ª feira, para fazer uma conferência e levar a representação que contra esses dois decretos dirigimos ao Ministro e ao Conselho Nacional. O Teixeira de Freitas não me escreveu. Foi ele um dos poucos amigos do Rio, a quem me dirigi nos primeiros dias.

Foi-me oferecida uma viagem a Europa. Não é preciso dizer que recusei, afrontado. O Interventor* convidou-me para uma conferência, sábado último, às 9. Relutei, mas fui afinal, depois de refletir e ouvir amigos. Pareceu-me desejoso de encontrar uma solução para o caso crendo por esses dois decretos, assinados por ele, ao que me declarou, em boa fé, sem lhe avaliar o alcance e as conseqüências! Falei-lhe com a mais absoluta franqueza. Convidou-me para uma nova conferência, hoje, 2ª feira. Voltarei à hora marcada, mas sem esperança de que seja o caso resolvido aqui. Só há uma solução digna: serem declarados sem efeito os dois decretos, em que tudo se desrespeitou: leis e decretos federais, a Universidade, o Instituto, professores e estudantes! Não posso sair já de S. Paulo. Nem sei o que farão de mim. Adeus. Continuo a pensar seriamente na conclusão de minha última carta. Nada, por enquanto, resolvido. Um abraço do sempre

Fernando

* Adhemar de Barros.

São Paulo, 12 de julho de 1938

Meu querido Venâncio

O Lima e Silva partiu hoje, de avião para o Rio. Teve aqui várias conferências, entre as quais uma com o novo Secretário e a outra, com o Interventor. A primeira, porém, ele a teve com elementos da camarilha que envolveu o Interventor e o detém prisioneiro nas malhas da mais sólida e miserável politicalha do ensino que já se desencadeou em S. Paulo. Os homens lhe disseram que eles não consentiriam que o governo voltasse atrás: que o que estava feito, estava feito. O novo Secretário, impotente para agir, acha-se sem meios e recursos para qualquer reação. O Interventor comunicara-lhe, a ele, Lima e Silva, que já se entendera com o Ministro sobre o assunto. O que ficara resolvido pelo governo, é submeter os dois decretos já em plena execução ou melhor totalmente executados à aprovação a posteriori do Conselho Nacional, junto ao qual pretende intervir o governo!

Ora, nada mais extravagante e grosseiro! Depois de calcada aos pés toda a legislação federal, de desrespeitados totalmente os Estatutos, de achincalhada a decisão federal que os aprovou vão bater às portas do Conselho para pedir a sua aprovação. Não posso admitir a hipótese de uma capitulação miserável do Ministro e do Conselho diante de atos inteiramente contrários às leis, e aos decretos federais, além de profundamente injustos e ineptos. **A luta tem de se travar junto ao Conselho Nacional e ao Ministério.** Converse com o Milton*. Leia-lhe esta carta. Soube, por telegrama seu, que já foram entregues as representações. Precisamos levar a luta até o fim. Ajude-nos no que puder. Escreva-me. Continuo nas mesmas disposições de espírito. Recomendações aos seus.

Um grande e afetuoso abraço do de sempre

Fernando

* Milton Rodrigues.

São Paulo, 10 de novembro de 1938

(estritamente confidencial)

Meu caro Venâncio

Embora não me tenha você escrito depois que voltei, no mesmo estado de espírito (que, por se estar prolongando, já não preocupa ninguém) e ainda que esta carta fique sem resposta como algumas outras, não posso resistir ao impulso de amizade de lhe escrever, menos para desabafar-me e procurar um alívio aos meus sofrimentos do que para cumprir um dever de lealdade para com meus amigos. Confesso que já estou profundamente fatigado na luta que venho sustentando para sobreviver a mim mesmo, nesse terrível conflito que se estabeleceu entre o desejo ou a idéia, cada vez mais forte, de pôr termo à minha vida e o dever de lutar e continuar a ser, na resistência moral, maior que os meus próprios sofrimentos.

Tudo me parece estranho, como se já não fosse deste mundo e nele vagasse, levando uma vida sem razão de ser e sem sentido, mal interpretado, incompreendido, e, o que menos importa, hostilizado. Ah! se pudesse fugir de mim mesmo! Se surgisse alguém, alguma coisa ou algum ideal bastante forte para empolgar-me, mobilizando-me todas as forças intelectuais e afetivas! Se se pudesse operar em mim, com a morte do que presentemente sou, do que vive em mim, do que me aflige e me tortura, na minha vida interior, a "ressurreição" para uma vida nova, inteiramente consagrada à minha pátria, aos meus ideais a aos meus amigos e companheiros de luta e de ideais!

Mas, se volto os olhos em torno de mim mesmo, parece-me que onde se me abriam perspectivas para o trabalho e para o esforço, numa vida útil, bela e fecunda, é a cerração que domina e caminha para mim, deixando-me isolado, sem visibilidade e sem horizontes!

Foi por me sentir ainda nessa luta terrível entre a vida e a morte que pedi ao Teixeira de Freitas adiasse para dezembro a minha posse no cargo de Presidente da A. B. E., de que não poderei desertar, sem uma traição aos meus amigos e companheiros. A ter de matar-me, preferia fazê-lo, antes de empossar-me neste cargo, para o qual poucos ainda sabem que eu fui eleito; a A. B. E. e os meus amigos não seriam atingidos, senão talvez de um ponto de vista afetivo, pelo meu desaparecimento. Mas, como ainda não se esgotaram as minhas forças nessa luta desesperada, é também possível que em dezembro já esteja em condições de assumir esse cargo, mas para cumprir, até o fim, sem desfalecimento, a missão que me está confiada. Adeus, Venâncio. O que tem de ser, será. A morte, afinal, é uma libertação.

Do amigo profundamente grato

Fernando

Em tempo: Pode mostrar esta carta ao Frota, se estiver no Rio e conforme lhe parecer ao Teixeira de Freitas (se lhe parecer bem, no seu critério).

São Paulo, 1º de janeiro de 1940

Meu querido Venâncio,

Foi você o primeiro amigo que abracei, ao chegar ao Rio, e o último de que me despedi, ao voltar para S. Paulo. Nos dias que passei nesta cidade, onde alcancei as maiores vitórias e com elas e por elas, padeci os mais duros sofrimentos, e que me recorda as mais inefáveis alegrias e as mais rudes atribulações de minha vida interior, vi-me, como sempre, cercado de meus amigos, assistido e confortado por todos. Nenhum, porém, mais constante na sua dedicação nem mais na intimidade de minhas alegrias e amarguras do que você, que me parece disposto a repartir comigo o tempo e os cuidados que costuma reservar à sua família, aos estudos e aos amigos mais do coração.

Você sabe o meu profundo reconhecimento pela solicitude fraternal com que me acompanha e me anima, confortando-me nas horas incertas e estimulando-me no trabalho. É sempre de ânimo mais refeito e, sobretudo, mais agradecido que volto ao Rio, onde meus amigos se diriam empenhados em fazer-me esquecer, pela ternura para comigo, os sofrimentos passados e avivar, em meu espírito, esses momentos de satisfação íntima, no seu amável convívio, ou de exaltação, nos dias heróicos das grandes lutas. É aí, nessa cidade admirável, que se vão restaurar as minhas energias e reanimarse a minha fé, ao calor dessas amizades que são não somente um refúgio para minha sensibilidade mas um estímulo para meu espírito e um orgulho para minha vida.

Pensei no título a dar ao livro de que falei e sobre o qual conversamos várias vezes. Que acha deste título "Chama Imortal", com o sub-título: "Palavras de fé aos mestres de amanhã"? Em um prefácio, de uma ou duas páginas, explicaria o título, mostrando que a educação, – processo pelo qual se transmitem de uma geração a outra os ideais de um grupo ou de um povo, – é a "chama imortal" de que são depositárias as gerações adultas e que é comunicada constantemente às gerações novas. Ora mais viva e ardente, ora mais fraca e tíbia, branca nas suas aspirações de paz ou vermelha pelos impulsos guerreiros, ela é síntese desses ideais que mantêm a continuidade do grupo e asseguram a sua unidade, passando de geração em geração como o facho simbólico na corrida dos archotes.

Escreva-me e diga-me o que pensa, se devo adotar ou rejeitar mais esse título. Entreguei ao Milton hoje, em sua casa, o ofício e a carta, que lhe trouxe, e, nesses momentos de palestra, você esteve tão presente que às vezes me dava a impressão de ainda, a 500 quilômetros, vê-lo e ouvi-lo. Adeus. Recomendações à sua mãe, à Sra. Dina; saudades aos filhos e um grande e saudoso abraço do seu de sempre,

Fernando

O meu livro *Sociologia Educacional* deve estar impresso até o fim desta semana.

São Paulo, 17 de junho de 1940

Meu querido Venâncio,

ainda sob a impressão das horas que passamos juntos e em que juntos sofremos, agradeço-lhe, de todo coração, a solicitude constante com que me acompanhou e me assistiu nesses dias. A minha primeira carta, de volta a S. Paulo, é sempre para você, cuja dedicação a sua empregada já sentiu, e de cuja fidelidade se admira, edificado, ainda quem não entrou na intimidade de nossas relações, como o S. Wambachs. Esse encontro de última hora, ainda que agradável a certo aspecto, mas tão inesperado e, naquele momento, tão pouco desejado (jantávamos às pressas e a sós), impediu a continuidade de uma conversa tão íntima e tão agradável a meu coração.

A surpresa foi tão grande, – pelo imprevisto da chegada do pintor, aliás amigo, e das idéias disparatadas, com que ainda nos desorientou mais, – que o meu francês, já de si medíocre, foi rodando aos trancos e estropiado pelos becos e vielas de uma conversa de atropelo e sem sentido. Já não sabia o que e como dizer, atirado do português ao francês, das explicações às desculpas, das artes aos negócios e do que se passou momentos antes ao que se passa pelo mundo. Mas, enfim, ainda tive tempo de lhe dizer (e foi o que o pintor disse de mais certo e oportuno, quando se voltou para você: "et vous, toujours fidèle") que não é apenas o amigo fiel de sempre, mas dedicado e solícito como poucos. Obrigado, meu caro Venâncio, grande alma que quanto mais se conhece, tanto mais ganha em nossa admiração e em nosso respeito.

Obrigado ainda, pelos livros que me procurou e reservou para documentar-me na 2ª parte da obra em preparo. Aguardo com ansiedade a sua conferência. Peço dizer por telefone ao Carneiro Felipe que o empregado do Hotel havia acondicionado, com outros livros, os dois volumes que me mandou tão gentil e prontamente, sobre a Escola de Minas, em Ouro Preto. Encontrei-os num dos embrulhos feitos, no hotel, a meu pedido, para facilitar o transporte. Já entreguei ao Milton* a sua carta e o que, com ela, lhe mandou. Ele vai bem, mas também triste e apreensivo. Um grande e saudoso abraço do de sempre

Fernando

Recomendações nossas a todos os seus.

* Milton Rodrigues.

São Paulo, 30 de julho de 1940

Meu querido Venâncio,

fico-lhe imensamente grato pelo artigo que me mandou e pelas novas informações bibliográficas que teve a bondade de me fornecer, relativos aos capítulos em preparo. Aguardo com ansiedade o que me promete enviar e me será verdadeiramente útil, senão necessário, à inteligência de vários aspectos de nossa evolução cultural. Não se esqueça de me mandar, pelo nosso Correio ou pela Civilização Brasileira, o capítulo de seu livro referente a Bartolomeu de Gusmão (sobre o qual, já tenho a obra do Taunnay) e a Santos Dumont. Preciso desse material logo: devo entrar por estes dias na redação do 3º capítulo, e, ao que espero, de também do 4º ainda este mês, ou princípios do outro*.

Se não lhe for incômodo, peça-me por obséquio ao Abgar Renault informações essenciais sobre as escolas de medicina, engenharia e direito, de Belo Horizonte. Não lhe será difícil, pela posição que ocupa, obter-me e remeter-me essas informações (data da fundação e instalação, nº de alunos formados desde a sua fundação e a indicação de algumas das *grandes figuras* do magistério dessas escolas).

Envio hoje ao Carneiro Felipe, também pelo correio expresso, a minha petição à Comissão para que me seja concedida a prorrogação prevista

* Trata-se do livro *A Cultura Brasileira*.

na cláusula 7ª do nosso contrato e que sempre me pareceu (e ele mesmo julgava) necessária à execução do trabalho. Tenho levado uma vida quase monacal, no mais completo recolhimento de espírito, entre papéis e livros. Espero dar uma vista de conjunto, tão completa quanto possível, da cultura no Brasil, nos fatores que a condicionaram, nas suas diversas manifestações, artísticas, literárias e científicas, etc. e na formação do aparelhamento institucional, cultural e pedagógico, destinado a perpetuar, transmitir e desenvolver o patrimônio cultural do país.

Não tem sido dos menores trabalhos o esforço constante de síntese, para não reter senão o que é essencial e característico e nada omitir, nesse panorama, que tenha verdadeiramente valor e sentido. Não se trata de uma simples exposição histórica, com qualquer preocupação de detalhismo, mas antes de uma interpretação sociológica dos fenômenos de cultura, das formas que revestiram, de sua evolução e de suas tendências. Tenho estudado e analisado através da melhor documentação possível e com espírito e métodos objetivos.

Escreva-me logo. Quanto a situação internacional, parece-me que entrou a Europa no seu período mais crítico. Adeus. Recomendações a Da. Dina e à sua mãe, lembranças aos filhos e um grande e saudoso abraço do seu de sempre,

Fernando

Em tempo: Quais são, *a seu juízo,* os *grandes* nomes e as realizações verdadeiramente notáveis (ou dignas de menção) da engenharia nacional?

São Paulo, 26 de agosto de 1940

Meu querido Venâncio,

estive à espera, esta semana, de notícias de sua mãe, de quem você me falou, quando lhe falei por telefone, – seriamente preocupado. Percebia-se a sua aflição diante de seu estado de saúde. Espero que não se tenha confirmado o diagnóstico e que tudo, em qualquer hipótese, se tenha resolvido da melhor maneira possível, para tranqüilidade de todos. Fico na expectativa de notícias melhores, uma resposta a esta carta que lhe remeto pelo correio expresso.

Tenho trabalhado constantemente no livro. Estou acabando agora o 3º capítulo da 2ª parte: *A vida literária.* Um dos mais difíceis, como você o sentiu logo, pela matéria que se tinha de condensar em cerca de 40 páginas datilografadas. Precisava ser completo e exato, bem documentado e preciso até no detalhe, mas sem esquecer que o que me cabia era fazer uma síntese, com algumas vistas originais. O Sumário modifiquei-o, não só corrigindo-lhe alguns erros de cópia (por exemplo: Afonso Taunnay onde devia estar Alfredo Taunnay) como também retirando alguns pontos que me pareceram a princípio importantes e substituindo-os por outros mais significativos.

Entre os poucos nomes que deviam figurar no *Sumário* estava, certamente, o de Joaquim Nobrega que não constava do primeiro. Foi você que me chamou a atenção para essa omissão, que, a seu juízo, não se devia permitir nem no sumário do capítulo. Parece-me que o *Sumário*, com as alterações que tive de fazer ao elaborar o capítulo, fere os pontos essenciais. Envio-lhe uma cópia para seu exame: você poderá confrontá-lo com outro para ver as modificações e a melhor seqüência dos assuntos. A dificuldade enorme desse livro está no seu caráter sintético: abreviar, sintetizar quer dizer apanhar sob o que passa aquilo que fica ou nos parece que vai ficar, isto é, o essencial.

Escreva-me logo que possa. Li, na Revista Brasileira de Estatística uma conferência do Lourenço Filho sobre as tendências da educação. Trabalho incompleto, parcial e *tendencioso*... Para destacar o que se faz agora, entendeu relegar não para plano secundário, mas para o esquecimento, o movimento de reformas do Distrito Federal (1926-1930; 1932-1935) e de S. Paulo (1933) e seu profundo significado. Além disso, injusto: as tendências novas não se registram apenas em algumas respostas do inquérito sobre a educação pública, em S. Paulo (1926), mas sobretudo nas perguntas e nos artigos de introdução e conclusão com que orientei os debates. Em todo o caso, o trabalho é um retrato do Lourenço, de corpo inteiro...

Adeus. Um grande abraço do seu de sempre

Fernando

São Paulo, 28 de janeiro de 1941

Meu querido Venâncio,

não tinha ainda recebido a sua carta de 23 do corrente, quando lhe telefonei, na noite de sábado. Já estava ansioso por notícias suas. A sua carta chegou-me domingo à tarde. Ficamos todos muito satisfeitos por saber que foi feliz na operação e estava passando bem, embora condenado a 10 dias de repouso. Falou-me Da. Dina de ânimo despreocupado. Esperamos que tudo continue a correr bem e, passados estes dias de descanso necessário, volte você para casa, completamente restabelecido e com excelente disposição de ânimo. Estes dias de repouso forçado lhe hão de fazer bem, e é possível que desses contratempos de saúde resulte um benefício para o físico e para o espírito.

Fico-lhe muito agradecido pelas palavras com que me anima a prosseguir no livro em preparo. A aprovação que dá aos capítulos que leu, e as expressões desvanecedoras com que se refere a eles e, de modo geral, ao livro, constituem para mim um estímulo valioso e uma grande compensação moral na execução desse trabalho tão penoso sob vários aspectos. Desde o princípio, a mais de um ano, é você que me tem assistido, auxiliado e animado com uma solicitude e um interesse que me cativam profundamente e me dão a medida de sua capacidade de dedicação. Quando tiver concluído a obra e for o momento oportuno para proceder a uma revisão geral, havemos de fazê-la juntos para que o volume, antes de ser composto, passe ainda uma vez pelo crivo de uma crítica severa, no seu conjunto e em seus detalhes. Se puder dedicá-lo a alguém, dedicarei ao Carneiro Felipe, ao Teixeira de Freitas e a você, – os três amigos que me levaram a escrevê-lo e mais me auxiliaram com seu interesse, sua confiança e suas sugestões.

Não fossem a confiança que depositaram em mim, e as palavras com que me animaram constantemente, não me teria disposto a tomar a meu cargo esse trabalho. Você ainda foi mais longe, esteve sempre vigilante, à procura de documentação que me pudesse ser útil e de material em que pudesse basear esse largo ensaio de interpretação histórica e social de nossa cultura. Não houve artigo de jornal ou de revista, que você não me apontasse à atenção ou não recortasse para enviar-me, nem livro, de seu conhecimento, que você não consultasse ou não me remetesse para exame. Em todos os momentos em que tive de tratar de assunto referente à obra, foi meu companheiro constante, como foi sempre quem mais me estimulou quando hesitava em tomar a incumbência que me punha sobre os ombros a generosidade daqueles amigos.

Escrevo-lhe às carreiras, sem tempo para reler esta carta, de agradecimento pelas sua palavras confortadoras, e de votos os mais ardentes pelo restabelecimento de sua saúde. Recomendações nossas a Da. Dina e à sua mãe que esperamos ver ainda restituída ao convívio dos seus. Lembranças aos filhos.

Um saudoso abraço do seu, de sempre

Fernando

Escreva-me logo que possa.

São Paulo, 5 de maio de 1941

Meu querido Venâncio,

Quando mandei a você, pelo Gouveia Filho, o recado que ele teve a gentileza de lhe transmitir, não havia ainda recebido os livros. Eles cruzaram com minha carta dirigida àquele amigo. Fico-lhe muito obrigado por mais esse serviço, e à espera dos "recortes de jornais e das revistas" que me prometeu. Continuo a trabalhar sem descanso, mas não de atropelo. Enquanto não tenho idéias bem claras e precisas e o material não me parece suficiente para uma interpretação, prefiro ler, estudar e refletir sobre os dados coligidos. A redação torna-se, então, fácil e segura.

Em julho (2ª quinzena) levarei três capítulos datilografados (cerca de 140 páginas, em papel ofício): o 5º capítulo, da 2ª parte, e os dois primeiros da 3ª e última parte do livro. Voltarei a S. Paulo e ao trabalho, por mais 3 meses, para tornar ao Rio em outubro, e já com os três últimos capítulos e o índice alfabético e remissivo. Isto quer dizer que o livro que julgávamos terminado em março, só estará concluído em setembro, e portanto, com 6 meses de atraso. O Carneiro Felipe já me havia autorizado a entregar a parte restante dos originais em agosto (4 meses de atraso), e estou certo de que não fará objeção à entrega em outubro, do livro completo e acabado.

É uma diferença de dois meses, sem ônus para o Estado, e com mais trabalho para mim e proveito para o livro. O hábito brasileiro de tratar os assuntos mais ou menos e sem confrontar os autores, que geralmente se repetem, não nos permite confiar nos livros que lemos. Tenho encontrado afirmações absolutamente erradas e que se vêm repetindo a um século nos melhores autores. Confiar, desconfiando... Depois, que trabalho o de colher na massa de datas e de fatos o essencial, o que ficou ou teve influência real nesta ou naquela direção! O que se nota, pelo geral, ou são generalizações apresentadas ou um detalhismo excessivo.

Escreva-me logo que puder, ou melhor, (senão você não me escreve) – mesmo que não possa... Adeus. Recomendações a Da. Dina e um grande abraço do amigo, ansioso por notícias de sua saúde, de sua casa, de seus projetos,

Fernando

São Paulo, 17 de julho de 1942

Meu caro Venâncio,

Tivemos o domingo passado um dia cheio: a presença do Anísio, inesperada e confortadora, apesar de tão curta na sua duração, e com a mensagem, que nos trouxe, de inteligência e de sensibilidade, algumas horas de convívio, em casa do Octalles, entre amigos. Nessa reunião, a que compareceram também o Lobato e o Ian de Almeida Prado, o espírito fez todas as despesas, mesmo as dos vinhos, que eram dos mais finos e leves, e as da hospitalidade, dada com abundância de alma, numa casa magnífica, – a do Octalles, – que é de muito gosto e tem, para prazer dos olhos, belos quadros e objetos de arte.

Na véspera havia estado com o Lima Figueiredo que voltava de Goiânia, onde esteve representando o Ministro da Guerra. Como sempre, extremamente gentil para comigo. Foi um prazer revê-lo e abraçá-lo. Comunicou-me que vai inaugurar-me o retrato no Salão Nobre da Escola de Educação Física do Exército, em homenagem ao pioneiro (são palavras suas) da educação física no Brasil. Falou-me muito no Ministério da Educação e nos seus desejos de ainda me ver nesse cargo, "para bem do país". Oh! a generosidade e a ilusão dos amigos!... No seu livro "Orientações do Pensamento Brasileiro", de que acabo de receber um exemplar, escreve o Nelson Werneck Sodré, a meu respeito, sobre minha vida e minha obra, um estudo que me surpreendeu e me tocou vivamente no coração, pela ardente simpatia com que apreciou o homem e as suas atividades, no campo das letras, da ciência e da educação.

Não deixe de ler esse volume, escrito com muita inteligência e uma grande independência de julgamento. Ainda esta semana, tive a satisfação de saber, por uma carta do México, que o meu livro "Sociologia de la Educación", em sua tradução espanhola, já começou a ser impresso. Creio que ainda o teremos este ano. E os retratos que você ficou de me mandar até o dia 5, quando os terei? Peço-lhe enviar-me com urgência essa documentação para que eu não retarde por mais tempo a entrega das ilustrações. Recomendações nossas aos seus.

Com um saudoso abraço do

Fernando

Em tempo: O ensaio do Nelson Werneck sobre Oliveira Viana e o que ele dedicou ao Gilberto Freyre são excelentes. Vale a pena lê-los. Quanto ao capítulo que me consagrou, e que é, além de generoso nos conceitos, de um grande vigor e exatidão nos dados e nas informações, pouco haveria que retificar, em questão de detalhes. Por exemplo, a data de meu nascimento é 2 de abril de 1894, e não de 1892, como saiu por evidente equívoco, fácil de se verificar pelas referências feitas à idade com que iniciei os estudos primários (de 1900 a 1902, dos seis aos oito anos, p. 83) e ao abandono da vida religiosa, "em 1914, com vinte anos" (p.85). Foi evidentemente um erro de impressão *.

Em 1932 não fui convidado pelo General Waldomiro Lima, para Secretário de Educação, como se depreende na p. 93, mas para Diretor Geral de Ensino de S. Paulo. O General não chegou devido às circunstâncias políticas, a constituir o seu Secretariado. E, assim, outras pequenas falhas. No mais é de uma vigorosa exatidão. E muito bem escrito.

Mais um abraço do seu de sempre

Fernando

* A data do nascimento de Fernando de Azevedo é, de fato, 2 de abril de 1890, segundo depoimento de amigos e parentes...

São Paulo, 13 de novembro de 1942

Meu querido Venâncio,

Confirmo o telefonema de ontem. Devo partir, pela Litorania, no dia 23 (2ª feira). Espero estar aí às 20 horas, se não houver atraso. Não se esqueça do que lhe pedi e é para mim importante: reservar quarto no Natal-

Hotel, para o dia 23, à noite (a partir das 20 horas) e obter-me reserva de passagem de volta para o dia 27 (6ª feira), pelo mesmo trem (Litorania). Sei que há dificuldades: daí o pedido com essa antecedência.

As provas para o brevet, realizam-se no dia 19: já obtive permissão para fazê-las, apesar de ter ultrapassado o limite de idade (25 anos), desde que tenha laudo favorável na inspeção de saúde. Se for desfavorável, não poderei fazer as provas nem receber diploma, embora habilitado para pilotar três tipos de avião (Piper, Taylor e Stirson). Em todo o caso, foi-me útil a experiência e já consegui, – o que nunca esteve nos meus planos, – tomar um avião e levantar vôo com a responsabilidade exclusiva do comando.

Adeus. Lembranças aos seus e um grande e saudoso abraço do

Fernando

São Paulo, 2 de setembro de 1943

Meu querido Venâncio,

também eu lamentei muito não ter tido, desta vez, bastante tempo para conversarmos. Não foram as aulas que me fizeram voltar no mesmo dia em que você chegou, mas os meus compromissos com o Octalles, relativos a um dicionário. Depois de terminado este trabalho que as circunstâncias me levaram a tomar, penso apenas em descansar recolhendo-me a uma vida de estudos e de reflexões, sem outro objetivo que não o de atender às necessidades de meditação. Uma espécie de retiro espiritual, sem cuidados e sem projetos. Sinto uma necessidade, profunda e imperativa, desse recolhimento, para encontrar-me comigo mesmo, fazer um rigoroso exame de consciência, e adquirir um melhor conhecimento de mim mesmo, afim de me dominar, dos homens, do coração e das paixões humanas.

A carta que me escreveu e com a qual tanto me confortou, dando-me sua opinião sobre *Cultura Brasileira*, e a guardarei, como as demais, no arquivo dos meus mais caros documentos, não só pelo que me exprime, de sua fraternal amizade, mas também para reler, nas horas de desânimo. Dei-a a ler aos de casa, que se mostraram contentes com o seu julgamento. Todos eles sabem que, de todos os meus amigos, foi você que acompanhou com mais interesse a elaboração desse livro, estimulando-me e auxiliando-me, com suas sugestões e críticas e com o material, – livros, jornais e revistas, que lhe foi possível por-me à minha disposição. Estou empenhado em obter mais uns 5 exemplares dessa obra para distribuição a críticos, e, entre estes, a algum do Rio que você me faria o favor de indicar. Penso em mandar um ao nosso Dr. Jonathas Serrano que foi sempre extremamente gentil para comigo, tendo-me enviado, a meu pedido, alguns livros de sua biblioteca que me foram de grande utilidade. O Almeida Junior, que é muito sóbrio e ponderado nos seus julgamentos, manifestou se com entusiasmo a respeito da obra que classificou de "monumental".

Fazendo votos pelo seu completo restabelecimento e pedindo nos recomende a todos os seus, abraço-o com saudade e gratidão,

Fernando

Rua Bragança, 55

P.S. Estou já em entendimentos com o Octalles sobre a publicação de uma "Enciclopédia Brasileira", em 15 volumes, confiados a 15 especialistas e de acordo com o plano de "A Cultura Brasileira", e sob minha direção. Nada ainda resolvido.

São Paulo, 4, setembro de 1943

Meu caro Venâncio,

duas palavras apenas por hoje, escritas da Comp., como vê, e para lhe dar uma notícia que lhe agradará certamente. O Octalles aceitou a proposta da publicação de uma obra em 15 tomos, segundo o plano de *A Cultura Brasileira* e redigida por especialistas. O título *Enciclopédia Brasileira* pareceu-nos um pouco ambicioso. Talvez seria melhor o de *História da Cultura do Brasil*, de que *A Cultura Brasileira* ficaria, por seu plano e por seu subtítulo (Introdução ao estudo da cultura no Brasil), como que a introdução. Essa obra, escrita em colaboração por 15 ou mais especialistas, seria realizada sob minha orientação e minha responsabilidade, cabendo-me além da direção geral, a introdução que seria publicada no 1º Tomo, correspondente ao 1º Capítulo, "O País e a Raça", de meu livro.

Além da questão do título, há outras que reclamam um exame atento, antes de se iniciarem os trabalhos e de fazermos os convites, que serão acompanhados do plano geral, da distribuição da matéria e de sua justificação. Por exemplo: a da divisão da obra que, a meu ver, deve ser de 15 Tomos, podendo alguns deles abranger dois ou três volumes. "A cultura artística" (um dos capítulos de meu livro) não podia ser confiada a um só especialista: ela compreende especialidades muito diversas que devem ser tratadas por autores diferentes. O Tomo IX (A cultura artística) abrangeria três volumes: 1) Arquitetura (José Mariano Filho), 2) Artes plásticas (ou outro título), para o estudo da pintura, escultura, cerâmica, etc. que seria confiado, por exemplo, ao Mário de Andrade; 3) Música, a cargo do Mário de Andrade ou de Renato de Almeida, ou ainda do Prof. Azevedo, Prof. e ex-diretor do Instituto Nacional de Música.

Aliás, são poucos os tomos que, como este, exigiriam um desdobramento pela extensão e complexidade da matéria. Outra questão: a dos especialistas. Se lhe for possível, mande-me com urgência uma lista de dois outros nomes para cada um dos tomos correspondentes a cada capítulo do livro, menos para "A cultura científica" que será confiada a você, o mais indicado para escrever esse volume, certamente dos mais importantes da edição. Quanto aos capítulos da II Parte lembrei-me do Milton Rodrigues, do Afrânio Peixoto e do Lourenço Filho, distribuindo-se, entre estes e mais dois, os cinco volumes que correspondem a uma história da educação no Brasil. Escreva-me logo. É preciso agir depressa porque o tempo é pouco e as solicitações, para todos, são muitas e em direções muito diversas. Os escritores, convidados, teriam o prazo de dois anos para entrega dos originais. Dois anos, no máximo, — o tempo ou pouco mais do tempo que levei a escrever esse trabalho, que lançado a mais de 3 semanas, ainda não mereceu uma referência em jornais ou revistas.

Adeus. Escreva-me

Do sempre seu

Fernando

São Paulo, 22, novembro de 1943

Meu querido Venâncio,

nunca tive dúvidas de que sou lembrado diariamente por você, em suas palestras com amigos, em suas recordações e em seus planos. Essa segurança provém, no entanto, menos das provas dessa atenção constante, com que sempre me distinguiu, do que da observação de que ambos temos uma mesma concepção de amizade e sentimos quase do mesmo modo e em reações muito semelhantes tudo o que nos toca o coração. Ora, você sempre esteve entre os ausentes que vivem mais dentro da minha intimidade, em nossa casa, nas conversas com os meus, e por toda a parte, com amigos e estranhos com quem venho a travar relações e que logo lhe são apresentados, pelas minhas referências e pelas minhas recordações, sempre carregadas do pensamento e da saudade do amigo distante.

Obrigado pelo recorte, que me mandou, do *Jornal do Comércio*. Já tenho lido muitas notas e comentários ao livro; mas, a não ser o seu artigo, para Cultura Política (aliás sobre a 3ª parte); e mais uns dois outros, como o artigo do Roger Bastide, no *Diário de São Paulo*, de 1º de outubro (excelente trabalho), são, pelo geral notas bibliográficas, às vezes, interessantes e bem lançadas, outras, feitas de atropelo. Não pude encontrar ainda o artigo do Frota, em que nº do Jornal do Brasil terá saído? Fico muito satisfeito por saber da opinião do Afrânio e aguardo com prazer as notícias da sessão da A.B.E. sobre o livro. Muitas coisas teria para lhe contar e sobre que conversamos, mas ficarão para a oportunidade do primeiro encontro. A Livia teve uma filhinha, — saudável, forte e bonita criança, a que deu o nome de minha santa mãe, Sara, e que todos já visitamos. Os pais, encantados, os avôs, contentes. Diga-me a Da. Dina que já tenho uma netinha... Venha logo a S. Paulo: não gosto de projetos vagos...

Adeus. Com um saudoso abraço do amigo que ainda não voltou a si da emoção causada pela sua resposta-relâmpago,

Fernando

São Paulo, 15 de janeiro de 1945

Meu querido Venâncio,

Sim, você tem em parte razão quando se refere ao meu espírito de desconfiança e nele reconhece um "ponto fraco", que eu devia combater e com que você não pode conformar-se. Já tenho refletido sobre esse defeito, que é um entre muitos esquecidos pela sua bondade e em que vejo uma fonte de mágoas e de sofrimentos. Mas, se você se lembrar do que foi a minha mocidade rude e laboriosa e do que tem sido a minha vida de lutas em que só encontrei, para me consolar das injustiças, tantas vezes grosseiras e desmarcadas, dos homens, as amizades que tive a fortuna de conquistar, você verá nesse defeito um instinto de reação de defesa, sem dúvida vigilante e alerta demais... A essa desconfiança que tem suas raízes no meu temperamento e na minha sensibilidade, a vida com suas duras desilusões, longe de enfraquecê-las, ou de abafá-las, deu força, para se enroscarem, tolhendo-as às vezes, às minhas próprias afeições.

Não sei como não acabaram essas dúvidas por matar no meu espírito os sonhos brilhantes e generosos que me animavam a mocidade. Além dessa desconfiança que você tão justamente apontou, há outras coisas que têm concorrido senão para me arrebatar a alegria de viver, ao menos para carregar freqüentemente de sombras e de inquietações, meu mundo interior em que o sol aparece poucas vezes. Não tenho o gosto da vida fácil que tudo amolece e nivela, mas que, numa concepção burguesa, é a metade da felicidade, nem o ceticismo que engendra uma aparente amabilidade e não é senão uma das formas de desprezo. A procura de um ideal sempre inatingível, a impetuosidade na ação, a fidelidade intransigente às convicções, a sinceridade radical e uma sensibilidade quase doentia aliada a um espírito crítico aplicado constantemente ao conhecimento de mim mesmo e do coração humano, não me deixaram lugar para as grandes alegrias que mal surgem, já se vão enevoando nas cerrações. Extremamente sensível ao poder sugestivo das coisas e das felicidades que vêm como a música percebida ao longe, vagamente, nunca foi nos triunfos que encontrei minhas alegrias mais profundas, mas no culto da amizade, no repouso da consciência, sob a luz crepuscular, nos mistérios do coração e no recolhimento dos estudos.

Não será por isto que sou um trabalhador vespertino? Felizmente, a despeito desse temperamento tão difícil de se contentar ou talvez por causa dele, pude assistir a duas guerras mundiais, a mais de uma revolução que desnorteou os espíritos, tomar parte em batalhas de idéias e entrar no fogo das lutas para inserir o ideal no real, sem perder, mas antes guardando intacta a minha personalidade, com todos os seus impulsos para o ideal, em todas as suas contradições interiores, com a sua sede inextinguível de amor e de compreensão. Além disso, que felicidade maior do que as amizades que o destino me reservou e de que são ainda testemunhos recentes a dedicação incomparável do Abgar no caso da Faculdade, a conspiração tramada por você, pelo nosso Teixeira de Freitas e pelo José Carlos Macedo Soares no sentido de obter para o autor de *A Cultura Brasileira*, o prêmio Machado de Assis e agora a sua carta, em que você me acode em minhas últimas aflições com toda a delicadeza de sua amizade fraternal. Você tem razão: é preciso considerar também, sobretudo na hora difícil, os aspectos amáveis da vida.

Não projetava escrever-lhe a carta, sombria e triste, que lhe mandei. Foi um desabafo, uma dessas confidências que o coração exigia e a que você se terá habituado. Agradeço-lhe a prontidão com que me respondeu e, particularmente, tudo o que a sua dedicação lhe sugeria para me levantar o espírito atribulado. Escreva-me sempre. Não recebemos ainda notícias nem do Murilo e da Lollia nem do Fábio. O casal não sei se já se instalou no seu apartamento em Copacabana ou se está em algum hotel. Tudo isto nos preocupa, juntando-se a falta de notícias à solidão em que nos deixou a ausência dos filhos. Tenha o maior cuidado com sua saúde e aproveite a oportunidade das férias para um descanso.

Com as nossas recomendações aos seus, um saudoso abraço do

Fernando

São Paulo, 10 de abril de 1945

Meu caro Venâncio,

agradecendo-lhe as felicitações que me mandou pelo dia 2 e as palavras amigas que lhe inspirou o coração, quero antecipar os meus votos pelo dia 14, acompanhados de um abraço fraternal e carregado de saudades. Estarei presente em espírito, – e de viva voz, ao menos por alguns instantes, quando lhe falar por telefone, – nesse dia que, sendo o de seu aniversário, é uma data de família e dos que nos são mais caros. Se com os votos, sinceros e ardentes, podemos obter graças, dádivas ou bênçãos e se os desejos podem influir na trama do destino tecida por dedos misteriosos, a tarde, em que já começam a cair as sombras do crepúsculo será, na sua vida, uma hora tão longa, tranquila e fecunda que você será tentado a escrever um novo elogio da velhice e todos que o ouvirem falar nos encantos próprios da idade, terão vontade de envelhecer...

Não sei se conhece o De Senectude (tratado da velhice) de Cícero. É um livro encantador, que convém ler e reler como uma preparação espiritual na idade madura. Foi, – parece-me, – Montaigne que disse, ao terminar a leitura dessas páginas, que com elas se sentia o desejo de envelhecer: "On sent l'appétit de vieillir". É certo que, segundo nos mostra Cícero, todas as idades têm os seus encantos e os seus prazeres e o mal está em quererem os homens, em vez de se adaptarem a cada estação da vida, prolongar na idade madura ou já com os cabelos brancos as alegrias da mocidade. Não acha você que há tardes, na existência humana, tão belas como as madrugadas das mocidades felizes? Precisaria o homem de uma escola para aprender também a envelhecer? Talvez; mas, criada uma instituição dessa ordem ficaria às moscas; os homens prefeririam, sem dúvida, os laboratórios de rejuvenescimento, como os Voronoff e quaisquer outros que lhe acenassem com a esperança do retorno à mocidade distante... Mas afinal somos tão moços ainda para nos preocuparmos com estes problemas e teremos certamente a sabedoria de quando atingirmos a idade, procurar nela o que nos pode dar, com os prazeres da leitura, da meditação e do contato mais íntimo com a natureza, os amigos, os nossos filhos e os filhos de nossos filhos.

Se lhe agrada (como poderei deixar de atender a desejos seus e no dia de seu aniversário?), farei a conferência de 15 de agosto, em S. José do Rio Pardo. Mas com uma condição: a de você pensar sobre o assunto e fornecer-me – você o mais entendido em Euclides, – as indicações e o material necessário para o estudo do tema escolhido. Não gostaria de repetir-me a mim e aos outros. Se há um assunto bem explorado, em nossa literatura, esse é a obra de Euclides. Dirá você que é inesgotável ou, ao menos, ainda não se esgotou. Mas eu nunca refleti bastante sobre a sua vida e a sua obra para poder esperar ser novo ou original depois de tantos ensaios, artigos e trabalhos publicados. A correspondência de Euclides, essa me seria indispensável. Escreva-me logo. Já respondi a A.B.E., aceitando o convite para participar dos trabalhos do Congresso e prometendo mandar até 1º de maio a tese, provavelmente sobre "conceito e os objetivos da educação democrática". O Pedro Gouveia já voltou para o Rio: conversamos várias vezes sobre o momento.

Adeus. Escreva-me. Agora, há um motivo especial para não demorar suas respostas: a conferência. Se não... Até fins de abril ou meados de maio.

Com as nossas recomendações a todos, um grande e saudoso abraço do seu de sempre

Fernando

Em tempo: Já me ia esquecendo, nesta carta escrita a todo vapor (daí, se não tiver outra explicação, o seu desalinho) de lhe dizer que tive uma longa palestra, de três horas, com o Octavio V. Vasquez, ex-Ministro de Educação no México. Logo que chegou a S. Paulo, exprimiu os seus desejos de me conhecer e de conversar comigo. Visitei-o, ao saber por amigos da vontade que manifestou; almocei com ele no dia seguinte, em companhia de outras pessoas, a convite do Noé de Azevedo, e sábado, passamos a manhã juntos. Foi gentilíssimo para comigo. Fiquei surpreendido pela atenção especial que me deu e pelo interesse com que procurou ouvir-me e pela franqueza com que me falou. É um homem encantador, muito inteligente e culto, idealista que tem os olhos no alto e o pé na realidade.

Mande dizer-me se está bem escolhida a tese que tomei, para relatar, no Congresso. Não sei como poderei reduzir o que penso e tenho a sugerir, a cinco páginas datilografadas. Será um resumo apertadíssimo. Ainda quanto a Euclides, é preciso estudá-lo sob um aspecto novo e trazer, para o esclarecimento de sua obra, uma contribuição original. É difícil: daí, minha preocupação. Se tivesse pensado nisto, teria tomado minhas notas quando voltei a ler a obra de Euclides para escrever *A Cultura Brasileira*. Adeus. Escreva-me. O Pascoal não me respondeu a minha última carta, limitando-se a comunicar-me por telegrama que você me escreveria sobre o assunto.

Abraços do

Fernando

São Paulo, 3 de junho de 1946

Meu querido Venâncio,

Só ontem me chegou às mãos a *Revista de Educação Pública*, de outubro-dezembro, de 45, que traz seu artigo "Monteiro Lobato e a Literatura Infantil" e algumas fotografias de nosso Instituto de Educação. Muito me agradaram as páginas que você escreveu sobre Monteiro Lobato, como escritor para crianças, e a contribuição notável que trouxe à literatura infantil, no país, sobretudo com suas obras originais. Observações lúcidas e exatas. Trabalho bem documentado. Não vejo ainda, entre os que têm tentado o gênero, nenhum escritor capaz de lhe recolher a herança e continuar o movimento que inaugurou. Excelentes, os aspectos de nosso "Instituto". Esse nº 12, do vol. III da Revista, dá bem idéia das atividades e das realizações da administração Azevedo-Gabaglia, da qual você fez parte e que com admirável espírito público, eficiência e brilho, prestou, em tão curto período, tão grandes serviços à educação.

Não quero também deixar de agradecer as referências ao meu nome que as administrações anteriores, do período posterior ao Anísio, e, portanto, a partir de 35, persistiam em manter ignorado ou negar na própria revista (Boletim de Educação Pública, – foi o nome com que saiu), que foi uma de minhas iniciativas. Em todas essas manifestações de simpatia, sinto a presença cativante de sua amizade, sob cuja inspiração devem ter saído essas alusões a um nome, incompreendido, negado e hostilizado. Fico-lhe muito agradecido. Afinal, posso dizer com Vieira, já no fim de minha vida, que "em servir à minha Pátria fiz o que lhe devia, e ela em me ser ingrata fez o que costuma". O discurso do Sr. Jonas Correia, quando transmitiu o cargo ao Gabaglia, é um modelo de suficiência e de presunção. São uns pobres de espírito! Discurso inteiramente oco e vazio de idéias. Aquela afirmação de que a sua obra "foi abençoada por Deus", é de provocar a hilaridade... Que juízo esses *crentes* fazem de Deus o Ser Supremo, a inteligência perfeita, o Supremo matemático e arquiteto, criador de todas as coisas, onisciente e onipotente, segundo a concepção católica? Será que esse Deus não conhece o que foi essa administração e foi urdido pelo gênio do Sr. Jonas Correia, que não chegou a enganar-nos a nós, pobres mortais? Mande-me notícias de sua saúde. Adeus.

Do seu, de sempre

Fernando

São Paulo, 7, junho de 1946

Meu querido Venâncio,

Já lhe havia escrito a três ou quatro dias, quando recebi sua carta, de 4 do corrente, ainda pela mão do nosso caro Fernando, a quem agradeço. Soube pelo Frota que o visitou, – e as suas palavras me confirmam, – estar você melhorando e em via de completo restabelecimento. Que a provação é dura e realmente difícil de suportar, sobretudo por causa do repouso prolongado e por não poder ler e escrever, não há sombra de dúvida. Eu o compreendo, – e, pode estar certo, – avalio o grande sacrifício que faz, com a submissão indispensável às determinações do médico e o tratamento rigoroso a que se submeteu. Mas, como esperamos, tudo há de passar e não tardará você a voltar à vida normal, para proveito do Brasil e alegria de todos.

    Fiquei muito satisfeito por saber que já ditou o seu discurso de paraninfo e sinceramente agradecido por se ter lembrado, nele, de seu amigo e companheiro de ideais e de lutas. Quando se restabelecer e se levantar, já terá prontos, além desse trabalho, os sumários das conferências que pronunciara em Montevidéo. O Lobato partiu hoje, de mudança, com sua família, para Buenos Aires. Soube pelos jornais. Não tive dele qualquer aviso nem uma palavra de despedida! Acredito que se mudará brevemente para S. Paulo... O Lobato é assim; desconcerta e desorienta a todos, sendo sempre o mesmo. Não duvido que qualquer dia, destes próximos meses, rebente de novo em S. Paulo, dizendo cobras e lagartos da Argentina, que agora declarou ser o clima da liberdade e quase o melhor recanto do mundo! Cá e lá, más fadas há... Das últimas notícias, a que mais me contentou foi a do convite que teve o Anísio para assistente cultural do Huxley na UNESCO e com que mais honrado do que ele ficará o Brasil que irá representar com seu grande talento e cultura.

    Escreva-me sempre. Recebi ontem os 2 exemplares, que me cabiam, da 2ª edição em espanhol de "Sociologia de la Educación". Apresentação material, excelente.

    Com um afetuoso abraço do seu de sempre

Fernando

São Paulo, 10 de maio de 1931

    Meu caro Dr. Frota*

    Obrigado pela pronta resposta à minha carta. Pude, devido à sua gentileza, remeter afinal a carta para o secretário geral da A.B.E., cujo endereço agora somente, pelo amigo, me foi possível obter. Tenho recebido com regularidade o *Diário de Notícias*, cuja "página de educação" é minha leitura de todos os dias. Admiro cada vez mais Cecilia Meirelles, que é, hoje, uma das mais fortes inteligências, no Brasil, a serviço dos novos ideais de educação.

---

* José Getúlio Frota Pessoa (1875-1951): cearense que viveu no Rio de Janeiro cerca de 40 anos; bacharel em Direito; advogado; antigo Secretário do Interior no governo Rabelo, do Estado do Ceará; Secretário Geral da Diretoria da Instrução Pública do Distrito Federal (1926 – 1930) e depois Subdiretor Administrativo da Diretoria Geral da Educação no Distrito Federal; poeta, jornalista e educador.

A sua entrevista com o Raul de Farias é, de fato, um primor de sutileza, de malícia e de ironia. É uma página literária, admirável sob todos os aspectos. Não me satisfiz em a ler uma vez. Voltei a relê-la hoje. É notável. Mas com a satisfação que tive em admirar essa inteligência, veio-me a tristeza da lembrança de que, pouco e mal compreendida talvez no magistério, e disputada pelo jornalismo, se deixe absorver demais pelas atividades de imprensa. A sua sensibilidade artística, a sua capacidade de observação e de análise, o seu poder evocativo, e a sua ironia sutil e ferina a tornam, educadora e artista a um tempo, jornalista e professora, uma das forças mais eficazes e brilhantes na campanha pela educação nova, de que ela tem a intuição profunda e o sentido exato.

Da entrevista de Cecília passei para o seu artigo sobre o decreto relativo ao ensino religioso. Excelente. Vivo, ágil e enérgico, preciso de idéias e irrespondível, na dialética. Já lhe disse, e tenho prazer em repetir-lhe que gosto imensamente da sua maneira direta e incisiva de escrever, própria de quem vê claro, sempre tem o que dizer e vai direto ao assunto, ao âmago da questão, sem receio de se comprometer, como sem o perigo de contradizer-se. Amigo das atitudes definidas, coerente consigo mesmo e com as suas convicções, que impõe ao respeito de todos, é o meu caro amigo, embora não o queira, – sem o querer e sem o sentir, – um dos *leaders* da educação no Brasil, em que o seu prestígio moral, a sua autoridade na matéria, a força de seus princípios, a energia de sua atividade e as próprias circunstâncias já indicaram a permanência nos postos de comando e na direção da campanha da educação.

Continua a preocupar-me seriamente a situação do Brasil, ainda confusa e incerta. Escreva-me sempre. O Mauricio de Lacerda, que diz a respeito? No horizonte, que me parece sombrio e carregado, preferia que aparecessem rasgando-o e iluminando-o, alguns relâmpagos fortes e prenunciadores de tempestades...

Não é com a pirotecnia barata dos fogos de artifício, de decretos tendenciosos, de passeatas políticas e discursos vazios que se conseguirá clarear uma atmosfera negra e pesada de nuvens. Faltam homens. Por toda a parte. De norte a sul. Faltam lutadores e adversários. O país se equilibra por um "sistema de fraquezas"...

Escreva-me. Do muito seu, com um grande abraço

Fernando de Azevedo

Tive de interromper a entrevista que vinha escrevendo para o *Diário de Notícias*. Espero, porém, reatar o trabalho para concluí-lo por toda esta semana. Mandarei por seu intermédio.

São Paulo, 9 de outubro de 1931

Meu caro Dr. Frota

Pareceu-me que afinal ganhamos a primeira vitória, depois da revolução. O Anísio, logo depois de ter aceitado o convite, teve a gentileza de me telefonar, penso só para comunicar-me a disposição firme em que está de continuar a obra iniciada com a reforma, como para me dizer que convidara o Venâncio para sub-diretor-técnico. Cativaram-me e tocaram-me muito esse gesto e as palavras com que ele me reafirmou a sua simpatia e a sua inteira solidariedade relativamente aos ideais da reforma, para que teve expressões de grande entusiasmo e respeito. O Anísio é uma solução excelente, e tenho a impressão de que ele, auxiliado poderosamente pelo sr. de um lado, e do outro lado, pelo Venâncio, reencetará o período de realizações educacionais, interrompido pela revolução.

Fiquei verdadeiramente satisfeito, e uma grande parte de minha alegria foi também pela satisfação que essa solução do caso devia trazer-lhe, restabelecendo-lhe a confiança nos homens e o entusiasmo que as decepções já iam... Parabéns ao nosso Brasil, em cuja capital se reacendeu o foco de idealismo, quase extinto. Não sei se leu uma entrevista ou melhor uma palestra que tive com o Nobrega, por telefone, e que ele reproduziu no *Diário de Notícias*. Por ela verá a satisfação que me trouxe a solução desse caso; tinha dito ao Nobrega que o Theodoro Ramos, convidado, não aceitaria, ao meu ver. Tinha razões para pensar assim. Foi o que se deu. E citei então os nomes que ali vêm indicados, o seu, o do Lourenço e o do Anísio.

Quanto à questão do ensino religioso, nas escolas, o que sei, é pouco. Tenho evitado falar, no caso, ao Lourenço que também não me tem tocado no assunto. Não acredito nem admito a hipótese que o decreto tenha sido de sua iniciativa. Mas, o decreto foi expedido e o ensino religioso parece estar sendo praticado em escolas. O Lourenço, que não pode ter tido a iniciativa e que de certo não tem a responsabilidade do decreto, parece-me ter transigido com o governo de S. Paulo. *Antes de ser baixado o decreto*, e quando já se falava no regulamento que o governo tinha em preparo, falei ao Lourenço sobre o assunto, mostrando-me *irredutivelmente, intransigentemente* contrário ao ensino religioso, nas escolas. Ele concordou comigo. Seria um absurdo. Mas veio o decreto, e, com ele, o movimento pelo ensino religioso, que ouço também dizer estar sendo dado em escolas. As escolas distribuem pequenos papéis impressos, para os pais encherem, declarando que querem o ensino religioso para os filhos. Não sei, porém, o que se está passando dentro das escolas. Eu acho que ele não devia transigir. Mas não quero voltar a falar no assunto, para não o deixar constrangido ou magoado. Fiz, na ocasião oportuna, o que me cabia fazer.

Se lhe parecer que lhe devo falar novamente voltarei à carga. Mas esse caso me aborreceu bastante. Guardarei, como pede, reserva absoluta em relação a sua carta e às suas palavras sobre o assunto. A situação, aqui, afigura-se-me ainda confusa. Devo fazer no dia 12 a conferência "O problema da saúde e a escola nova". Vou mandar uma cópia a Cecília Meirelles, por seu intermédio, para o *Diário de Notícias*. Incomodo-o assim, mais uma vez, porque desejaria que o sr. a lesse, antes de a dar ao Diário. Habituei-me a dar minhas conferências, para as ler e julgá-las, antes de as remeter para a imprensa. Mande-me a sua opinião. A conferência é longa (mas creio que será a última) e pode ser publicada em 3 ou 5 partes. O Zopyro Goulart não deixará de lê-la: é um assunto que sempre nos interessou muito. Estudo, nela, os dois pontos de vista, apresentados no Rio, pelo Anísio(?) e pelo Zopyro.

Adeus, meu caro amigo. Recomendações aos seus, e um grande e afetuoso abraço de felicitações

do Fernando de Azevedo

São Paulo, 14/out./31

Meu caro Dr. Frota

Já lhe escrevi comunicando-lhe a satisfação e o alento que me trouxe a nomeação do Anísio. A demora em ser lavrada essa nomeação preocupou-me bastante. A carta de Anísio, escrita sábado ou domingo, me esclareceu sobre a situação, criada pela pressão que se pretendia exercer sobre ele para a conservação do atual sub-diretor-técnico. Leio, porém, hoje, com alegria a notícia de que foi afinal lavrada a nomeação do Anísio e, portanto, resolvida a crise, que se desenhara e que ele soube enfrentar com tanta firmeza e decisão. Acompanhei-os, de perto, todas as horas e todos os instantes, nesses dias de ansiedade e apreensões até à vitória final, conquistada valorosamente por esse grupo admirável, a cuja frente sempre se manteve, de idealistas fiéis aos nossos ideais comuns de educação.

Fiquei satisfeito por sabê-lo disposto a consagrar novamente todas as suas energias à defesa e ao desenvolvimento progressivo do vasto plano de reformas educacionais projetados e traçados na reforma de 1927. Sinto restabelecer-se a confiança no êxito completo da obra, confiada a homens de espírito novo e de capacidade realizadora, que tem, a apoiá-los, esse grupo pequeno, como disse em sua carta, mas sinceramente fiel, que soube resistir heroicamente a todas as tentativas de demolição da obra comum. Agradeço-lhe as generosas palavras de sua carta. Devemos trocar-nos parabéns. Mas essa própria energia, que o sr. aplaude em mim, essa fidelidade constante aos nossos ideais, essa atividade sem desfalecimentos na defesa da reforma, da onde extrair a sua força senão das energias morais que se condensaram nesse pequeno, mas extraordinário núcleo de resistência, até hoje invencível e inacessível a toda a espécie de investidas, escaramuças e bloqueios?

Não sei se leu uma carta minha que escrevi ao Venâncio, dirigindo-me aos três, a ele, ao sr. e ao Anísio. Ainda há dias respondi-lhe também a última carta em que abordava o caso da regulamentação do ensino religioso, em S. Paulo. Cerremos fileiras. A vitória cabe sempre (parece-me que o disse um general japonês) àqueles que resistem até o último quarto de hora. Muitas vezes deixamos escapar-nos a vitória das mãos, por desanimarmos de a obter momentos antes de conquistá-la.

A constância... Ainda não se fez o elogio dessa virtude. Mas, já se disse que o próprio gênio é a paciência. Eu confio cegamente naqueles cuja energia cresce na proporção das dificuldades. Esses, vencem sempre. É por isto que nós venceremos. Essa vitória, que se ganhou, não é total, mas abre perspectivas para a grande batalha campal, para que é preciso arregimentar todas as forças. O sr., que é homem feito para o comando e para a luta, faz parte desse "estado maior", que organiza a batalha decisiva, que se dará mais cedo mais tarde, pela educação nacional. Vigiar sempre, porque o inimigo não dorme e pode surpreender-nos, desprevenidos, nas horas raras de tréguas. Não transigir, sobretudo.

Recebeu o exemplar que lhe mandei, em carta expressa, de minha conferência, para o *Diário de Notícias*? Escrevo hoje ao Zopyro Goulart uma carta que vai com o seu endereço e que peço a gentileza de fazer chegar às suas mãos. O Anísio escreveu-me uma linda carta, um dia destes. Respondo-lhe hoje. Mande-me o seu artigo para o Boletim. A palavra sua é indispensável. Do muito e sempre seu gratíssimo

Fernando de Azevedo

São Paulo, 18 de outubro de 1931

Meu caro Dr. Frota

Tenho passado estes dias com o pensamento constantemente voltado para aqueles que, com o sr. a frente, trabalharam e lutaram comigo, sob a inspiração dos mesmos ideais. Participando das alegrias que lhe deve ter trazido a vitória obtida com a nomeação do Anísio, não deixei o entusiasmo expandir-se tanto que me perturbasse a visão das lutas subterrâneas, das inquietações, sobressaltos e contrariedades, de que ela resultou.

Foi grande e profunda a minha satisfação com esta vitória, cujo alcance e cujo significado se esclareceram à luz viva e intensa do discurso e das entrevistas do Anísio. Mas, por maiores que fossem as minhas alegrias, não podia deixar de ter meus dias de apreensões, pressentindo, através dos fatos culminantes desse episódio, os sofrimentos dos amigos, nos períodos agitados da luta, que teve desfecho tão brilhante.

Não recebi carta sua, na semana que passou. Escrevi-lhe, no entanto, enviando uma carta a Zopyro Goulart, por seu intermédio, e a conferência sobre "a saúde e a escola nova", para o *Diário de Notícias*. Não sei se, na agitação desses dias, lhe sobrou tempo para a sua leitura. Mas tenho certeza de que a lerá, para me dar a sua opinião, na primeira oportunidade. Escrevendo ao Zopyro, solicitei-lhe também o seu pensamento a respeito da maneira e dos termos em que coloquei o problema fundamental da saúde, nas escolas. É assunto de sua especialidade. Espero dar o meu livro *Novos Caminhos e Novos Fins*, nos últimos dias de novembro, para ser lançado no Rio, por ocasião da 4ª Conferência Educacional, projetada para 13 de dezembro.

Entre as alegrias que tive, não posso deixar de destacar as que me trouxe a notícia da nomeação do Paschoal Leme e do Mauro (?) Gomes (?), para secretário e oficial de gabinete do nosso querido Anísio. São dois auxiliares de primeira ordem: capazes, íntegros, discretos e dedicados. Dificilmente teria encontrado iguais. Conheço-os, na intimidade, constante do trabalho de todos os dias, em quase quatro anos. E, como sabe, sou exigente. O Anísio deverá ter um cuidado extremo na escolha do diretor da Escola

Normal e de escolas profissionais, ao menos de algumas, demonstrar que, como sabe, estão confiados a pessoas absolutamente incapazes e sem idoneidade. Ele não fará da Escola Normal o que pretende, o que deve ser feito, de acordo com a reforma, e o que disse na admirável entrevista, se não colocar, à frente da escola, um "grande diretor".

Não me prolongarei mais. Pediu-me um dia destes informações sobre a atitude do Lourenço Filho em face da questão do ensino religioso das escolas. Escrevi-lhe a respeito, dizendo-lhe o que sabia e fazendo sentir que me repugnava admitir a hipótese de ser de sua iniciativa, ou ter segura a sua aprovação, o decreto com que se regulamentou aqui o ensino religioso. Esse decreto, no entanto, estava sendo executado. Envio-lhe hoje uma notícia da instalação do Congresso Católico de Educação. Dela se conclui que o decreto está, de fato, sendo executado, como me parecia, por ouvir dizer, e com a aprovação integral do Lourenço.

Não tenho passado bem de saúde. Nem me preocupo com isto. Parece-me que a minha missão já está concluída. O governo, confiando no Anísio Teixeira a realização da obra educacional, planejada na reforma, confiou esse depósito da nova política de educação a um depositário, capaz não só de conservá-lo, como também de enriquecê-lo. E se ele tiver, como peço e desejo, a dedicação com que o sr. me honrou, a sua força se multiplicará. Trabalharemos com ele, para ele, por ele. Escreva-me logo. E o seu artigo para o *Boletim*?

Adeus. Um grande abraço, de afeição, de saudades e de parabéns do sempre seu

Fernando de Azevedo

São Paulo, 28 de outubro de 1931

Meu caro Dr. Frota

Já lhe havia escrito anteontem, quando recebi a sua última carta, de 22 de outubro. Pergunta-me quando aparecerei, pelo Rio? Estava, há dias, pensando nessa viagem, que lhe parece também oportuna e interessante. Comunicando-lhe o propósito, em que estou, e sobre o qual peço guardar reserva, de ir ao Rio, por todo o mês de novembro (talvez pela primeira quinzena), peço-lhe adiar as suas férias para dezembro, ou melhor, para depois dessa viagem. Compreendo que deve estar fatigado, e, por isto, necessitado de um descanso de alguns dias; mas, não gostaria de ir ao Rio sem ter o prazer de vê-lo e ouvi-lo todos os dias.

Daí, o pedido que lhe faço de não entrar já em férias, a menos que pretenda passá-las todas, aí mesmo, no Rio. A atitude do Lourenço em face da questão do ensino religioso, nas escolas, desconcertou-me e entristeceu-me, sobretudo, diante da notoriedade que lhe deram, acentuando-a, e sublinhando-a, a sua presença constante e a moção de aplausos votada nas sessões do Congresso Católico de Educação, que se encerrou ontem. A minha surpresa foi tanto maior quanto me parecia ele de opinião radicalmente contrária, como ele me o declarou várias vezes, no decreto sobre o ensino religioso.

Não compreendo. Mas, como o sr., lamento profundamente essa atitude que trairia aos interesses da educação. A laicidade da escola pública é uma conquista moderna, que consulta os próprios interesses da religião. Não querem, porém, compreendê-lo aqueles que dirigem esse movimento de reivindicações religiosas, reabrindo para questão que, no interesse geral, já estava inteiramente liquidada.

Adeus. Escreva-me. Um abraço afetuoso do muito seu

Fernando de Azevedo

Em tempo: O Jorge, meu primo e amigo, escreveu-me pedindo-me que me interesse pela sua reintegração no cargo de que foi inesperadamente alijado e que afinal era o modesto lugar de escriturário. Parece-me legítima e justa a sua pretensão. Nunca soube dos motivos que determinaram a sua demissão. Atribuída por todos a uma represália. Veja, por obséquio, o que é possível fazer por ele. Não me acho com o direito de fazer ao Anísio qualquer pedido. Deixo o caso em suas mãos. Sei que fará por ele o que for justo e possível e o sr. sabe que me penhorará muito com essa nova prova de amizade. Essas coisas devem ser feitas com prudência, segurança e discreção. Por isto dirijo-me ao sr. que deve estar ao par da situação e sabe os meios de encaminhá-la a uma solução satisfatória. Dir-me-á, por favor, o que pensa com toda a sua nobre e admirável franqueza.

Do muito seu

Fernando

São Paulo, 5 de dezembro, 1931

CONFIDENCIAL

Meu caro Dr. Frota

Apesar de não nos vermos já há mais de 15 dias e lhe ter escrito, como aos amigos mais chegados, do Rio, não recebi ainda nenhuma carta nem notícias suas. Atribuo esse silêncio tão generalizado e tão profundo aos encargos e às ocupações crescentes de todos, novamente empenhados agora na obra de renovação educacional, de que se acelerou o ritmo com a nomeação do Anísio. Sei também de suas atribulações, com um filho doente, e do trabalho que lhe dá a vigilância constante sobre as manobras insidiosas dos desafetos, sempre dispostos para as investidas contra todo esforço honesto de reconstrução desenvolvida por pessoas que eles querem combater.

Não interpreto mal o seu silêncio. Mas, confesso que, embora o justifique e tenha razões para justificá-lo, me preocupa e me aflige. Identifiquei-me demais com a obra de educação, no Brasil, que sinto o dever e a necessidade de acompanhar de perto, como se tivesse ainda qualquer responsabilidade na sua direção. O meu pensamento volta-se a cada instante para essa questão, como atraído por um ímã poderoso, a cuja influência não se possa subtrair... Só descanso das fadigas dessa obsessão torturante quando me chega, de qualquer ponto do país, uma notícia de algum fato ou empreendimento, em que veja ou tenha a ilusão de ver reacender-se o mesmo ideal de vigorosa política de renovação educacional, que me fez curtir as maiores amarguras e me proporcionou as maiores alegrias da minha vida. Mas se observo sinais de desalento ou de deserção, se me parece iminente qualquer acontecimento que possa quebrar o ímpeto de poucos, sinceros e desinteressados, para transformar a educação num acampamento de aventureiros, mal poderá imaginar a minha angústia, tanto maior quanto mais reconheço a desvalia de meus esforços e de minha ação, desarmada de todos os meios que a tornariam eficaz e podiam torná-la decisiva e fulminante.

Confesso que preferia não me ter apaixonado tanto nessa obra da educação, por que daria a minha vida, se valesse a pena e se não fosse tão pouco para tão grande ideal. Realiza-se este mês a 4ª Conferência Educacional, em que estarão presentes, entre outros, o Anísio, o sr., o Lourenço Filho, Cecília Meireles e poucos mais em condições de levantar bem alto, para que todos vejam, esse facho de luz, que já tive e ainda sinto tremer nas minhas mãos. Não sei qual será a representação de S. Paulo. Eu, embora convidado pelo Fernando Magalhães, num ofício tardio que encontrei em S. Paulo, não poderei estar presente. O atual diretor já começou aqui a solapar a obra do Lourenço Filho, que vinha realizando, por meio de reformas parciais e sucessivas, um esforço notável, mas não teve tempo de dar à sua obra bases bastante largas e sólidas para assegurar a sua estabilidade e resistência contra as tentativas de demolição. O grupo que domina agora é o da escola tradicional, conservadora e empírica, a que o atual diretor se lançou, menos por convicção do que para atrair a "parte descontente" com a orientação do Lourenço de manejá-la ao sabor dos seus interesses e competições pessoais. Esse atual diretor não tem a menor consciência do problema de educação, e, tendo bastante habilidade para escamotear aos olhos dos outros a sua ignorância e a sua má fé, ainda tem uma audácia maior no assalto aos cargos públicos e na satisfação de suas ambições desmedidas.

Toda a minha esperança no resultado da 4ª Conferência Educacional, está no sr., no Anísio e nos elementos que colaboraram, com sinceridade, fé e entusiasmo, na reforma de 1927. A questão do ensino religioso deve ser debatida. Ela é de tal ordem que o Lourenço fraquejou (o nosso Lourenço!) diante dela, executando o decreto que instituiu o ensino religioso nas escolas, aceitando praticamente um ponto de vista que sempre rejeitou, em doutrina. Agora, o atual Interventor tentou, com a sua concepção positivista, revogar o decreto. Do que estou informado, chegou a mandar lavrar o decreto revogando o que regulamentou o ensino religioso nas escolas. O novo diretor, de acordo. Mas o secretário bateu o pé. Demitia-se, nesse caso. E o novo diretor, também concordou. Concordou com o Interventor, na resolução de revogar o decreto, e concordou com o Secretário que se opôs... O Interventor recusou. E ele, ficou com o Secretário. Se o Interventor não recusasse, ele ficaria com o Interventor... Já vê, meu caro amigo, que tudo isto é uma miséria, e foram por água abaixo, com o papel do novo decreto, as palavras do nosso interventor, favorável à separação da Igreja e do Estado e à laicidade da educação.

Escreva-me logo, e longamente. Mande-me dizer em que pé está a questão dos prédios escolares e quais as disposições do Anísio, a quem também escrevi logo que cheguei a S. Paulo. No dia 10 sairá meu livro, A defesa e a interpretação da reforma. Li a admirável conferência de Cecília Meirelles. Cada vez mais ela se impõe ao meu respeito e à minha admiração. Ela ainda será um grande nome na história da educação, no Brasil. O seu artigo, a propósito do Ministério de Educação, tocou-me profundamente: a indicação do meu nome é uma honra para mim, partindo de quem partiu. Adeus. Não abandone o seu posto junto ao Anísio. O seu posto de sentinela avançada. Seu olhos são feitos para perscrutar horizontes; e tenho a impressão de que, pondo o ouvido à terra, sentiria pela trepidação, o tropel longínquo das cavalgadas... Só poderá trocar esse ponto por um na trincheira, embora o que lhe cabe de direito é no estado maior. Mas, somos tã poucos que não podemos ficar na tenda do general...

Adeus. Um grande e saudoso abraço do muito e sempre seu

Fernando de Azevedo

Escrita a correr, sem tempo de a reler.

São Paulo, 19, dezembro, 31

Meu caro Dr. Frota

Escrevi-lhe há poucos dias, agradecendo-lhe o apelo generoso com que me honrou e dando-lhe as razões por que resolvi não comparecer à Conferência Educacional. Já devem ter verificado que eu tinha razão. O Nobrega foi de uma rara habilidade no colocar a questão, que abriu com a "proposta" e liquidou com a "preliminar", com uma firmeza admirável de argumentação.

O "manifesto" que já está pensado e repensado e que redigirei de janeiro para fevereiro, será uma conseqüência da atitude assumida pelos elementos filiados à nova educação na Conferência Educacional, que, reconhecendo-se incapaz de definir o conceito e os princípios da nova educação e a solução prática do problema brasileiro não quis tornar o seu regimento mais elástico para tornar possível uma exposição e justificação ampla desses princípios para um dos intérpretes dessa corrente. O Nobrega, com que tenho conversado frequentemente por telefone, disse-me que, na última sessão, em réplica ao Fernando de Magalhães, anunciaria o manifesto.

Depois que lhe tiver dado a minha redação, irei ao Rio para submetê-lo à apreciação dos elementos de nosso grupo. Quero ouvi-lo, então. Havemos de debatê-lo e discuti-lo, para lhe dar a redação definitiva. O que é preciso é que, lançado na ocasião oportuna, (na reabertura das aulas, em março) e publicado em todos os jornais, no mesmo dia, tenha uma larga repercussão. Ele deve ser o mais sério e mais importante documento político, sobre matéria educacional na história do país: não podemos sair a público (tal a nossa responsabilidade) senão por um documento capaz de impressionar profundamente pela firmeza e pelo desassombro, pela sinceridade e pela coerência, pela profundidade e elevação de idéias integradas num corpo de doutrina, de alicerces sólidos e de linhas harmoniosas.

O meu livro *Novos Caminhos e Novos Fins*, que lhe é dedicado (dediquei-o também à memória do nosso queridíssimo e inesquecível Vicente Licínio, que foi o meu 1º sub-diretor-técnico, antes do nosso Serrano), o meu livro, digo, enviei-lhe no mesmo dia que saiu das oficinas. Recebeu-o?

Escreva-me logo que seja possível. Já me habituei às suas cartas, de que não posso prescindir. Animou-me muito saber, pela sua última carta, que estão todos firmes na defesa de nossa política educacional, que ainda será o mais belo e o mais fecundo movimento de idéias, no Brasil.

Escrevo-lhe num dia de paz interior, (de paz ou de cansaço?) que se seguiu a uma dessas tempestades tremendas, que às vezes me agitam o espírito e ameaçam submergi-lo. Já se partiram mastros e velas... E na solidão infinita parece-me o espírito, às vezes, o casco de um navio desarvorado na imensidade das águas.

Adeus, meu caro amigo. Escreva-me largamente. Tudo por nossos ideais. O que nos resta de vida, seja pela educação. Recomendações aos seus. Do muito seu, amigo certo e grato

Fernando de Azevedo

São Paulo, 27/dezembro/31

Particular

Meu caro Dr. Frota

Não sei se meu coração acertou, entrevendo, por sua carta, no seu espírito qualquer coisa de desagradável que me quisesse ocultar. Não que por essas palavras passasse o frêmito de uma emoção ou as toldasse a nuvem de uma tristeza. Tudo claro, preciso e sereno. Generoso, como sempre, nas expressões com que se refere ao meu nome e me agradece ter inscrito o seu na dedicatória de meu livro. Mas, o seu silêncio a respeito das coisas da Diretoria de Instrução, a que sempre costuma aludir, e ultimamente sempre com otimismo e entusiasmo, e a que nessa última carta, não dedica uma palavra, me deixou apreensivo e triste. Eu o conheço tão bem e o meu espírito chega às vezes a captar, nas antenas de sua intuição, qualquer coisa que se passa ao longe e que acabo por compreender e admirar...

A Conferência Educacional roubou-me os amigos por mais de 10 dias, mantendo-os num longo silêncio, que o sr. quebrou com sua carta, cheia de generosidade para comigo. O Nobrega falou-me por telefone, longamente e várias vezes. Em uma destas, apenas palavras, e em outra, o Edgar, que por acaso, se encontrava ao lado do Nobrega, na ocasião. O Nobrega foi simplesmente admirável: de uma rara habilidade, coerência e firmeza. De tudo resultou ficar assentado que eu redigisse o manifesto educacional, que deverá estar concluído nestes dois meses. Será um documento público, destinado a uma larga repercussão: nele se refletirá, como deve ser, o pensamento de todos nós, que estamos na vanguarda da corrente de renovação educacional. Dos trabalhos da Conferência ficou-me a impressão maciça de que, bem observadas as coisas, só nós sabemos o que queremos, em matéria de educação, – e constituímos, apesar de divergências secundárias em alguns pontos fáceis de se harmonizarem, um bloco homogêneo, coeso e intransigível, pela unidade de sua doutrina, pela força de seu idealismo e pela capacidade de desprendimento pessoal e de abnegação.

Por tudo isto, bem pode imaginar a mágoa que me causou o fato do Lourenço Filho ter aceitado o cargo de chefe de gabinete do Ministro. Sem acreditar nos que o acusam de ter pleiteado esta função meramente política, penso que, ainda que solicitado para esse cargo, não devia ter aceitado, deixando os amigos, entregues à sua sorte, na campanha que ele aqui, conosco, abriu e sustentou, com nosso apoio constante pela renovação educacional. Depois, ele sempre se manifestou inteiramente contrário às reformas do Ministro Francisco Campos, que, para ele, era um ministro que sacrificara os interesses da educação aos interesses domésticos de sua política, em Minas. Tudo isto, que lhe digo *em reserva, confidencialmente*, me deixa preocupado, por me parecer que as posições já o seduzem mais do que as idéias, a que ele procura servir em quanto a sua submissão a elas não constituir embaraços às suas ambições pessoais. O caso do ensino religioso é típico.

Hoje, saiu publicado o decreto que revoga o outro, em que, no tempo do Lourenço, se regulamentou o ensino religioso nas escolas. Nunca supus, porém, que a aplicação do decreto sobre o ensino religioso tivesse assumido, a este tempo, as proporções de que agora me dão notícia os telegramas dos bispos de S. Paulo, e especialmente, do arcebispo, ao chefe do governo provisório. O ensino religioso estava implantado em todas as escolas e era dado, dentro do horário escolar, pelos próprios professores, com o consentimento expresso do Lourenço. Ora, isto é de uma gravidade que salta aos olhos. Eu sempre tive, como ainda tenho, grandes esperanças no Lourenço, a cuja competência, lealdade e fidelidade às convicções fazia justiça, julgando um dos melhores elementos na obra de reconstrução educacional, no Brasil. Daí, a minha tristeza e a minha desconfiança. Mas ainda havemos de recuperá-lo.

Envio-lhe um recorte do Estado que traz na íntegra o telegrama de D. Duarte. Vamos ver qual a atitude que tomará o Ministro e o Lourenço Filho. Em todo o caso, peço-lhe que me escreva, respondendo-me a essa carta e dando-me a sua opinião, e, sobretudo, comunicando-me se existe ainda, como é preciso que exista, a maior harmonia de idéias e de sentimentos, entre o sr. e o Anísio Teixeira, que estão agora à frente do movimento, no Rio. O sr. em sua carta, não me fala na Diretoria da Instrução. Daí, as minhas apreensões. É preciso manter um espírito de compreensão recíproca e solidariedade irredutível entre os grandes chefes desse movimento de reconstrução educacional, que será vitorioso, se nos mantivermos firmes e unidos. Escreva-me e dê-me notícias de tudo e de todos. Recomendações aos seus.

Do muito e sempre seu gratíssimo

Fernando de Azevedo

Vai esta carta escrita a correr.

São Paulo, 22 de fev./32

Meu caro Dr. Frota

Já lhe havia escrito, sábado, reclamando resposta à minha última carta, quando recebi a sua, desse mesmo dia. Alegrou-me saber que, de fato, está dando ao Anísio a sua colaboração integral, trabalhando em comunhão de vistas e com dedicação e apoiando-o na oposição que contra ele levantaram a rotina, a incompreensão e os interesses. Nessa campanha, que ele sofre agora, a sua solidariedade de sentimentos e de ação deve ser, para ele, além de conforto, um poderoso estímulo para levar até o fim, sem desfalecimentos, a obra que empreendeu. Terei muito prazer de dar ao *Diário de Notícias* a minha total adesão à orientação do Anísio ou, melhor mais que adesão, a minha participação de suas idéias. Entre nós, há, de fato, uma perfeita comunhão de idéias, que já os meus amigos sentiram e que terei prazer em tornar público.

Essa entrevista não seria melhor, porém, dá-la, depois da publicação do manifesto e aproveitando essa oportunidade e a da minha viagem ao Rio, por essa ocasião? O manifesto já está concluído: pensei nele desde dezembro, para começar a escrevê-lo há alguns dias atrás, depois de bem amadurecidas as idéias. Escrevi-o em menos de 5 dias, sem suspender ou interromper minhas ocupações habituais. Li-o, em reserva, ao Venâncio, que aqui esteve e que me disse, depois de manifestar sua impressão muito amável e generosa, estar disposto a assiná-lo sem restrições. Ainda não tinha revisto esse trabalho, que estava como ficara no primeiro jato. Ele deve dar mais de uma página do *Jornal do Comércio* e certamente página e meia do *Diário de Notícias*.

Ainda não recebi o livro do Nobrega da Cunha *Educação e Revolução*. Deverei estar no Rio lá pelo dia 12 (entre 12 e 15). Peço-lhe sobre isto reserva. Boa, a declaração da A.B.E. Muito restrito, reduzido demais o tema que nos confiou.

Adeus. Recomendações aos seus. Um afetuoso abraço do muito e sempre seu

Fernando de Azevedo

Escreva-me logo.

(sem data)

Meu caro Dr. Frota

Começo por onde começou a sua última carta: pelo manifesto. Esse documento já teve a dupla consagração dos ataques de reacionários energúmenos e da solidariedade dos educadores livres de preconceitos. A opinião aqui lhe foi francamente favorável. Não sofreu um ataque sério. A ofensiva dirigida contra ele pelo Tristão de Athayde, que aparece em S. Paulo na pele de Alexandre Corrêa, esbarrou e quebrou-se nesse corpo sólido de doutrinas, cuja crítica interna não se atreveram a fazer os dois corifeus leigos do sectarismo religioso.

Esses dois liberais que se revoltaram contra "o socialismo de Estado e o absolutismo pedagógico" do manifesto que transfere para o Estado a função educacional, como uma "função eminentemente pública", são os defensores e pregadores do "fascismo", no Brasil, fascismo católico, está claro. É natural e lógico que eles neguem aos outros o "absolutismo" que disputam para si e para o clero, na ilusão de poderem escorar na Igreja, explorada como instrumento político, a burguesia carcomida até a medula por todos os vícios que a esterilizaram para a ação... Mas é curioso que, nessa campanha clerical, a turma de sapadores seja constituída de leigos com vocação decidida para a função policial, desde o Jackson de Figueiredo, que foi censor de imprensa, no tempo do Arthur Bernardes, até o Tristão de Athayde que é todo ele "uma repartição de polícia" contra o comunismo...

O artigo do Azevedo Amaral "O Estado e a educação" foi até hoje o único trabalho sério sobre o manifesto. Excelente o comunicado oficial do Ministério de Educação. Se não foi escrito de próprio punho por Francisco Campos, foi por ele inspirado. É lúcido e preciso. Corajoso sem ser imprudente. O Ministro compreendeu o alcance, a significação e a importância do documento. Era necessária essa declaração de princípios, com que se definiu o sentido e se precisaram as diretrizes da nova política educacional. A "turma da *Nep*", na linguagem pitoresca do Alceu, está engrossando cada vez mais, pela força que lhe deu a plena consciência de seus ideais e dos meios de realizá-los.

De certo, não bastará um programa, em que sejam definidos pontos de vista. Esse, aí está. É preciso, como lembra, tratar da aplicação prática desses princípios. É disso que devemos tratar na comissão que nos confiou a A.B.E. e cuja primeira reunião parece estava marcada para abril. Não sei em que ficou esse projeto. Preferia a reunião em maio. A primeira reunião é capital. Já tenho pensado bastante sobre a atitude que devemos assumir e a ação que é preciso desenvolver, para levar para terreno prático os princípios adaptados no manifesto educacional.

Escreva-me sobre o assunto, logo que possa informar-me com exatidão. Não sei se leu minha entrevista no *Diário de Notícias* sobre o decreto que transformou a E. Normal em Instituto de Educação. Palavras rápidas de intuitos claros. Era preciso pôr termo a essa exploração de alguns jornais de que o nosso Anísio Teixeira estava demolindo a reforma. Essa defesa tardia da reforma de 27 por pessoas e jornais que então a atacaram, não podia ser levada a sério...

Adeus. Recomendações em casa. Do muito seu, amigo grato e certo

Fernando de Azevedo

São Paulo, 14 de março de 1932

Meu caro Dr. Frota

Escrevo-lhe a correr. Ainda não pude pôr em dia a minha vida perturbada, estes últimos 15 dias, com os trabalhos de toda ordem que me têm dado o manifesto. Primeiro, o trabalho de meditá-lo, pensá-lo e repensá-lo; depois, o de redigi-lo, e afinal, o de ler aos companheiros para lhes submeter a aprovação. A viagem ao Rio, ainda a fiz, doente. Voltei pior. Quero agradecer-lhe as atenções que, como sempre, me dispensou, e o cuidado gentil que teve, de me reduzir o trabalho, tomando a si o encargo de ler por duas vezes o manifesto, que assim só tive de ler uma vez, na reunião da politécnica.

O Anísio ficou de mandar tirar as cópias necessárias do exemplar que lhe deixei para a imprensa do Rio, de Minas, Espírito Santo, Bahia, Ceará e Pernambuco. Ficou combinado que o manifesto seria lançado a 19 deste (sábado). Tudo farei, e já estou fazendo para que seja publicado aqui por todos os jornais do Rio Grande, do Paraná e de Santa Catarina. 4ª f., 16, enviarei a estes Estados as cópias que lhes estão destinadas. No Rio, fica tudo isto aos cuidados do Anísio, com o indispensável auxílio do sr., do Lourenço, do Venâncio, do Edgar e outros. Estou esperando passar esta semana, para cair doente... A doença tem para comigo umas tolerâncias que surpreendem; em geral, adoeço nas férias ou depois de concluído o que tenho por concluir.

Preocupa-me muito o lançamento desse nosso manifesto. É o primeiro documento público, que, no gênero, aparece, no Brasil; uma verdadeira "plataforma", um programa de reconstrução educacional, traçado por um grupo de educadores, que assumem, desta maneira, perante o público e sobretudo perante o professorado uma dupla responsabilidade: a do movimento de renovação educacional e a de um plano de reorganização, de bases largas e de grandes proporções. É preciso que este manifesto tenha a maior repercussão possível. É a nossa bandeira e a nossa carta de marcar: não nos deverá servir apenas de estímulo mas de orientação em todas as nossas atividades educacionais. Esqueçamo-nos de quem o escreveu. A um de nós devia caber redigi-lo. Coube a mim esse trabalho, de que eu gostaria me tivessem dispensado. As idéias, porém, são comuns, são de todos nós, que o assinamos. Eu tive o cuidado, como viu, de reunir em sistema essas idéias e de *fazer refletir* nele os *ideais* e *as aspirações comuns*.

Peço-lhe, pois, todo o interesse pelo êxito dessa obra comum. Fale, sobre isto, ao Anísio. Ajude-o aí, no que lhe for possível. Converse com Cecília e o Nobrega. O Nobrega prometeu-me telefonar-me hoje, 2ª f., à noite. Até agora, e já é tarde, o telefone mantém-se silencioso... E o tempo que nos resta para as providências é cada vez menor...

Adeus. Escreva-me. Recomendações aos seus.

Do muito e sempre seu

Fernando de Azevedo

São Paulo, 8 de abril de 1932

Meu caro Dr. Frota

Já lhe havia escrito quando recebi a sua carta e, com ela, as felicitações pelo meu aniversário, um recorte d'*O Globo*, com a crítica de Elvy Pontes sobre o meu último livro e a notícia de sua entrevista ao *Diário de Notícias*. Pelos cumprimentos tão afetuosos que me mandou e pela amável lembrança de me remeter a crítica aos *Novos Caminhos e Novos Fins*, não me faltariam palavras para lhe significar o meu reconhecimento. Fico-lhe muito obrigado. Mas não saberia como traduzir a impressão que me ficou de sua magnífica entrevista, em que mostrou mais uma vez ter um coração digno de sua inteligência e uma delicadeza de sensibilidade só comparável à força de seu espírito.

A entrevista que eu li, como se estivesse sentindo no peito o ritmo vigoroso de seu coração de caboclo, é um desses documentos de coerência, firmeza e generosidade, que bastariam para definir um homem, no que ele tem de mais nobre e de mais alto. O que empolga, antes de tudo, na sua personalidade moral é a fibra de seu caráter inteiriço, cuja têmpera, fortalecida na luta incessante, mal dissimula, sob o vigor implacável da combatividade, as reservas afetivas de indulgência, benignidade e largueza de coração. Não falo das qualidades eminentes do escritor que imprimiu sua marca profunda nessa página literária, incisiva e vibrante, que, apresentando, na coerência interna do pensamento, a solidez de uma barra de aço, tem, na desenvoltura elegante da expressão, a flexibilidade de uma mola que se distende.

Todos nós, do mesmo grupo, nos amamos sinceramente, porque nos encontramos uns nos outros, na força dos ideais comuns, que defendemos, e na fidelidade desinteressada às mais altas convicções. Eu compreendo, por isto, o generoso entusiasmo com que sempre fala da campanha da reforma, em que desde as suas origens e na sua originalidade, romperam, pela primeira vez, num impulso invencível para os novos ideais de educação, essas aspirações profundas que começaram, daí por diante, a alimentar o debate e a orientar as soluções dos problemas educacionais. Foi, com ela, de fato, que se cerrou o bloqueio contra a escola tradicional, retraída agora aos últimos redutos de resistência, aos quais parece ter recuado para fortificar-se e retomar a ofensiva contra o grupo dos reformadores.

Não tenhamos ilusões. O caminho é áspero e difícil. A campanha que se reabriu com o manifesto, em que se fixaram as bases e as diretrizes da nova política educacional, trouxe à luta, para engrossar as fileiras dos adversários, a turma imprudente dos sectários dispostos a manejar a religião como um "instrumento político". Já não são apenas os indiferentes, os ignorantes, os rotineiros, que opõem à marcha dos ideais novos a resistência da inércia. É um grupo que se organiza, com sinceridade ou por cálculo, para o combate a todas as idéias que não se afirmam pelas suas convicções medievais.

Escrevo hoje ao Anísio e a Cecília Meirelles. Tive notícia, pelos jornais, de uma conferência de um prof. José Neves, da liga anticlerical sobre o manifesto. Leu esta conferência? Escreva-me e mande-me informações, por obséquio. Recomendações aos seus. Com um grande abraço de reconhecimento e de saudade, do seu de sempre

Fernando de Azevedo

São Paulo, 2 de julho de 1932

Meu caro Frota

A sua carta, lida e relida, deixei-a sobre a mesa, durante dias, para voltar a lê-la, nos momentos de sossego e meditar sobre o assunto que nela abordou. Não queria escrever-lhe antes de ter idéias assentadas. E acontece que as idéias, depois de amadurecidas, coincidem exatamente com os pontos de vista fixados à primeira leitura de sua carta e sob a sua impressão. Comunico-lhe hoje essas conclusões, agradecendo-lhe antes de entrar na matéria, a prova de confiança com que, mais uma vez, me honra e me estimula, e que não me dá somente a medida (se é que ela tem limites) de sua incomparável generosidade para comigo, mas a extensão dessa comunidade de ideais e de sentimentos que, ligando-nos numa amizade fraternal, nos uniu para todas as lutas e campanhas de educação.

Na sua primeira carta lembrava-me, como o faz na de hoje, a "oportunidade de um movimento que me entregasse a pasta da Educação". Admitida, para argumentar, a hipótese da "oportunidade", esse movimento poderia partir de dois ou de um dos dois pontos diferentes: uma indicação política (agrupamento partidário) ou uma indicação de classe (organização profissional). Se a indicação de meu nome surgisse simultaneamente, por coincidência ou por uma ação conjunta, desses dois agrupamentos, quase sempre indiferentes um ao outro, senão hostis, tudo ficaria dependendo da simpatia pessoal com que a examinasse o chefe de governo. Fora disto, a escolha só poderia ser uma prova de confiança pessoal, imediata, do presidente, como se deu em relação à minha nomeação para o cargo de diretor geral da Instrução, a que me elevou "a confiança pessoal" do Prefeito Antonio Prado J^{or}, sob a inspiração direta do Presidente, que me honrava com a sua alta consideração. Ora, não vejo possibilidade da indicação de meu nome, por um dos partidos de S. Paulo, os dois partidos mais fortes, a nenhum dos quais estou filiado (sempre fui um franco atirador), embora ligado intimamente a algumas das figuras mais eminentes, não "saberiam" indicar para uma pasta senão representantes diretos, expressões políticas de suas agremiações. Não nos iludamos. Os partidos, ainda acentuadamente personalistas, não se reorganizaram "em torno de idéias"; eles lutam para a conquista do poder e para a distribuição dos "cargos de direção" aos seus correligionários mais destacados. Resta o "pronunciamento" de classe. Mas as associações de professores e de educação só poderiam agitar-se e envolver-se, num movimento dessa natureza, se o grupo de seus *leaders* (o grupo do manifesto), como um bloco coeso e infrangível, tomasse a iniciativa e a responsabilidade dessa demonstração de forças com o propósito de levar a cabo o empreendimento, numa campanha hábil e vigorosa, capaz de produzir todos os seus efeitos... Este grupo teria a vontade e disposição necessária para a luta, em torno de meu nome, como o daquele que simboliza e encarna melhor os seus ideais?

Em todo o caso, esse movimento, quando oportuno, teria de se promover, e realizar sem qualquer solicitação ou trabalho, ainda que hábil, de minha parte. Eu não poderia exercer, com inteira autonomia e liberdade, um cargo de tão alta significação, se o pleiteasse, de qualquer forma, dissimulada ou ostensiva, junto aos partidos ou junto aos meus companheiros de ideais. É certo que freqüentemente em rodas partidárias, políticos e militares, e entre os nossos companheiros de lutas, o meu nome tem sido apontado como naturalmente indicado para o Ministério da Educação. Mas, não parece que se indicar esse nome, quase na segurança de não se ver aceita essa "indicação", como um pronunciamento sem conseqüência, uma amabilidade para com um "homem" que eles, na verdade, temeriam ver na suprema direção da educação pública, no Brasil, em luta contra os seus interesses, a sua inércia e os seus preconceitos? Ao grande compositor Rossini, que, durante anos, no fim de sua vida, deixara de produzir, comunicava certa vez, um amigo os elogios que lhe faziam e a admiração que despertava. Ele respondeu: "O que eles mais admiram em mim, é o meu silêncio"... O que mais admiram agora, em mim, não será o meu afastamento, não do campo de lutas, onde estou presente, em todos os momentos, mas do campo da concorrência e das competições pessoais e políticas?

É certo que estaria, como estou, disposto a todos os sacrifícios para a tremenda tarefa que tomasse sobre os ombros. Não haveria obstáculo capaz de me deter na marcha, quando eu a começasse, no desenvolvimento do meu plano de reconstrução.

Não acha, porém, que uma obra, no Brasil, digna da que Varella empreendeu no Uruguai, Sarmiento, na Argentina e Vasconcellos, no México, só poderia ser tentada se eu subisse ao Ministério com uma força ilimitada, apoiada sem restrições pelo governo e subtraído, por esse apoio integral, às tremendas e nefastas injunções partidárias, às quais teria de opor mais uma vez uma luta desesperada de todos os dias e de todas as horas? E esse apoio incondicional, poderia dar-me um governo que ainda não teve forças para manter, nos seus postos, os seus próprios amigos e correligionários, devorados no torvelinho dos interesses subalternos e das paixões políticas desencadeadas, sem freios e sem objetivos, para estabelecerem a disciplina, a anarquia e a confusão? Já não caíram sob a pressão das conspirações e dos conluios os ministros da Educação, do Trabalho, da Justiça, e agora, o da Guerra, que tinham, a ampará-los, forças políticas organizadas?

Já vê, meu caro Frota, – dos poucos que confiam inteiramente em mim e me honram com essa confiança sincera e robusta, – que, se é preciso termos os olhos e o pensamento no Ministério, essa pasta não nos pode seduzir senão como um posto de sacrifícios, um formidável *instrumento de ação* e de realização de nossos ideais de reformas, cada vez mais necessárias e mais urgentes. Parece-me que ainda não há lugar para mim ou para homens como nós, em composição de ministérios constituídos pelo critério político, no sentido restrito da palavra, isto é, partidário. A nação não se despertou ainda e infelizmente da nebulosa política, em que sempre, com exceções raras, se arrastaram os seus governos, sem programas e sem direção, dominados pelo mais grosseiro empirismo no manejo dos negócios públicos. Adeus, meu excelente amigo, não recebi, com a sua carta, as poesias, os folhetos e os volumes que me enviou e de que fico à espera para começar a escrever o ensaio que devo ler e publicar, no Rio, por ocasião da homenagem ao amigo, e "nossa festa", em agosto. Qualquer dia destes lhe mandarei, em provas, a introdução ao manifesto.

Recomendações aos seus, e um grande e afetuoso abraço do muito seu

Fernando de Azevedo

São Paulo, 31, outubro, 32

CONFIDENCIAL

Meu caro Dr. Frota

Tudo se arrasta pesadamente, no Brasil, como se um gênio maléfico se divertisse em deter ou retardar a marcha dos fatos e parar instantaneamente os homens mais dispostos à ação... Supunha, quando aqui cheguei de volta do Rio, encontrar as coisas tão adiantadas que não teria tempo senão para tirar a resposta do bolso. Pois, enganei-me. As coisas estavam, como ainda estão, no pé em que as deixara. Tive a impressão de um filme de vida intensa, que se desenrolasse aos meus olhos e que o operador invisível fizesse parar, aproveitando o momento em que deixei a sala, para me apresentar, na tela, logo depois, as figuras em atitudes estáticas, de fisionomias contrafeitas, à espera de um sinal para completar os movimentos bruscamente interrompidos...

Mas, esse sinal ainda não foi dado. A consulta feita, de pé. A situação continua, no entanto, a todos os respeitos, idêntica à que se desenhara há cerca de 15 dias, precipitando a minha viagem ao Rio. Tardei em escrever-lhe, à espera de alguma coisa de novo para lhe comunicar. Mas não sobreveio um fato que aclarasse os acontecimentos ou lhes mudasse a direção. Essa política extenuante de longas expectativas; essa indecisão nas deliberações e nos rumos a tomar; essa dispersão de forças que parece não terem ainda encontrado o seu caminho e continuam divididas por lutas e competições internas: essa falta, enfim, de unidade e firmeza de comando e de orientação, vão-me confirmando na resolução primitiva de aguardar para voltar à atividade, no setor público, um momento de mais estabilidade e consistência.

De mais, o ambiente que é de mais calma e segurança, não apresenta nenhuma receptividade para obras de vulto. De um lado, a inquietação latente e a hostilidade recalcada dos espíritos que o desfecho da luta deixou desapontados e atordoados, e, por outro lado, a ausência de atos públicos, que anunciassem uma política decidida e larga de reconstrução, vão desenvolvendo, com razão ou sem ela, a convicção generalizada da precariedade do governo que se instituiu, como um governo de emergência, de prazo curto e fins limitados. Não se restabeleceram ainda as atividades públicas, suspensas ou paralisadas, durante a revolução em que todas as energias e instituições aplicadas à guerra foram desviadas de suas finalidades construtoras.

Já vê que tinha razão de refletir muito sobre o caso. Se há uns rapazes e oficiais, idealistas e desinteressados, firmes e resolutos, com que as circunstâncias me puseram em contato, e que têm e exercem influência nos seus campos de ação, nem me parece decisiva a sua influência, nos grandes momentos, nem bastante vigilante a sua energia contra os exploradores e aproveitadores de situações, prontos para todas as investidas contra os governos, em seu próprio benefício. Sinto que, à volta do governo, se levanta a poeira das intrigas, e das competições de grupos, empenhados na luta sem ideal para a conquista do poder. Não haveria um meio de instalar junto aos governos, para os subtrair a essas influências pequeninas, um tipo *sui generis* de aspirador mecânico, que recolhesse não só a poeira superficial da opinião dos medíocres e da intriga dos aproveitadores, mas todas as misérias que, nos palácios, se encontrassem sobre o trajeto de sua aspiração?...

Escreva-me logo que possa. Espero ir ao Rio em fins de novembro ou princípios de dezembro para a homenagem que lhe prestarão os amigos. O meu discurso será publicado aqui e em jornais do Rio, como, por ex., no *Jornal do Comércio* e no *Jornal do Brasil*.

Adeus. Escrevo hoje também a Cecília Meirelles e ao Anísio. Recomendações aos seus. Elisa e as crianças falam sempre em sua filha com saudades.

Do muito e sempre seu,

Fernando de Azevedo

Rio de Janeiro, 23 de janeiro de 1928

Exmº Sr. Dr. Prado Junior, Prefeito do Distrito Federal

Lamento profundamente que, depois da mais bela campanha de que há memória em favor da educação popular, e da vitória alcançada por seu honrado governo, com a aprovação da reforma do ensino, tenham vindo perturbar as nossas relações duas divergências profundas em matéria de administração. Sabe V. Excia. que nesse plano de reforma de que o seu governo teve a iniciativa e tão desassombradamente assumiu a responsabilidade, foram enxertados artigos de escandalosas concessões e impertinentes favores pessoais e medidas disparatadas e anarquizadoras, que viciam a nova lei ou a deformam, atingindo-a na sua própria solidez e integridade.

A intransigência com que tenho defendido, com o indispensável apoio de V. Excia., os interesses da instrução asfixiada nas garras de uma politicagem ignóbil, de voracidade insaciável, não pode fraquear diante do assalto audacioso com que o parasitismo político procurou submeter mais uma vez, à servidão de interesses inconfessáveis, uma reforma inspirada na mais absoluta honestidade de propósitos. Ou o veto parcial teria de colher, na sua malha de tecido estreito, todas essas concessões pessoais, que desonram a legislação pedagógica, ou o governo de V. Excia., transigindo, para servir a estas ou aquelas competições, perderia toda força moral para opor uma barreira a essa corrida desabalada de ambições, sem limites e sem freios.

Ora V. Excia., sem atender aos humildes serviços prestados por mim ao seu governo, com toda a lealdade e dedicação, pretende furtar ao golpe moralizador do veto parcial algumas dessas disposições, para cuja conservação se mobilizaram, num bloqueio cerrado contra V. Excia., as pessoas empenhadas na defesa grosseira de benefícios e vantagens imorais. Não é possível concordar com esse critério equívoco que separa artigos da mesma natureza, para eliminar alguns do texto da lei e manter outros com que a administração, em vez de estudá-los do mesmo ponto de vista das conveniências do ensino, prefere reconciliar-se no momento para servir a causas de interessados.

A outra divergência provém das nomeações com que V. Excia., rompendo com a nobre tradição do seu próprio governo, quer manejar a nova lei de ensino como um instrumento político da administração. A reforma recentemente aprovada é de execução difícil, como todas as reformas profundas, e V. Excia. deve ter a consciência nítida da tarefa tremenda que tomou sobre os ombros. Mas, – não há lugar para ilusões, – ela ficará no papel, se o governo de V. Excia. procurar cargos para pessoas necessitadas de empregos em vez de procurar pessoas notoriamente capazes para os cargos. É o pessoal técnico e administrativo, renovado e melhorado, que a irá pôr em execução sob orientação prudente e segura. Se o merecimento real, indiscutível, não entrar como fator predominante na seleção de pessoas competentes para os novos cargos ou para as vagas que se abrirem, tão longe estará V. Excia. de melhorar a gravíssima situação do ensino no Distrito Federal, que, ao contrário, aumentará as dificuldades reinantes, sobrecarregando a máquina burocrática de elementos inúteis senão prejudiciais.

Diante dessas divergências, com que já contava, por indícios claros e que agora se desenharam, com toda a evidência, não me resta outra atitude senão a de solicitar a minha exoneração do cargo com que me honrou a confiança de V. Excia., e no qual ainda hoje, pedindo a minha demissão, pretendo prestar mais um serviço a V. Excia., de que espera o Distrito Federal a energia necessária para sobrepor, com o seu esclarecido patriotismo, os supremos interesses do ensino e da coletividade ao jogo desenfreado das competições partidárias e subalternas.

Com a mais alta estima e consideração,

Fernando de Azevedo

São Paulo, 3 de setembro, 38

Alzira Vargas

Não sei se estaria contida na permissão que me deu, de lhe oferecer exemplares de meus dois últimos livros, a de lhe escrever esta carta que, apenas chegado a S. Paulo, me sugeriram a um tempo o espírito e o coração. As impressões que trocamos, em ligeira palestra, e o acolhimento tão cordial com que me distinguiu e cativou, impunham-me estas palavras que, sendo, antes de tudo, de agradecimento, constituem um meio de prolongar à distância essa conversação, – a primeira que tivemos, e, para mim, tão agradável a todos os respeitos. Pois, se o primeiro contato que teve com o meu espírito, segundo me declarou, foi através do ensaísta ou do escritor a quem havia prestado a sua benévola atenção, foi o interesse comum pelos problemas de educação e cultura que nos aproximou; e não podia haver satisfação maior, nem mais viva nem mais profunda, do que a de sentir tão fortemente atraída para essas questões quem gravita em torno e a menos distância do centro de que hoje se irradia e para o qual converge toda a vida pública no Brasil.

Estive de passagem e, embora nunca me tivessem considerado hóspede, nos domínios literários, não cheguei a instalar-me neles, não talvez por me faltarem gosto e vocação, mas por me sentir antes impelido a particiṭar, no terreno das reformas, da obra imensa de reconstrução nacional. A oportunidade de um largo inquérito sobre a educação em S. Paulo, em 926, abrindo-me os olhos sobre a nossa triste realidade, apontou-me o camiṇho a seguir e rasgou-me novas perspectivas para a ação. E lá se foi a literatura, praticada e cultivada em si mesma, para se transformar num instrumento de trabalho, a serviço de um ideal e do interesse público. O gosto da análise e o espírito crítico, a malícia e a ironia, o colorido da imaginação e o impulso lírico, o poder de expressão e o culto da forma, – no grau mínimo em que porventura possuísse essas faculdades, – foram desde então inseparáveis do ideal a que passaram a servir e em cuja realização e defesa se traduziram a energia tranqüila de caráter e a atividade incessante do espírito. Desde então (e já faz 12 anos) procurei impelir às últimas conseqüências essa idéia audaciosa mas fecunda de reconstruir uma grande nação pelas suas bases, – pela educação nacional, – com o impulso da mocidade, a novidade de sentimento, a frescura da inteligência e a força do entusiasmo, que permitem propagar, em profundidade e em extensão, as vibrações das grandes reformas.

Em toda essa campanha, através de incompreensões e hostilidades, se me animava a consciência lúcida do valor e do alcance da educação, sempre me trouxe inquieto a certeza da precariedade e da ineficácia de quaisquer esforços a que faltassem unidade de orientação e espírito de continuidade. Dirigida por mãos hábeis e capazes, a educação, no mais alto sentido da palavra, pode evidentemente modelar a matéria social, seja ela qual for, segundo esta ou aquela concepção de vida. Esta, de um lado, a grandeza, mas veja, por outro lado, a miséria da educação: os seus resultados, se não for mantida a seqüência normal dos esforços orientados no mesmo sentido, podem desaparecer numa só geração... E se se considerar a indisciplina mental que lavra por toda parte, poder-se-á avaliar a soma de esforços que seria necessário empregar para a execução de uma obra de cultura, em larga escala, e que fosse dominada, de alto a baixo, por um vigoroso sentimento nacional e por uma compreensão, humana e generosa, da vida. A crise de caráter, talvez a maior de todas as crises que atravessamos, e, em grande parte produto destas, não se poderá resolver "em extensão", para a massa, senão dando-se aos homens um grande ideal capaz de prendê-los e de empolgá-los. Os moços, ainda hoje, queixam-se às vezes da análise, da ciência e da inteligência, como no século passado. Mas, segundo já observava P. Bourget, não há para a análise, a ciência e a inteligência, senão um remédio: uma inteligência mais vasta, uma ciência mais completa e uma análise mais profunda.

Fui sempre, também eu, um inquieto em torno desse terrível problema de educação moral, mas toda a minha preocupação é a de não trair pelos meios as finalidades que é preciso atingir. O fim profundo da educação é, certamente, o aperfeiçoamento moral do indivíduo. Nada, porém, (e este é um conceito socrático) nos levará a maior apuro moral do que o cultivo da inteligência nas suas formas essenciais de penetração compreensiva, de alcance imaginativo e de informação esclarecida. Ainda há pouco tempo um amigo com quem discutia por carta essa questão fundamental, estabelecia uma distinção que lhe parece básica e podia parecer-nos um pouco sutil, entre o cultivo da razão e o cultivo da inteligência. A inteligência é, de fato, qualquer coisa de muito amplo, muito menos geométrico, muito mais real do que a razão do mundo cartesiano. Uma inteligência bem formada, isto é, formada adequadamente será a melhor base, a mais sólida e a mais flexível a um tempo, de uma verdadeira moral, de uma vida nobre e bela. Só há um meio de vencer as dissenções profundas a que nos arrastou, no seu ritmo acelerado, a civilização industrial: a reconstrução pela inteligência de uma nova síntese em que se venham a fundir, dentro de nossa compreensão da vida, o pensamento, a conduta e a informação.

Não sei se lhe tomei demais o tempo. Tenho o prazer de lhe remeter pelo correio expresso de hoje, conforme lhe prometera, dois de meus livros, e, entre estes, "A educação e seus problemas". Gostaria de ter sobre eles e, especialmente, sobre este último, a sua opinião: são estudos sobre questões que nos interessam de perto. Agradecendo-lhe a delicadeza incomparável com que me acolheu, peço-lhe transmitir a seus ilustres pais a expressão de meus sentimentos de respeito e aceitar as homenagens de minha amizade e de minha admiração,

Fernando de Azevedo

São Paulo, 8 de outubro, 38

Alzira Vargas,

Como já deve ter notado, as pessoas que mais nos agradam são as que nos atraem, sem esforço, sem pretensão e despertam uma grande simpatia, sem procurá-la. A amizade e a admiração que me inspirou, no primeiro contato pessoal, brotaram, por isto, tão naturalmente em meu espírito que também a mim me ficou da palestra que tivemos no Catete, a impressão de que a conhecia há vários anos. A simplicidade comunicativa e a delicadeza cativante com que me acolheu, a compreensão e confiança mútua que revelou esse nosso primeiro encontro, realizaram, em alguns momentos, o que nem sempre se desperta nem se constrói num longo convívio: a amizade por um perfeito entendimento.

Somos em geral uns "emparedados", e de tal modo interferem, em nossos juízos os sentimentos, os interesses e as paixões que a inteligência, em vez de estabelecer o acordo entre os homens, concorre freqüentemente para separá-los. Sobretudo, – o que pode parecer paradoxal, – quando se serve do seu auxiliar indispensável, a palavra... Os franceses afirmam, com pessimismo, "personne ne comprend personne". Mas a verdade é que se é difícil uma perfeita compreensão recíproca e se há pessoas que nunca se fazem compreender, há outras que se comunicam tão facilmente, tão sem esforço que é um prazer encontrá-las e um encanto ouvi-las. É o seu caso. Demais, se há indivíduos em que uma semelhança de superfície mal dissimula diferenças radicais que os mantêm espiritualmente distantes e orientados para fins diversos, não há outros, ao contrário, que, parecendo-nos à primeira vista dissemelhantes, uma análise mais penetrante nos mostra intimamente ligados?

Em sua carta lamenta que o serviço a que se obrigou, por dever e por vocação, lhe tenha imposto duros sacrifícios quanto aos estudos, limitando-lhe as horas de trabalho puramente intelectual, de leitura, reflexões e criação. Parece-me, no entanto, que a alta função pública que exerce poderá contribuir notavelmente para a formação de seu espírito, apurando-lhe o senso da oportunidade e da direção. É, como aliás reconhece, um excelente posto de abnegação, que lhe abre perspectivas e mesmo a obriga a um contato mais extenso com a realidade humana sob todos os seus aspectos. Aprender a ver e a observar, – a mais difícil de todas as aprendizagens; poder mudar os pontos de vista para apreciar os homens e os fatos; ter ocasião de surpreender a natureza humana, nos seus movimentos sutis e nas suas infinitas variedades, sentir e discriminar, a volta de si, e através do que passa, do acidental e do efêmero, aquilo que fica, o essencial e o durável, senão eterno; oh! que felicidade para quem é dominado pelo desejo de saber, de descobrir, de ver claro e de ver longe, e de tornar, pelo contato com a realidade, a inteligência cada vez mais compreensiva e mais humana!

Não falhei a promessa de ir visitá-la sempre que fosse ao Rio. Não só para cumpri-la, mas pelo desejo de vê-la, fui ao Catete, onde deixei o meu cartão de visita, por não a ter encontrado. Não voltei porque passei a semana inteiramente absorvido pelos trabalhos do concurso que se estendiam diariamente desde a manhã até quase à hora de jantar. Devo voltar em fins deste mês e espero ter então a oportunidade de conversarmos.

Muito grato pela sua carta, cumprimento-a com amizade e admiração,

Fernando de Azevedo

São Paulo, 10 de março de 1945

Meu caro Paschoal*,

A sua carta de 3 do corrente é mais uma demonstração cativante de sua amizade e, particularmente, da confiança com que sempre me honraram você e os nossos amigos, velhos companheiros de lutas e de ideais e signatários, quase todos, do Manifesto de 32. Nem as fadigas em nossas jornadas pela educação nacional, nem a prova terrível por que passou a democracia e

---

* Paschoal Leme. Professor e técnico em educação, trabalhou com Fernando de Azevedo na Reforma de 28.

que não serviu senão para restabelecer a crença nos seus princípios fundamentais e a confiança na sua eficácia e vitalidade, nem os cabelos brancos em que já se exprimem as desilusões da idade e da experiência jamais me abateram a fé no regime republicano, democrático e representativo e a solidez de minhas convicções socialistas. No fim da primeira guerra mundial isto é, a 25 anos, ainda estudante, já havia tomado em face dos acontecimentos a posição, clara e definida, em que os fatos posteriores, crises, guerras e revoluções só contribuíram para me confirmar e tão vigorosamente que, para mantê-la, não me foi difícil renunciar às mais legítimas ambições e suportar o ostracismo, as incompreensões e toda a espécie de hostilidades.

Se, pois, não me surpreendeu o honroso apelo que me dirigiu para ir ao Rio imediatamente e assumir a liderança das forças educacionais do país, obrigou-me a refletir, inclinando-me a ouvir alguns amigos e a escrever-lhe antes de tomar uma decisão. Você sabe, por um lado, que estou habituado a marchar dentro da tempestade e enfrentar a ventania. Não é na calmaria, que sempre me deixou um pouco entorpecido, mas diante do perigo e das dificuldades que costumo ver com mais lucidez e agir com mais decisão. Por outro lado, a reconstrução educacional do Brasil em bases democráticas e segundo as diretrizes tantas vezes apontadas no Manifesto, em livros e conferências, e inflexivelmente mantidas nas reformas de que tive a iniciativa e a responsabilidade, foi o grande "sonho de minha mocidade" que procurei "realizar na idade madura" e ainda me faz vibrar, com o mesmo vigor dos meus tempos de rapaz, nestes dias sombrios e atribulados, mas ricos de perspectivas. O que vejo, porém, não é a luta com seus perigos, na defesa de idéias nem o desafio de resistências aos largos planos de realizações, mas a confusão tanto nos assaltos dirigidos contra o governo, como na oposição deste às forças de toda ordem que se congregaram para constrangê-lo a marchar, não no sentido progressivo de uma democracia nova, mas no sentido regressivo de uma democracia burguesa e liberal.

Certamente já se percebe, com uma evidência ao alcance de todos, que a opinião pública, numa reação vigorosa, se mobilizou na defesa da liberdade de opinião e de imprensa e na propugnação da anistia, geral, para o restabelecimento das instituições democráticas mediante a convocação da Assembléia Constituinte e a renovação dos quadros governamentais, em eleições livres, pelo sufrágio universal e direto. Reação verdadeiramente salutar, na medida em que conseguiu, no primeiro arranco, preservar o país de influências fascistas, substituir a servidão pela liberdade e abrir o caminho a uma vida ativa e borbulhante. Reação conservadora, no entanto, que traz em si mesma o germen de forças reacionárias que hoje desfraldam, na oposição, a bandeira democrática, para a enrolarem amanhã, conquistado o poder, – se convier a seus interesses de dominação – mediante os estados de sítio ou de guerra montados para a opressão ao seu esforço desenvolvido com o alto propósito de combater a ditadura e restaurar o regime legal, dão-se as mãos grupos políticos, velhos e novos, e atiram-se, em vagas sucessivas de entendimentos e alianças contra uma situação tão fortemente atacada que já começa a estremecer e a desconjuntar-se, perdidos os seus principais pontos de sustentação.

Mas, nessas alianças, partidárias e coalizões político-financeiras não é possível reconhecer uma reabsorção real dos antagonismos de classes, de interesses, de tendências e de culturas, em proveito de um princípio superior de colaboração e de união nacional. São entendimentos transitórios que se estabeleceram, no interesse de um objetivo comum, imediato e que, para se manterem precisam reduzir à sua finalidade exclusivamente à luta contra o regime instaurado pelo golpe do Estado de novembro de 1937, com o apoio das forças armadas. A simples apresentação de um programa político, francamente renovador, pelo candidato que apóiam ou venham a apoiar, poderia determinar a dispersão e as divisões desses grupos partidários, cada um dos quais já prepara, na sombra, os meios de alijar os outros e de envolver, em benefício próprio, o futuro governo que se constituir, por livre escolha da nação. De fato, nenhum esforço para a organização de partidos nacionais. Nenhum programa de reconstrução social, econômico, político e cultural segundo diretrizes claramente definidas. Nenhuma formulação corajosa de princípios, nem tomada de posição em face de problemas angustiantes. Além disso, embora seja da própria essência do regime democrático a competição eleitoral, tanto persistimos ainda em considerá-la um mal (e quase uma ameaça de revoluções) que pensamos logo em um "candidato de conciliação", apenas se esboça a possibilidade de uma campanha de grande envergadura e da escolha pelo povo, em eleições livres, entre dois ou mais candidatos...

Ora, meu caro amigo, se toda política de educação implica necessariamente e pressupõe uma determinada política geral em que se enquadra e que a define, como é possível tomarem os educadores uma posição e entrar na luta senão diante de programas políticos ou de plataformas de idéias claras e precisamente formuladas? Os professores em geral, de todos os graus de ensino, educadores não conformistas, democráticos e revolucionários — necessitam, para se definirem na luta, examinar qual dos candidatos e qual dos programas com que se apresentarem, oferece maiores possibilidades e garantias à execução de suas idéias e de seus planos de reformas. Você objetará, com a sua admirável lucidez, que podemos e devemos antecipar-nos, submetendo à consideração dos candidatos um programa como aspiração de um grupo numeroso de educadores. Não há dúvida. Mas, neste caso, já temos o Manifesto de 32, em que se fixaram, por essa época, os nossos pontos de vista e que, com alguns acréscimos e modificações importantes, para o tornarem atual, mais dentro de nosso tempo e da fase nova da evolução do pensamento social, político e pedagógico, ainda exprimirá um plano de reformas mínimas, em bases democráticas e socialistas.

Não apresento ao exame estas observações senão para você refletir sobre elas, se é que já não as pensou uma por uma e escrever-me depois com liberdade e franqueza, de coração para coração. Os velhos políticos, a maior parte dos quais, se me agradaram às vezes na oposição, quase sempre me desiludiram no poder, já falaram bastante para não deixarem dúvidas de que não é com eles que poderemos atacar a fundo a obra de reconstrução do Brasil, mas com "homens novos" (no sentido latino) à altura dos acontecimentos. Somente com eles (e os grandes acontecimentos produzem sempre grandes líderes) será possível chegarmos não a essas tristes unanimidades maciças em que se comprazem os fascismos de todos os tipos, descobertos ou mascarados, mas a uma arregimentação de homens decididos, de espírito público e de idealismo ardente, que, sabendo "tanto o que querem como o que não querem", teriam a coragem de assumir as responsabilidades necessárias e de correr os riscos inevitáveis. Tenho dúvidas de que a ocasião, talvez mais próxima do que pensamos, já tenha realmente chegado, e de que eu, homem solitário e livre, fiel às suas convicções possa ainda ser um desses líderes de que o Brasil necessita nesta época de profundas transformações. Se forem, porém, – como parece já estão sendo, – reclamados os meus serviços, não hesitarei um momento em prestá-los com uma dedicação até o sacrifício, por amor à verdade e à justiça e por fidelidade às aspirações mais caras do povo, tão paciente e sofredor, mas particularmente sensível aos grandes movimentos de opinião.

Escreva-me. Lembranças aos amigos e um grande abraço, do seu, de sempre

Fernando de Azevedo

São Paulo, 24 de março de 1945

Meu caro Paschoal,

aguardava, para lhe responder à carta de 16, a conversa com o Pedro Gouveia a quem vocês confiaram a missão de me expor mais detalhadamente o seu pensamento. Somente 3ª feira pude avistar-me com esse amigo que aqui se acha em gozo de férias. A sua nova carta, essa conversa que tivemos sobre o assunto e as notícias nos jornais que me fez a gentileza de me remeter, puseram-me inteiramente ao par da questão do voto da A.B.E. e do projeto de um Congresso de Educadores a reunir-se provavelmente, como me informaram, em fins de abril, nessa capital. Agradou-me a moção aprovada na A.B.E. e pareceu-me excelente a idéia dessa conferência que poderá ter papel importante na campanha pela democratização do país e marcará mais uma fase, certamente fecunda, em nossas datas pela reorganização da educação nacional em bases democráticas.

A sua carta li-a atentamente, com o vivo interesse que me despertou o assunto tratado e os seus pontos de vista sobre a questão. É certo, meu caro, que "quando somos obrigados a embarcar num veículo, – o único que nos pode conduzir a determinado ponto, – não podemos fazer a escolha de nossos companheiros de viagem". Não há dúvida. Muito justa, a sua observação. Mas não deixa também de ser justo o receio de que, ao desembarcarmos no ponto desejado, muitos se esqueçam dos companheiros mais recentes, de suas conversas e dos compromissos assumidos, para tomarem rumos diversos senão opostos. Você já reparou como, na hora da chegada, as melhores camaradagens se desfazem e acabam na formalidade de cartões de visita e de oferecimentos protocolares da casa e de serviços? O que importa não é apenas estarmos juntos no percurso nem juntos chegarmos à última estação. Uma, é a psicologia dos que partem juntos (uma viagem é às vezes uma aventura), e outra, a dos que chegam: quando não nos largam no meio do caminho, logo que faça bom tempo, nos deixarão no termo da excursão, para se dispersarem e se atirarem às pressas pelos táxis, à procura de instalações cômodas e vantajosas...

A ditadura jogou pela janela uma esplêndida oportunidade de promover e realizar uma grande obra de educação. Poucas ocasiões na história foram mais oportunas, poucas menos fecundas em resultados, se considerarmos os poderes excepcionais do governo e os meios de que dispunha para empreender uma obra formidável. Ao menos, para lhe lançar as bases e a deixar em ponto de se lhe poderem retirar os andaimes. No futuro regime e no governo que se constituir, por escolha livre da nação, tudo dependerá do ideal de que estiver animado, do impulso reconstrutor que o arrebatar, do estado das instituições econômicas e políticas em que operar e, sobretudo, da disposição em que estiver de alijar os elementos "gastos" na política, velhos e novos, já envelhecidos, e da influência que sobre ele possam exercer os partidários de reformas de envergadura, com espírito e em bases democráticas e segundo diretrizes socialistas claramente definidas. Por maior que seja a personalidade moral do homem que for investido na suprema magistratura ele terá a sua ação entravada ou destruída pelas forças reacionárias que se educaram no gosto dos conluios e das manobras políticas e no hábito de se agruparem em torno de pessoas e de procurarem mais como "um fim em si mesmo" ou como meio de dominação o poder político que se deve utilizar como um instrumento de realizações com o mais alto espírito público e, portanto, no interesse coletivo.

À vista de seu apelo e das informações com que teve a bondade de me vir ao encontro, no meu isolamento mais aparente do que real, havia tomado a resolução de ir ao Rio, na Semana Santa ou em fins de abril. Verifiquei, porém, que não me seria fácil sair agora e, no caso de poder fazer a viagem neste momento, teria de voltar ao Rio em fins de abril, quer para o Congresso (se é que se realizará por essa época) quer por motivo de ordem particular, – o do nascimento, esperado para essa ocasião, do primeiro filho de Lollia, uma de minhas filhas residente no Rio. Pela volta do correio, você me fará o favor de dizer com franqueza a sua opinião, isto é, se poderei esperar, sem inconvenientes, para ir ao Rio em fins de abril. As aulas já começaram e não me seria fácil interromper, por duas vezes no espaço de um mês, o curso apenas iniciado. Escreva-me logo.

Com um abraço afetuoso do seu de sempre

Fernando

São Paulo, 24 de janeiro de 1955

Meu querido Abgar

Muito satisfeito por saber que a minha "intimação", para que V. publique seu livro, precedida de outros, foi, ainda recentemente, secundada e fortalecida pelos apelos de Carlos Drummond de Andrade e do Emílio Moura. A fortaleza tem de se render a esses assaltos e ao cerco que se vai apertando cada vez mais. "Entregue os pontos", meu caro, que, nessa matéria, V. não tem outro recurso senão capitular. Não me venha agora com a desculpa de que "o material é muito grande". Tanto melhor, V. poderá reuni-lo em um volume, dividido em partes, ou distribuí-lo por dois ou mais livros, segundo um dos dois critérios que V. mesmo apontou, – cronológico ou temático. Eu preferiria o primeiro, que é geralmente o mais seguido, a não ser quando, separadas conforme o critério temático, as poesias são bastante numerosas para constituírem volumes diversos...

A distribuição por partes (se se tratar de um só livro) ou por volumes, feita pelo critério cronológico, permite, porém, ao leitor não só ter uma idéia mais exata da evolução de sua poética, senão também segui-lo na sucessão de "paisagens" ou de estados de alma e das circunstâncias que lhes deram origem ou concorreram para elevá-los ao clímax da criação. As partes ou os livros seriam, por essa forma, uma espécie de autobiografia, *íntima* e *profunda*, com que se revela o poeta não só no desenvolvimento de sua vida interior como no domínio crescente de seus instrumentos de expressão. Gostamos de entrar na intimidade do poeta que amamos, e é mais fácil acompanhá-lo quando ele deixou a flor na planta e no jardim em que ela desabrochou... V., certamente, conhece Giuseppe Ungaretti, um dos maiores poetas modernos da Itália e de nosso tempo. Pois, sua obra, desde os primeiros livros, vem aparecendo sob o título geral *Vita d'un uomo*: I – L'allegria (1914-19); II – *Sentimento del Tempo* (1919-35) e assim por diante, até o VIII – *Il dolore,* – o último que li. Cada um desses volumes corresponde a uma nova experiência, a uma fase de sua vida, e de sua criação poética.

Por estranho que pareça, foi dos poetas que me lembrei quando V. me perguntou sobre o que penso da situação do Brasil e do que está por vir. É uma dessas perguntas a que os poetas trazem às vezes respostas seguras: Lamartine, Rudyard Kipling e outros grandes, todos seus conhecidos, tiveram intuições proféticas em política. Nos debates, no parlamento francês, sobre os acordos de Paris, não sei se foi recordada essa, de Kipling: "Nós devemos ter confiança na Alemanha para aproximar a França e a Inglaterra, mas não devemos ter confiança nela senão para isto". V., poeta (mais poeta do que político) já pressentiu, com suas antenas, a situação que se esboça, difícil e perigosa. Já devíamos estar habituados à maré alta que, entre nós, levanta sempre a questão de sucessão presidencial, e queremos resolver o problema como se estivéssemos com maré vazante. A despeito de tantas e duras experiências políticas, ainda não aprendemos a marchar contra os ventos, dentro da tempestade...

Sem me dar ares de vidente, penso que, este ano, não correrão bem as coisas, se prosseguirem os acontecimentos no rumo que tomaram. Ou muito me engano, ou poucos dentre os homens que, de mão em pala sobre os olhos, na gávea dessa nau desarvorada, estão a perscrutar os horizontes, já perceberam donde pode romper a tempestade. Parece-me (também a mim) que há um ponto em que ela se está formando, mas não será talvez do lado para que insistem em olhar. Entramos numa fase nova da "revolução" que se processa no país, em conseqüência de profundas transformações econômicas, sociais e políticas. Não é ainda um "divortium aquarum", mas um novo choque de águas revoltas. O que foi, ainda não passou, e o que está por vir, apenas se anuncia ou se vislumbra na cerração. Neste tempo, em tudo diferente senão oposto ao "temps léthargique" a que se refere Paul Verlaine (oh! sempre os poetas), "le seul rire encore logique, est celui des têtes de morts". Não sei se será lembrado de que várias vezes lhe escrevi, em outras ocasiões, que gostaria muito de ter uma oportunidade para conversarmos. É o que lhe repito agora, provavelmente com o mesmo resultado. É pena.

V. poderá estranhar a linguagem um pouco vaga e metafórica. Mas como confiar ao papel o que penso e exprimir-me com toda clareza, se nunca tenho a segurança de que cheguem minhas cartas ao seu destino? Quantas, das suas e minhas, já não se extraviaram? Aguardo com ansiedade sua aula inaugural. Mas, se vier pelo correio, poderá desaparecer nesse sorvedouro, como aconteceu com a cópia que lhe enviei (ainda na redação primitiva), de minha conferência na Universidade de Minas Gerais. Continuo, na minha solidão a ler, estudar e escrever, longe do tumulto e à margem das competições. O Brasil que apenas me experimentou (naturalmente não gostou muito da experiência), já me pôs de lado há muito tempo. Para mim, é uma bênção, e creio que, na atividade que ainda me permite, eu tenho a melhor forma de servi-lo.

Todos em casa bem. Relativamente, está claro. O Fábio passou um dia destes por S. Paulo, com a família, para férias em uma fazenda. O José, sobrecarregado de trabalho, como inspetor do Banco do Brasil. Mas satisfeito.

Com as nossas melhores recomendações à sua Senhora e aos filhos, e ao nosso Milton Campos, a quem agradeço ter-se lembrado de me mandar seus cumprimentos, um saudoso abraço do muito e sempre seu, à espera de suas notícias.

Fernando de Azevedo

Snr. Prof. Dr. Paul Arbousse Bastide*
17, Rue de la Sorbonne
Paris – France

São Paulo, 12 de fevereiro de 1970

Meu caro e ilustre amigo,

antes de tudo, meus agradecimentos por sua carta e pelas palavras de solidariedade e de conforto, na terrível provação que sofremos, com a perda de meu filho, Fabio. Em nossos cinquenta anos de casados, foi o ano de 1969, em que morreu, em novembro, o filho querido, o mais doloroso: oito meses de luta sem descanso para lhe salvar a saúde e, afinal, para o termos entre nós. Tudo foi inútil: resta-nos porém, o consolo de havermos feito tudo o que era possível pela recuperação de sua saúde.

Muito também, me tocou no coração o que me diz, em sua generosidade para comigo, sobre o papel ou a parte que tive na reestruturação, em novas bases e diretrizes, da educação em geral e do ensino superior, em particular, e na luta para a defesa dos mais altos princípios e valores culturais.

* Paul Arbousse Bastide (1898-1985). Fundou a cadeira de Política da Faculdade de Filosofia, Ciências e Letras da USP (1934). Dedicou a Fernando de Azevedo o livro *La Doctrine de l'Éducation Universelle dans le Philosophie d'Auguste Comte* (P.U.F., 1957, 2 vols.).

Embora fiel a esses princípios e valores fundamentais, e disposto, como sempre, a lutar por eles, é preciso tomar consciência das transformações que se impõem, sem sacrifício deles, e mesmo para resguardá-los.

Em nenhum momento pois deixei, nem podia ter deixado de manter contato com os problemas do ensino e da cultura, e dos que resultam da rebelião da juventude. Os jovens sabem muito bem o que destruir, mas não sabem o que se tem de pôr em seu lugar.

Eles perderam o respeito dos valores segundo os quais fomos nós os pais e avós, educados. Mas a sociedade em transformação (e transformações radicais), não elaborou ainda nem lhes apresentou os novos valores. É claro que muitos dos valores antigos (autoridade, ordem e disciplina) sobreviverão à tempestade das mudanças em direções às vezes opostas. Nós, professores, temos enormes responsabilidades no momento. Ou atacamos a reforma, a reconstrução da Universidade, segundo novos esquemas, ou desaparecerá a Universidade, como um conjunto de estudos superiores.

Temos de lutar contra o espírito conservador e reacionário para salvarmos o que havia de melhor, de mais adequado e útil, e, portanto, de *universal*, nos sistemas universitários tradicionais. Sistemas esses, em que há muito que destruir, – na estrutura, nas atividades de pesquisa, nas técnicas de ensino e nas relações entre mestres e discípulos. A associação cada vez maior do ensino e das pesquisas, a preponderância das ciências e da tecnologia, sem prejuízo, porém, da filosofia e das letras, e os contatos diretos, mais freqüentes, com os estudantes, são outros tantos elementos que se devem ter em vista em reformas de maior alcance.

Que pensa a respeito o nosso antigo Professor da Faculdade de Filosofia de S. Paulo, – amigo e mestre de que guardamos a mais grata recordação? Porque não nos reunimos em algum lugar para debatermos problemas de tamanha importância? Escreva-me, se puder, que muito gostaria de conhecer sua opinião e seus pontos de vista.

Com as nossas melhores recomendações à Madame Arbousse Bastide, um saudoso abraço do

Fernando de Azevedo

São Paulo, 27 de novembro de 1970

    Meu caro Anísio*,

foi pena não ter tido oportunidade de revê-lo e ouvi-lo novamente, em outro encontro tanto de nossos desejos. Nos três dias ou pouco menos, que

---

* Anísio Spínola Teixeira. Nasceu em Caitité, Bahia, a 12 de julho de 1900 e faleceu no Rio de Janeiro a 11 de março de 1971. Fez seus primeiros estudos no Colégio Antonio Vieira, na Bahia, chegando a cogitar seriamente em ingressar na Companhia de Jesus. Estudou nos Estados Unidos, graduando-se em Educação (Universidade de Colúmbia, N.Y.) e ligando-se pela amizade e pelo espírito a John Dewey (1889-1952) e William H. Kilpatrick passamos no Rio quase não parávamos no hotel. Saíamos cedo e voltávamos sempre tarde.

Fico-lhe muito obrigado por ter vindo ver-me, com Dona Dina e o Alberto, no mesmo dia em que chegamos. Poucos, como você, na arte e no gosto da conversação, quase sempre num tom polêmico, de amável provocador, no debate de ideais. Lollia, minha filha, encantada ao ouvi-lo.

Diz-me em sua carta que, voltando para casa, foi ler ou reler o livro *Experiências*, de Arnold Toynbee, e, particularmente, no capítulo "Os outros assuntos". Esse ensaísta, historiador e filósofo era uma das leituras de minha predileção. Nem sempre estou de acordo com ele, mas era-me sempre um prazer acompanhá-lo em suas lembranças, reconstituições históricas, análises e previsões.

Penso, no entanto, que estamos vivendo uma época maravilhosa, de uma nova civilização baseada nas descobertas científicas e invenções técnicas, oriundas dessas descobertas. É um mundo novo em que, por suas inovações surpreendentes, e algumas espantosas, entramos um tanto atordoados, entre luzes do amanhecer de uma nova civilização.

A luta pela sobrevivência e pelo poder, é da natureza humana. Ela se trava em todas as épocas e continuará nesta e em todas as demais com a mesma força de um instinto: da reprodução, da sobrevivência, do poder, inerentes à própria natureza animal e humana. Para fé, caridade (amor) e esperança de que sempre, em todas as épocas, se alimentou o homem, para contrabalançar a força dos instintos, é que nos voltamos também hoje, como um alívio e uma compensação.

É interessante, e vale a pena notar, que, através de todas as civilizações, tão diversas em seus fundamentos, propósitos e ideais, o homem permaneceu sempre o mesmo, com seus instintos, suas fraquezas e seus anseios de poder e de domínio de si mesmo e sobre os outros. A mesma inteligência, na extrema variedade de graus e tipos; a mesma capacidade de amor, de sofrer e de odiar, igualmente variável dentro dos limites prefixados pela natureza e em que se debate o homem. Os mesmos instintos, as mesmas paixões.

Mas, como lembrou Ovídio naqueles dois belos versos das *Metamorfoses*: "Os homini sublime dedit coelumque tueri iussit et erectos ad sidera tollere vultus". "Ele (Deus) deu ao homem o dom sublime da palavra e mandou olhar o céu e voltar para as estrelas o rosto erguido". O poeta refe-

---

(1871-1965). Foi Diretor Geral do Departamento de Educação do Distrito Federal (1921). Na administração do prefeito Pedro Ernesto Batista (1886-1952) foi nomeado Secretário de Educação, lançando as bases de obra de grande envergadura, ao criar um verdadeiro sistema de educação, da escola primária à universidade, esta criada com o nome de Universidade do Distrito Federal. De 1935 a 1945, perseguido pela ditadura Vargas, afastou-se de qualquer atuação pública. Em 1951, retomou sua atividade no plano federal, a convite do ministro da Educação, Ernesto Simões Filho (1887-1957) exercendo primeiro o cargo de secretário-geral da Companhia de Aperfeiçoamento do Pessoal de Ensino Superior, CAPES, e depois, de 1952 a 1964, o de diretor do Instituto Nacional de Estudos Pedagógicos, INEP. Membro do Conselho Federal de Educação (1962) e reitor da Universidade de Brasília (1963-1964).

ria-se ao homem considerado em seu aspecto físico. E é também pela fé, caridade (no sentido da palavra *caritas*, no latim) e pela esperança, que o homem sempre se voltou e continuará a voltar-se para o céu. Para as estrelas. Isto é para o alto.

Nunca, meu caro, decorreu a transição de uma civilização para outra sem graves crises, mais ou menos longas. Até instaurar-se uma nova ordem de coisas. Como na época atual as transformações de toda ordem são e têm de ser mais profundas, compreende-se a desorientação que se apodera ou tende a apoderar-se da maior parte dos que nela vivemos.

É preciso tenhamos em conta que a nova crise de transição é a maior, a mais grave e a mais complexa, que atravessamos na história. A fé, que tantos procuram, continua viva, na maior parte dos homens, como se vê, na luta entre católicos e protestantes, na Irlanda, e nas manifestações religiosas de todos os países; a caridade no sentido de amor ao próximo, é uma aspiração e vontade de todos que guardam a esperança numa vida melhor, acalentada por tantos em toda parte.

A ciência e a técnica, constantemente aperfeiçoadas e renovadas, nada têm que ver com a aplicação que delas fazem os homens. Descobertas e invenções podem ser e têm sido utilizadas para o bem, isto é, para o conforto, o bem estar, o entretenimento, a intercomunicação e a paz. Nunca foram os homens tão bem informados e esclarecidos, como hoje, através da imprensa, do rádio e da televisão. Mas todos esses e outros recursos científicos e técnicos podem ser e têm sido utilizados também para deturpar a verdade, falsear informações e incitar a incompreensão, as lutas e as guerras.

Mas sempre foi assim desde tempos remotos, desde as mais antigas conquistas do homem para dominar a natureza e dela arrancar, por suas descobertas, os meios de desenvolver e apurar a defesa contra as hostilidades ambientes e quebrá-las e pô-las a seu serviço. Desde a descoberta ou a invenção da *roda* que, há milênios, serviu o homem, para o bem ou para o mal, e sem a qual não seriam hoje possíveis os veículos a motor e a própria aviação. E a descoberta, multi secular, da pólvora e, agora, das ondas eletromagnéticas, e da energia atômica e nuclear, que tornaram possíveis as viagens espaciais e astronáuticas.

Todas essas descobertas e invenções, como já lembrei, podem servir ao bem como ao mal, ao homem, seu criador, ou contra o seu próprio criador, por suas paixões na sociedade, por suas contradições internas. Mas isso sempre foi assim, e assim continuará a ser. Mas, nunca como hoje, se falou tanto nos direitos humanos e na necessidade de acudir com o pão a todos e de preservar a paz. Nunca se lutou tanto como hoje contra a desigualdade social de classes. Criam-se para isso instituições como a ONU e a Unesco que dela se originou; organizam-se conferências e assembléias para o estudo e a solução de problemas internacionais. E ouve-se, por toda a parte, um grito de advertência e de alarme contra o perigo de uma guerra mundial.

O Papa João XXIII inaugura, na Igreja, uma nova era, de entendimento e união de todos os credos religiosos, numa irmandade espiritual, e Paulo VI que lhe sucedeu, viaja para percorrer, em 10 dias, países católicos e de todos os credos. Com um pastor e missionário que se propõe congregar, num mesmo espírito senão de fé, de caridade e esperança, todos os povos cristãos, ou indiferentes ou mesmo infensos ao cristianismo.

Não, meu caro Anísio, não temos motivos para perder as esperanças de um mundo melhor. Senão para nossos filhos, para nossos netos. E, de modo geral, para as novas gerações. Eu compreendo a inquietação e o pessimismo de todos os que já cansaram de esperar. Mas esse pessimismo que se alastra por toda a parte e, sobretudo, na mocidade, desiludida pela perda de confiança nos valores antigos e sem encontrar, elaborados pela sociedade, os novos valores pelos quais se tem de orientar.

Era uma carta, e breve, que pretendia escrever-lhe, em resposta à que me mandou, sobre a nossa conversa no Hotel Serrador, do Rio. Mas, se me saiu longa demais, foi pela vontade de ser mais claro e preciso nas objeções que levantei, a seus pontos de vista, e v. teve a benevolência de ouvir. Pense bem sobre essas considerações, e esperemos, você e eu, por dias melhores. Com as nossas recomendações, muito afetuosas, para Emilinha, um abraço do muito e sempre seu,

Fernando

São Paulo, 28 de dezembro de 1970

Meu querido Anísio,

É tão grande prazer debater com você que, se percebemos que você já se vai pondo de acordo, somos tentados a suscitar novas divergências para prolongar a discussão. Se a vida, para Nietzche, é "uma conversação interminável", — "unendliches Gespräch", a sua o é mais do que qualquer outra e com agrado e proveito para todos. Pois vem sempre rica de críticas, idéias, sugestões e paradoxos. Podemos conversar horas a fio, sem nos sentirmos dispostos a encerrar a questão.

Tem você toda razão quando aponta, como duas das características da época o ritmo acelerado do curso dos acontecimentos e o aumento constante do poder material e intelectual do homem. E, podia acrescentar, a explosão demográfica, — um extraordinário avanço da população sem o aumento proporcional dos gêneros alimentícios. Um quadro, certamente, de sombrias perspectivas.

É claro serem hoje tão rápidas as transformações de toda ordem, operadas nas sociedades, que a história humana, repartida em séculos, pode hoje dividir-se, para ser estudada por decênios ou décadas. Nunca foi tão grande e desconcertante como hoje, o poder material, industrial, intelectual, — científico e técnico, — e político, do homem moderno. Nem a população no mundo se desmediu tanto no crescimento sem a solução correlata do problema de sua sobrevivência, além de dois terços.

Mas, essa aceleração no curso dos acontecimentos e nas transformações de estrutura econômica e social, provém exatamente do aumento do poder material e intelectual, do homem pelas descobertas científicas e técnicas. Delas é que resultou todo esse imenso aparelhamento mecânico: de máquinas de produção, de transportes, — autos e aviação; de comunicação (telégrafo, telefone, rádios) e de recreação (cinema, rádio e televisão). E perspectivas de viagens espaciais, aos planetas do sistema solar. Um mundo novo, desconcertante, mas espetacular sob todos os aspectos.

Mas esse mundo novo, a cujo amanhecer estamos assistindo, um pouco atordoados, se traz problemas, e problemas graves, inquietantes, porque à primeira vista insolúveis ou de solução difícil, reclama, impõe uma revisão em nossas concepções e em nossos estilos de vida. Não é, como nunca foi, o mundo que se tem de adaptar a nós, mas, nós é que temos de *adaptar-nos* a esse novo mundo que criamos, como aos "mundos" que encontraram, tão diferentes do de seus pais, tiveram de adaptar-se as gerações anteriores.

Não vejo razões para levantar a hipótese de destruição da espécie humana, em conseqüência desse espantoso poder material do homem. Ela desaparecerá sim. Mas daqui a milhões de anos, com o esfriamento do sol, que irá transformando a terra num vasto, imenso cemitério. Sem oxigênio, sem ar, sem qualquer sinal de vida vegetal ou animal. Mas, não se assustem. Isso se daria talvez daqui a uns quatro milhões de anos, se antes, uma revolução em galáxias mais próximas não vier a modificar ou destruir o sistema solar que espreguiça a terra, em seus sonhos e sofrimentos.

A esse propósito, conta-se que, ao fazer suas previsões sobre resfriamento do sol, por um processo de solidificação crescente da massa, um grande especialista alemão em geologia e astronomia declarou que o desaparecimento da vida na terra, em conseqüência do fenômeno, se daria dentro de, aproximadamente, quatro milhões de anos. Um dos estudantes, que o ouviam, não tendo percebido bem em quanto tempo se daria a catástrofe, levantou-se, visivelmente assustado e perguntou: "Em quantos anos, Professor?" Respondeu-lhe o mestre: "Quatro milhões". Ah!, suspirando, disse o rapaz: "Cuidei que o Sr. tivesse dito "quatrocentos mil". E sentou-se aliviado.

Enquanto não ocorrerem catástrofes como essas, o homem continuará a viver por aqui desenrolando novas séries de crises e transformações, em que o homem persistirá igual a si mesmo, criando e destruindo. Os dois impérios, capitalista e socialista, Estados Unidos e Rússia, que se disputam o domínio do mundo tendem a esfacelar-se pela própria força de suas contradições internas, fragmentando-se em povos e nações economicamente interdependentes.

A paz, – sem ou com uma nova guerra mundial, virá para todas as nações, hoje integradas nesses dois blocos que se hostilizam, e no futuro dissolvidas numa grande variedade de povos e de línguas. Sejam quais forem as crises, lutas e revoluções que sacudirem o mundo, as sociedades, ainda as mais diferenciadas, darão com seu caminho para alcançarem suas épocas de paz e novas condições de progresso. Estabilidade e crises, avanços e recuos, todo um processo que se repete em suas oscilações periódicas. Do muito e sempre seu,

Fernando

São Paulo, 8 de fevereiro de 1971

Meu querido Anísio,

a resposta que lhe devia por sua última carta, já lhe terá chegado às mãos. Foi registrada, pelo correio aéreo. Nela, depois de lhe falar sobre nossa terrível provação e de lhe agradecer as palavras amigas, entrei no outro assunto a que se referiu.

O de sua candidatura à nossa Academia, na vaga do eminente médico e professor Clementino Fraga, de quem fui amigo e guardo a mais grata recordação. Muito satisfeito por saber que já se havia inscrito, disse-lhe da minha inteira solidariedade. Você já está eleito. Mas faço questão de que com meus votos também.

Vão eles aqui, nos quatro escrutínios, e por seu intermédio, em carta ao nosso Presidente. Não espero mais do que o momento (se conseguir sobreviver até então) para o felicitar pela vitória de nosso Anísio. E, desde já, um abraço afetuoso,

Fernando de Azevedo

São Paulo, 14 de março de 1971

Prezada Dona Dina*,

em carta à Senhora, e na que escrevi ao Alberto, já lhe agradeci suas palavras de pesar pela morte de minha querida filha Livia. Foi para nós um grande golpe, tanto mais duro quanto inesperado e em circunstâncias desoladoras. Tremenda provação, essa que sofremos com a perda de dois filhos, em pouco mais de um ano.

Agora, a morte imprevista e em circunstâncias tão dolorosas, do nosso Anísio Teixeira, ilustre brasileiro, de admirável espírito público e um dos maiores nos domínios da educação e cultura. Amigo dos mais queridos, nunca nos faltou nas horas de sofrimento. Estou escrevendo a Emilinha uma carta que peço licença de lhe mandar por seu intermédio por não lhe saber o endereço. Ao Anísio escrevia sempre para a Editora Nacional.

Não temos tido, ultimamente, notícias da Senhora, dos filhos e netos. Gostaríamos de tê-las com mais freqüência e com elas uma palavra sobre Emilinha e os filhos. Por aqui, Elisa e eu, carregando a nossa cruz mais pesada do que todo o peso da idade. Estes dois últimos anos foram os mais dolorosos de nossa vida de casados, que já conta pouco mais de cinqüenta anos.

Com as recomendações de Elisa, a velha amizade do

Fernando de Azevedo

*Dina Fleischer Venâncio Filho. Nascida em 1907, casou-se em 1928 com Francisco Venâncio Filho. Foi Professora de inglês do Colégio Bennett e do Colégio Pedro II; pertence à Associação Brasileira de Educação.

São Paulo, 6 de outubro de 1971

Meu caro Rui Martins,

a mais agradável surpresa nestes últimos dias foi a visita que me fez v. por sua carta, lida e relida pelos olhos de Lollia, minha filha. Pois a luz dos meus (não sei se já lhe contei) se vem apagando rapidamente. Escrever, escrevo ainda e com letra perfeitamente legível, para a filha me bater à máquina, mas não leio sequer o que vou lançando no papel.

Vamos porém, à sua carta, que é o que importa. Por três razões, — por me vir de você de quem não tinha notícias há meses; pelo que me conta de sua filha Manu, e por tudo o que revela de seu estado de alma. Como, em outras ocasiões, v. se abre comigo, por saber que, embora possa divergir de sua concepção de vida e sua maneira de encarar as coisas, os fatos e o homem, sou dos que mais lhe querem e mais o admiram.

É uma sorte para v. ter nos braços e sob os olhos essa criaturinha encantadora, de cinco meses que é Manuela, com o seu sorriso e toda aquela graça que têm as crianças, na espontaneidade de suas reações. Eu gosto imensamente de crianças e sempre que me ponho em contato com elas, lembro-me daquele desabafo de Dumas: "Porque, sendo tão inteligentes as crianças, os homens são, freqüentemente tão estúpidos?" É que, em geral, o que eles ganham em maturidade e experiências, perdem, pela vaidade e presunção, a naturalidade comunicativa, o segredo de atrair e de prender, sem o procurar.

O mundo que se prepara para a humanidade não é (permita-me esse ponto de vista tão diferente) o da massificação, da automação, como v. pensa na sua visão pessimista. Nunca será o homem um *robot*, um ser controlado por computadores. No processo de massificação nas sociedades mais disciplinadas e autoritárias, de nivelamento por baixo, sempre houve e haverá sempre uma minoria que guarda e enriquece as suas melhores e mais altas tradições de liberdade de opinião e de crítica, de individualismo e de independência até a rebeldia. É o que a história registra, o presente anota e o futuro confirmará.

Para não se transformar num *robot* e não ser tão rigidamente controlado, o homem dispõe de reservas inesgotáveis. Se uma maioria, como se deu em todas as épocas, tende a acomodar-se por egoísmo ou incapacidade de reação, sempre uma minoria que se recusa ao papel de *robot* e a ser controlada por qualquer espécie de pressões, ainda que com o sacrifício da paz, da liberdade e da própria vida.

As páginas da história de séculos ou de milênios estão repletas de perseguidos, mártires e expatriados, por se terem recusado a afundar na massa dos que não têm disposição ou meios de reagir contra forças opressoras. "Et s'il n'y a qu'un seul, je serai celui-là." São palavras de Victor Hugo, que exprimem o pensamento e a independência de muitos.

Passam e repassam as épocas de rebeldia, de paz, de opressões e novas conquistas da liberdade, e o homem emerge do tumulto continuando o mesmo, com o se instinto de conservação que o leva tantas vezes a acomodar-se, a submeter-se, a calar, e outras tantas a protestar e a rebelar-se contra tudo e contra todos. O homem de nosso século vinte é, no final das contas, o mesmo de milênios atrás. Conheço bem, e infelizmente, sua capacidade de subserviência e acomodação, mas não me esqueço, ao reler a história, de suas tremendas reações e represálias revolucionárias.

Escreva-me logo e, por favor, diga-me se recebeu esta carta, escrita a correr. Vai ela registrada, para o endereço que me mandou.

Afetuoso abraço do

Fernando de Azevedo

*Carta de Lourenço Filho a Fernando de Azevedo, com outra, de Frota Pessoa, em anexo**.

Fernando,

remeti um exemplar da *Introdução* ao Frota, pedindo-lhe a sua impressão. Ele ma enviou, em carta, que copio, adiante, porque ela interessa tanto ao seu arquivo, quanto ao meu. Falando de escola nova, ele não podia deixar de referir-se a V. e à sua obra, no Distrito. E o faz, com tanta precisão, que esboça um retrato seu, admirável. Ponha de parte os conceitos altamente generosos que ele teve para com a "Introdução", e atente para o resto. De outros amigos caros, tais expressões não me impressionariam, como partidas do Frota, que V. bem conhece: todo ele pensamento e coragem de dizer, equilibrado nas suas expansões, mas incapaz de iludir com um eufemismo o que lhe passe pela mente. Eis a carta:

Rio, 12 de agosto de 1930

Meu caro Lourenço Filho,

Acabo de ler sua admirável *Introdução ao estudo da Escola Nova*. Você fez a obra indispensável, no momento, para orientar os educadores brasileiros na interpretação da filosofia e na crítica dos métodos da educação moderna.

Creio que não há na bibliografia contemporânea nenhum livro tão oportuno sobre a matéria, tão claro e equilibrado. Dentro da selva intrincada dos conceitos, das doutrinas e das experiências de tantos inovadores, V. foi um pensador ponderado, um crítico meticuloso e avisado, um didata experimentado e um artista encantador pela perícia com que desbravou o campo e removeu o material inútil e nocivo à perfeita compreensão do problema.

---
*A carta de Frota Pessoa a Lourenço Filho contém uma descrição da personalidade de Fernando, ou, pelo menos, de como alguns amigos o viam...

Sinto-me feliz por encontrar a cada passo com V. nas idéias principais da obra e sobretudo na afirmação da supremacia do sistema criado por Dewey, que, certamente mais por intuição que por um estudo profundo, sempre reputei o mais lógico, racional e despido de qualquer artifício.

Só discordo de V. na tolerância com que parece aceitar a cooperação da influência do misticismo como fator educativo. O misticismo, sob seus aspectos profundos, é o vínculo mais poderoso que nos liga ao homem primitivo e, portanto, ao estádio selvagem; e convém que, pela educação, seja extirpado, quanto possa ser, nas gerações que queremos livres e felizes. Libertar as consciências humanas da angústia do sobrenatural, do erro das superstições, é, para mim, dever primordial do educador, embora está claro, sem violar ou deformar as tendências caracterizadas por um temperamento excessivamente afetivo, que se poderia deflagrar em psicose a um choque violento.

Você, Lourenço, é um dos poucos homens talhados, nesta ocasião, para dirigir o departamento da educação no Distrito Federal, ou para ser Ministro da Educação Nacional, mas com o Fernando de Azevedo como Prefeito, ou como Presidente da República (não seria preciso fazê-lo ditador como ele mais gostaria).

Vocês dois se completam, mas não se poderiam substituir reciprocamente. Para uma grande reforma nacional de educação (ou de qualquer outro gênero), o Fernando de Azevedo é o homem oportuno, ajustado e talvez único. Moldado em aço, mas, aqui e ali, com felizes falhas na têmpera, obstinado e explosivo, intrinsecamente probo em atos e intenções, ardendo em uma chama perene de idealismo, sentimental e duro ao mesmo tempo, abstrato e dispersivo *in modo*, objetivo, retilíneo e fulminante *in re*, ele possui as virtudes clássicas e também as heterodoxas (a que chamamos defeitos), indispensáveis a um criador de realidades cósmicas, harmoniosas e fecundas. Poucos o amam, muitos o detestam, e quase todos o temem. E entre os que lhe querem e o admiram, não sei quantos, como eu, o compreenderão e aceitarão integralmente.

Agora você não será homem para temporais (vá com restrições). Poderia naturalmente, em calma e ambiente pacífico, formular um magnífico código de educação, mas não o importa a força, não jogaria por ele a sua vida, não se agarraria a ele como um desesperado, afrontando tudo para salvá-lo íntegro e ileso.

Todavia, para executá-lo, tanto em suas linhas mestras, como em seus detalhes, para coordenar todos os seus elementos vivos e realizar a obra imposta ao ambiente e aceita pelas consciências, aí onde o Fernando de Azevedo poderia talvez esmorecer e fraquear, V. me parece incomparável e quase solitário atualmente no Brasil.

Quando estou em despedida da minha vida pública, fico a sonhar esse sonho de ainda ver vocês dois unidos, talhando neste formidável Brasil uma obra de construção nacional que o redima de meio século de erros e de experiências fúteis.

Queira-me bem, aceite meus mais efusivos parabéns e um abraço cordial do seu amigo e admirador

(a) Frota Pessoa.

Está conforme.
Com um abraço do muito seu

(a) Lourenço Filho.

São Paulo, 15 de agosto de 1930.

2. Plano de Livro

— Plano, para rever

Miséria da Escola e Escola da 1ª idade

Erros e incertezas da educação atual

Prefácio — (Objetividade do cientista e caráter político de...)

Introdução — (ver, outra nota)

I — Sem planejamento e espírito de continuidade.

II — Problema quase insolúvel, — o do analfabetismo

III — "explosão" democrática "escolar".

Segue Parte Segunda

IV — Em que consiste nossa educação de hoje? (análise da nossa...)

V — E a que se reduz o ensino médio (secundário e técnico)?

VI — O crescimento quantitativo das escolas desses dois níveis, e suas consequências.

Parte Terceira

VII — O problema de formação dos professores ... (Escolas Normais, Institutos de Educ. e Fac. de Filosofia)

VIII — E o de formação de cientistas e de técnicos?

IX — Batendo às portas do ensino superior e misericórdia.

Parte Quarta

X — Estruturas que estalam (os sistemas burocráticos das escolas como dos Ministérios de Ed. e Secretarias de Educação e Cultura.)

XI — Estatismo e anti-estatismo em diante e a educação.

XII — Igualdade de oportunidades para todo

Conclusão

~~XIII~~ — Falência do ensino?

~~XIV~~ — Diagnóstico e prognóstico acerca. (encurralado pela miséria da escola e escola da miséria)

Leituras indicadas:

Henri Chatreix — "L'école primaire est-elle une école populaire?" in Esprit. Revue Internationale, 1er Mai 1937. 5e année. 56, Paris

Louis Cros — "L'explosion" scolaire. Publication du Comité Universitaire d'Information Pédagogique. 1961

PLANO DE LIVRO

Plano, para rever
Miséria da Escola e Escola da Miséria
Erros e incertezas da educação atual

Prefácio – (objetividade do cientista e caráter polêmico)

Introdução – (ver, outra nota)

Parte Primeira

I – Sem planejamento e espírito de continuidade
II – Problema quase insolúvel, o do analfabetismo.
III – "Explosão" demográfica e escolar

Parte Segunda

IV – Em que consiste nossa educação de base (análise do ensino primário).
V – E a que se reduz o ensino médio (secundário e técnico)?
VI – O crescimento quantitativo das escolas desses dois níveis, e suas conseqüências.

Parte Terceira

VII – O problema de formação de professores... (Escolas Normais, Instituto de Educação e Faculdade de Filosofia)
VIII – E o de formação de cientistas e de técnicos?

Parte Quarta

IX – Batendo às portas do ensino superior e universitário.
X – Estruturas que estalam (as estruturas burocráticas das Escolas como dos Ministérios e Secretarias de Educação e Cultura).
XI – Estatismo e antiestatismo radicais e a educação.
XII – Igualdade de oportunidades para todos.

Conclusão

Falência do ensino?
Diagnóstico e prognóstico severo (concluindo pela miséria da escola e escola da miséria).

Leituras indicadas:

Henri Chatreix, "L'école primaire est-elle une école populaire" *in Esprit*, Revue Internationale, 1er Mai 1937. 5 ème Année 56. Paris.

Louis Cros, *"L' explosion" scolaire*. Publication du Comité Universitaire d'Information Pedagogique. 1961.

3. Manifestos

A RECONSTRUÇÃO EDUCACIONAL NO BRASIL

MANIFESTO DOS PIONEIROS DA EDUCAÇÃO NOVA*

Na hierarquia dos problemas nacionais, nenhum sobreleva em importância e gravidade ao da educação. Nem mesmo os de caráter econômico lhe podem disputar a primazia nos planos de reconstrução nacional. Pois, se a evolução orgânica do sistema cultural de um país depende de suas condições econômicas, é impossível desenvolver as forças econômicas ou de produção, sem o preparo intensivo das forças culturais e o desenvolvimento das aptidões à invenção e à iniciativa que são os fatores fundamentais do acréscimo de riqueza de uma sociedade. No entanto, se depois de 43 anos de regime republicano, se der um balanço ao estado atual da educação pública, no Brasil, se verificará que, dissociadas sempre as reformas econômicas e educacionais, que era indispensável entrelaçar e encadear, dirigindo-as no mesmo sentido, todos os nossos esforços, sem-unidade de plano e sem espírito de continuidade, não lograram ainda criar um sistema de organização escolar, à altura das necessidades modernas e das necessidades do país. Tudo fragmentário e desarticulado. A situação atual, criada pela sucessão periódica de reformas parciais e freqüentemente arbitrárias, lançadas sem solidez econômica e sem uma visão global do problema, em todos os seus aspectos, nos deixa antes a impressão desoladora de construções isoladas, algumas já em ruína, outras abandonadas em seus alicerces, e as melhores, ainda não em termos de serem despojadas de seus andaimes...

Onde se tem de procurar a causa principal desse estado antes de inorganização do que de desorganização do aparelho escolar, é na falta, em quase todos os planos e iniciativas, da determinação dos fins de educação (aspecto filosófico e social) e da aplicação (aspecto técnico) dos métodos

---

* Manifesto lançado ao povo e ao governo em março de 1932, e de que, nesse mesmo ano, se tirou a 1ª edição (Comp. Editora Nacional, São Paulo, 1932).

científicos aos problemas de educação. Ou, em poucas palavras, na falta de espírito filosófico e científico, na resolução dos problemas da administração escolar. Esse empirismo grosseiro, que tem presidido ao estudo dos problemas pedagógicos, postos e discutidos numa atmosfera de horizontes estreitos, tem as suas origens na ausência total de uma cultura universitária e na formação meramente literária de nossa cultura. Nunca chegamos a possuir uma "cultura própria", nem mesmo uma "cultura geral" que nos convencesse da "existência de um problema sobre objetivos e fins da educação". Não se podia encontrar, por isto, unidade e continuidade de pensamento em planos de reformas, nos quais as instituições escolares, esparsas, não traziam, para atraí-las e orientá-las para uma direção, o polo magnético de uma concepção da vida, nem se submetiam, na sua organização e no seu funcionamento, a medidas objetivas com que o tratamento científico dos problemas da administração escolar nos ajuda a descobrir, à luz dos fins estabelecidos, os processos mais eficazes para a realização da obra educacional.

Certo, um educador pode bem ser um filósofo e deve ter a sua filosofia de educação; mas, trabalhando cientificamente nesse terreno, ele deve estar tão interessado na determinação dos fins de educação, quanto também dos meios de realizá-los. O físico e o químico não terão necessidade de saber o que está e se passa além da janela do seu laboratório. Mas o educador, como o sociólogo, tem necessidade de uma cultura múltipla e bem diversa; as alturas e as profundidades da vida humana e da vida social não devem estender-se além do seu raio visual; ele deve ter o conhecimento dos homens e da sociedade em cada uma de suas fases, para perceber, além do aparente e do efêmero, "o jogo poderoso das grandes leis que dominam a evolução social", e a posição que tem a escola, e a função que representa, na diversidade e pluralidade das forças sociais que cooperam na obra da civilização. Se tem essa cultura geral, que lhe permite organizar uma doutrina de vida e ampliar o seu horizonte mental, poderá ver o problema educacional em conjunto, de um ponto de vista mais largo, para subordinar o problema pedagógico ou dos métodos ao problema filosófico ou dos fins da educação; se tem um espírito científico, empregará os métodos comuns a todo gênero de investigação científica, podendo recorrer a técnicas mais ou menos elaboradas e dominar a situação, realizando experiências e medindo os resultados de toda e qualquer modificação nos processos e nas técnicas, que se desenvolveram sob o impulso dos trabalhos científicos na administração dos serviços escolares.

À luz dessas verdades e sob a inspiração de novos ideais de educação, é que se gerou, no Brasil, o movimento de reconstrução educacional, com que, reagindo contra o empirismo dominante, pretendeu um grupo de educadores, nestes últimos doze anos, transferir do terreno administrativo para os planos político-sociais a solução dos problemas escolares. Não foram ataques injustos que abalaram o prestígio das instituições antigas; foram essas instituições, criações artificiais ou deformadas pelo egoísmo e pela rotina, a que serviram de abrigo, que tornaram inevitáveis os ataques contra ela. De fato, por que os nossos métodos de educação haviam de continuar a ser tão prodigiosamente rotineiros, enquanto no México, no Uruguai, na Argentina e no Chile, para só falar na América espanhola, já se operavam transformações profundas no aparelho educacional, reorganizado em novas bases e em ordem a finalidades lucidamente descortinadas? Por que os nossos programas se haviam ainda de fixar nos quadros de *segregação social*, em que os encerrou a república, há 43 anos, enquanto nossos meios de locomoção e os processos de indústria centuplicaram de eficácia, em pouco mais de um quartel de século? Por que a escola havia de permanecer, entre nós, isolada do ambiente, como uma instituição enquistada no meio social, sem meios de influir sobre ele, quando, por toda parte, rompendo a barreira das tradições, a ação educativa já desbordava a escola, articulando-se com as outras instituições sociais, para estender o seu raio de influência e de ação?

Embora, a princípio, sem diretrizes definidas, esse movimento francamente renovador inaugurou uma série fecunda de combates de idéias, agitando o ambiente para as primeiras reformas impelidas para uma nova direção. Multiplicaram-se as associações e iniciativas escolares, em que esses debates testemunhavam a curiosidade dos espíritos, pondo em circulação novas idéias e transmitindo aspirações novas com um caloroso entusiasmo. Já se despertava a consciência de que, para dominar a obra educacional, em toda a sua extensão, é preciso possuir, em alto grau, o hábito de se prender, sobre bases sólidas e largas, a um conjunto de idéias abstratas e de princípios gerais, com que possamos armar um ângulo de observação, para vermos mais claro e mais longe e desvendarmos, através da complexidade tremenda dos problemas sociais, horizontes mais vastos. Os trabalhos científicos no ramo da educação já nos faziam sentir, em toda a sua força reconstrutora, o axioma de que se pode ser tão científico no estudo e na resolução dos problemas educativos, como nos da engenharia e das finanças. Não tardaram a surgir, no Distrito Federal e em três ou quatro Estados, as reformas e, com elas, as realizações, com espírito científico, e inspiradas por um ideal que, modelado à imagem da vida, já lhe refletia a complexidade. Contra ou a favor, todo o mundo se agitou. Esse movimento é hoje uma idéia em marcha, apoiando-se sobre duas forças que se completam: a força das idéias e a irradiação dos fatos.

Mas, com essa campanha, de que tivemos a iniciativa e assumimos a responsabilidade, e com a qual se incutira, por todas as formas, no magistério, o espírito novo, o gosto da crítica e do debate e a consciência da necessidade de um aperfeiçoamento constante, ainda não se podia considerar inteiramente aberto o caminho às grandes reformas educacionais. É certo que, com a efervescência intelectual que produziu no professorado, se abriu, de uma vez, a escola a esses ares, a cujo oxigênio se forma a nova geração de educadores e se vivificou o espírito nesse fecundo movimento renovador no campo da educação pública, nos últimos anos. A maioria dos espíritos, tanto da velha como da nova geração, ainda se arrastam, porém, sem convicções, através de um labirinto de idéias vagas, fora de seu alcance, e certamente, acima de sua experiência; e, porque manejam palavras, com que já se familiarizaram, imaginam muitos que possuem as idéias claras, o que lhes tira o desejo de adquiri-las... Era preciso, pois, imprimir uma direção cada vez mais firme a esse movimento já agora nacional, que arrastou consigo os educadores de mais destaque, e levá-lo a seu ponto culminante com uma noção clara e definida de suas aspirações e suas responsabilidades. Aos que tomaram posição na vanguarda da campanha de renovação educacional, cabia o dever de formular, em documento público, as bases e diretrizes do movimento que souberam provocar, definindo, perante o público e o governo, a posição que conquistaram e vêm mantendo desde o início das hostilidades contra a escola tradicional.

Reformas e a reforma

Se não há país "onde a opinião se divida em maior número de cores, e se não se encontra teoria que entre nós não tenha adeptos", segundo já observou Alberto Torres, princípios e idéias não passam, entre nós, de "bandeira de discussão, ornatos de polêmica ou simples meio de êxito pessoal ou político". Ilustrados, às vezes, e eruditos, mas raramente cultos, não assimiladas bastante as idéias para se tornarem num núcleo de convicções ou um sistema de doutrina, capaz de nos impelir à ação em que costumam desencadear-se aqueles "que pensaram sua vida e viveram seu pensamento". A interpenetração profunda que já se estabeleceu, em esforços constantes, entre as nossas idéias e convicções e a nossa vida de educadores, em qualquer setor ou linha de ataque em que tivemos de desenvolver a nossa atividade, já denuncia, porém, a fidelidade e o vigor com que caminhamos para a obra de reconstrução educacional, sem estadear a segurança de um triunfo fácil, mas com a serena confiança na vitória definitiva de nossos ideais de educação. Em lugar dessas reformas parciais, que se sucederam, na sua quase totalidade, na estreiteza crônica de tentativas empíricas, o nosso programa concretiza uma nova política educacional, que nos preparará, por etapas, à grande reforma, em que palpitará, com o ritmo acelerado dos organismos novos, o músculo central da estrutura política e social da nação.

Em cada uma das reformas anteriores, em que impressiona vivamente a falta de uma visão global do problema educativo, a força inspiradora ou a energia estimulante mudou apenas de forma, dando soluções diferentes aos problemas particulares. Nenhuma antes desse movimento renovador penetrou o âmago da questão, alterando os caracteres gerais e os traços salientes das reformas que o precederam. Nós assistíamos à aurora de uma verdadeira renovação educacional, quando a revolução estalou. Já tínhamos chegado então, na campanha de divisão das águas. Mas, a educação que, no final de contas, se resume logicamente numa reforma social, não pode, ao menos em grande proporção, realizar-se senão pela ação extensa e intensiva da escola sobre o indivíduo e deste sobre si mesmo, nem produzir-se, do ponto de vista das influências exteriores, senão por uma evolução contínua, favorecida e estimulada por todas as forças organizadas de cultura e de educação. As surpresas e os golpes de teatro são impotentes para modificarem o estado psicológico e moral de um povo. É preciso, porém, atacar essa obra, por um plano integral, para que ela não se arrisque um dia a ficar no estado fragmentário, semelhante a essas muralhas pelásgicas, inacabadas, cujos blocos enormes, esparsos ao longo sobre o solo, testemunharam gigantes que os levantaram, e que a morte surpreendeu antes do coroamento de seus esforços...

Finalidades da educação

Toda a educação varia sempre em função de uma "concepção da vida", refletindo, em cada época, a filosofia predominante que é determinada, a seu turno, pela estrutura da sociedade. É evidente que as diferentes camadas e grupos (classes) de uma sociedade dada terão respectivamente opiniões diferentes sobre a "concepção do mundo", que convém fazer adotar ao educando e sobre o que é necessário considerar como "qualidade socialmente útil". O fim da educação não é, como bem observou G. Davy, "desenvolver de maneira anárquica as tendências dominantes do educando; se o mestre intervém para transformar, isto implica nele a representação de um certo ideal à imagem do qual se esforça por modelar os jovens espíritos". Esse ideal e aspiração dos adultos torna-se mesmo mais fácil de apreender exatamente quando assistimos à sua transmissão pela obra educacional, isto é, pelo trabalho a que a sociedade se entrega para educar os seus filhos. A questão primordial das finalidades da educação gira, pois, em torno de uma concepção da vida, de um ideal, a que devem conformar-se os educandos, e que uns consideram abstrato e absoluto, e outros, concreto e relativo, variável no tempo e no espaço. Mas, o exame, num longo olhar para o passado, da evolução da educação através das diferentes civilizações, nos ensina que o "conteúdo real desse ideal" variou sempre de acordo com a estrutura e as tendências sociais da época, extraindo a sua vitalidade, como a sua força inspiradora, da própria natureza da realidade social.

Ora, se a educação está intimamente vinculada à filosofia de cada época, que lhe define o caráter, rasgando sempre novas perspectivas ao pensamento pedagógico, a educação nova não pode deixar de ser uma reação categórica, intencional e sistemática contra a velha estrutura do serviço educacional, artificial e verbalista, montada para uma concepção vencida. Desprendendo-se dos interesses de classes, a que ela tem servido, a educação perde o "sentido aristológico", para usar a expressão de Ernesto Nélson, deixa de constituir um privilégio determinado pela condição econômica e social do indivíduo, para assumir um "caráter biológico", com que ela se organiza para a coletividade em geral, reconhecendo a todo o indivíduo o direito a ser educado até onde o permitam as suas aptidões naturais, independente de razões de ordem econômica e social. A educação nova, alargando a sua finalidade para além dos limites das classes, assume, com uma feição mais humana, a sua verdadeira função social, preparando-se para formar "a hierarquia democrática" pela "hierarquia das capacidades", recrutadas em todos os grupos sociais, a que se abrem as mesmas oportunidades de educação. Ela tem, por objeto, organizar e desenvolver os meios de ação durável, com o fim de "dirigir o desenvolvimento natural e integral do ser humano em cada uma das etapas de seu crescimento", de acordo com uma certa concepção do mundo.

A diversidade de conceitos da vida provém, em parte, das diferenças de classes e, em parte, da variedade do conteúdo da noção de "qualidade socialmente útil", conforme o ângulo visual de cada uma das classes ou grupos sociais. A educação nova que, certamente pragmática, se propõe ao fim de servir não aos interesses de classes, mas aos interesses do indivíduo, e que se funda sobre o princípio da vinculação da escola com o meio social, tem o seu ideal condicionado pela vida social atual, mas profundamente humano, de solidariedade, de serviço social e cooperação. A escola tradicional, instalada para uma concepção burguesa, vinha mantendo o indivíduo na sua autonomia isolada e estéril, resultante da doutrina do individualismo libertário, que teve aliás o seu papel na formação das democracias e sem cujo assalto não se teriam quebrado os quadros rígidos da vida social. A escola socializada, reconstituída sobre a base da atividade e da produção, em que se considera o trabalho como a melhor maneira de estudar a realidade em geral (aquisição ativa da cultura) e a melhor maneira de estudar o trabalho em si mesmo, como fundamento da sociedade humana, se organizou para remontar a corrente e restabelecer, entre os homens, o espírito de disciplina, solidariedade e cooperação, por uma profunda obra social que ultrapassa largamente o quadro estreito dos interesses de classes.

Mas por menos que pareça, nessa concepção educacional, cujo embrião já se disse ter-se gerado no seio das usinas e de que se impregnam a carne e o sangue de tudo que seja objeto da ação educativa, não se rompeu nem está a pique de romper-se o equilíbrio entre os valores mutáveis e os valores permanentes da vida humana. Onde, ao contrário, se assegurará melhor esse equilíbrio é no novo sistema de educação, que, longe de se propor a fins particulares de determinados grupos sociais, às tendências ou preocupações de classes, os subordina aos fins fundamentais e gerais que assinala a natureza nas suas funções biológicas. É certo que é preciso fazer homens, antes de fazer instrumentos de produção. Mas, o trabalho que foi sempre a maior escola de formação da personalidade moral, não é apenas o método que realiza o acréscimo da produção social, é o único método suscetível de fazer homens cultivados e úteis sob todos os aspectos. O trabalho, a solidariedade social e a cooperação, em que repousa a ampla utilidade das experiências; a consciência social que nos leva a compreender as necessidades do indivíduo através das da comunidade, e o espírito de *justiça*, de renúncia e de disciplina, não são, aliás, grandes "valores permanentes" que elevam a alma, enobrecem o coração e fortificam a vontade, dando expressão e valor à vida humana? Um vício das escolas espiritualistas, já o ponderou Jules Simon, é o "desdém pela multidão". Quer-se raciocinar entre si e refletir entre si. Evitai de experimentar a sorte de todas as aristocracias que se estiolam no isolamento. Se se quer servir à humanidade, é preciso estar em comunhão com ela...

Certo, a doutrina de educação, que se apóia no respeito da personalidade humana, considerada não mais como meio, mas como fim em si mesmo, não poderia ser acusada de tentar, com a escola do trabalho, fazer do homem uma máquina, um instrumento exclusivamente apropriado a ganhar o salário e a produzir um resultado material num tempo dado. "A alma tem uma potência de milhões de cavalos, que levanta mais peso do que o vapor. Se todas as verdades matemáticas se perdessem, escreveu Lamartine, defendendo a causa da educação integral, o mundo industrial, o mundo material, sofreria sem dúvida um detrimento imenso e um dano irreparável; mas, se o homem perdesse uma só das suas verdades morais, seria o próprio homem, seria a humanidade inteira que pereceria". Mas, a escola socializada não se organizou como um meio essencialmente social senão para transferir do plano da abstração ao da vida escolar em todas as suas manifestações, vivendo-se intensamente, essas virtudes e verdades morais, que contribuem, para harmonizar os interesses individuais e os interesses coletivos. "Nós não somos antes homens e depois seres sociais", lembra-nos a voz insuspeita de Paul Bureau; somos seres sociais, por isto mesmo que somos homens, e a verdade está antes em que não há ato, pensamento, desejo, atitude, resolução, que tenham em nós sós seu princípio e seu termo e que realizem em nós somente a totalidade de seus efeitos.

O Estado em face da educação

a) A educação, uma função essencialmente pública

Mas, do direito de cada indivíduo à sua educação integral, decorre logicamente para o Estado que o reconhece e o proclama, o dever de considerar a educação, na variedade de seus graus e manifestações, como uma função social e eminentemente pública, que ele é chamado a realizar, com a cooperação de todas as instituições sociais. A educação que é uma das funções de que a família se vem despojando em proveito da sociedade política, rompeu os quadros do comunismo familial e dos grupos específicos (instituições privadas), para se incorporar definitivamente entre as funções essenciais e primordiais do Estado. Esta restrição progressiva das atribuições da família, – que também deixou de ser "um centro de produção" para ser apenas um "centro de consumo", em face da nova concorrência dos grupos profissionais, nascidos precisamente em vista da proteção de interesses especializados", – fazendo-a perder constantemente em extensão, não lhe tirou a "função específica", dentro do "foco interior", embora cada vez mais estreito, em que ela se confinou. Ela é ainda o "quadro natural que sustenta socialmente o indivíduo, como o meio moral em que se disciplinam as tendências, onde nascem, começam a desenvolver-se e continuam a entreter-se as suas aspirações para o ideal". Por isto, o Estado, longe de prescindir da família, deve assentar o trabalho da educação no apoio que ela dá à escola e na colaboração efetiva entre pais e professores, entre os quais, nessa obra profundamente social, tem o dever de restabelecer a confiança e estreitar as relações, associando e pondo a serviço da obra comum essas duas forças sociais – a família e a escola, que operavam de todo indiferentes, se não em direções diversas e às vezes opostas.

b) A questão da escola única

Assentado o princípio do direito biológico de cada indivíduo à sua educação integral, cabe evidentemente ao Estado a organização dos meios de o tornar efetivo, por um plano geral de educação, de estrutura orgânica, que torne a escola acessível, em todos os seus graus, aos cidadãos a quem a estrutura social do país mantém em condições de inferioridade econômica para obter o máximo de desenvolvimento de acordo com as suas aptidões vitais. Chega-se, por esta forma, ao princípio da escola para todos, "escola comum ou única", que, tomado a rigor, só não ficará na contingência de sofrer quaisquer restrições, em países em que as reformas pedagógicas estão intimamente ligadas com a reconstrução fundamental das relações sociais. Em nosso regime político, o Estado não poderá, decerto, impedir que, graças à organização de escolas privadas de tipos diferentes, as classes mais privilegiadas asseguram a seus filhos uma educação de classe determinada; mas está no dever indeclinável de não admitir, dentro do sistema escolar do Estado, quaisquer classes ou escolas, a que só tenha acesso uma minoria, por um privilégio exclusivamente econômico. Afastada a idéia do monopólio da educação pelo Estado num país, em que o Estado, pela sua situação financeira não está ainda em condições de assumir a sua responsabilidade exclusiva, e em que, portanto, se torna necessário estimular, sob sua vigilância, as instituições privadas idôneas, a "escola única" se entenderá, entre nós, não como "uma conscrição precoce", arrolando, da escola infantil à universidade, todos os brasileiros, e submetendo-os durante o maior tempo possível a uma formação idêntica, para ramificações posteriores em vista de destinos diversos, mas antes como a escola oficial, única, em que todas as crianças, de 7 a 15, todas ao menos que, nessa idade, sejam confiadas pelos pais à escola pública, tenham uma educação comum, igual para todos.

c) A laicidade, gratuidade, obrigatoriedade e co-educação

A laicidade, gratuidade, obrigatoriedade e co-educação são outros tantos princípios em que assenta a escola unificada e que decorrem tanto da subordinação à finalidade biológica da educação de todos os fins particulares e parciais (de classes, grupos ou crenças), como do reconhecimento do direito biológico que cada ser humano tem à educação. A laicidade, que coloca o ambiente escolar acima de crenças e disputas religiosas, alheio a todo o dogmatismo sectário, subtrai o educando, respeitando-lhe a integridade da personalidade em formação, à pressão perturbadora da escola quando utilizada como instrumento de propaganda de seitas e doutrinas. A gratuidade extensiva a todas as instituições oficiais de educação é um princípio igualitário que torna a educação, em qualquer de seus graus, acessível não a uma minoria, por um privilégio econômico, mas a todos os cidadãos que tenham vontade e estejam em condições de recebê-la. Aliás o Estado não pode tornar o ensino obrigatório, sem torná-lo gratuito. A obrigatoriedade que, por falta de escolas, ainda não passou do papel, nem em relação ao ensino primário, e se deve estender progressivamente até uma idade conciliável com o trabalho produtor, isto é, até aos 18 anos, é mais necessária ainda "na sociedade moderna em que o industrialismo e o desejo de exploração humana sacrificam e violentam a criança e o jovem", cuja educação é freqüentemente impedida ou mutilada pela ignorância dos pais ou responsáveis e pelas contingências econômicas. A escola unificada não permite ainda, entre alunos de um e outro sexo, outras separações que não sejam as que aconselham as suas aptidões psicológicas e profissionais, estabelecendo em todas as instituições "a educação em comum" ou co-educação, que, pondo-os no mesmo pé de igualdade e envolvendo todo o processo educacional, torna mais econômica a organização da obra escolar e mais fácil a sua graduação.

A função educacional

a) A unidade da função educacional

A consciência desses princípios fundamentais da laicidade, gratuidade e obrigatoriedade, consagrados na legislação universal, já penetrou profundamente os espíritos, como condições essenciais à organização de um regime escolar, lançado, em harmonia com os direitos do indivíduo, sobre as bases da unificação do ensino, com todas as suas conseqüências. De fato, se a educação se propõe, antes de tudo, a desenvolver ao máximo a capacidade vital do ser humano, deve ser considerada "uma só" a função educacional, cujos diferentes graus estão destinados a servir às diferentes fases de seu crescimento, "que são partes orgânicas de um todo que biologicamente deve ser levado à sua completa formação". Nenhum outro princípio poderia oferecer ao panorama das instituições escolares perspectivas mais largas, mais salutares e mais fecundas em conseqüências do que esse que decorre logicamente da *finalidade biológica da educação*. A seleção dos alunos nas suas aptidões naturais, a supressão de instituições criadoras de diferenças sobre base econômica, a incorporação dos estudos do magistério à universidade, a equiparação de mestres e professores em remuneração e trabalho, a correlação e a continuidade do ensino em todos os seus graus e a reação contra tudo que lhe quebra a coerência interna e unidade vital, constituem o programa de uma política educacional, fundada sobre a aplicação do princípio unificador, que modifica profundamente a estrutura íntima e a organização dos elementos constitutivos do ensino e dos sistemas escolares.

b) A autonomia da função educacional

Mas, subordinada a educação pública a interesses transitórios, caprichos pessoais ou apetites de partidos será impossível ao Estado realizar a imensa tarefa que se propõe da formação integral das novas gerações. Não há sistema escolar cuja unidade e eficácia não estejam constantemente ameaçadas, se não reduzidas e anuladas, quando o Estado não o soube ou não o quis acautelar contra o assalto de poderes estranhos, capazes de impor à educação fins inteiramente contrários aos fins gerais que assinala a natureza em suas funções biológicas. Toda a importância manifesta do sistema escolar atual e a insuficiência das soluções dadas às questões de caráter educativo não provam senão o desastre irreparável que resulta, para a educação pública, de influências e intervenções estranhas que conseguiram sujeitá-la a seus ideais secundários e interesses subalternos. Daí decorre a necessidade de uma ampla autonomia técnica, administrativa e econômica, com que os técnicos e educadores, que têm a responsabilidade e devem ter, por isto, a direção e administração da função educacional, tenham assegurados os meios materiais para poderem realizá-la. Esses meios, porém, não podem reduzir-se às verbas que, nos orçamentos, são consignadas a esse serviço público e, por isto, sujeitas às crises dos erários do Estado ou às oscilações do interesse dos governos pela educação. A autonomia econômica não se poderá realizar, a não ser pela instituição de um "fundo especial ou escolar", que, constituído de patrimônios, impostos e rendas próprias, seja administrado e aplicado exclusivamente no desenvolvimento da obra educacional, pelos próprios órgãos do ensino, incumbidos de sua direção.

c) A descentralização

A organização da educação brasileira unitária sobre a base e os princípios do Estado, no espírito da verdadeira comunidade popular e no cuidado da unidade nacional, não implica um centralismo estéril e odioso, ao qual se opõem as condições geográficas do país e a necessidade de adaptação crescente da escola aos interesses e às exigências regionais. Unidade não significa uniformidade. A unidade pressupõe multiplicidade. Por menos que pareça, à primeira vista, não é, pois, na centralização, mas na aplicação da doutrina federativa e descentralizadora, que teremos de buscar o meio de levar a cabo, em toda a República, uma obra metódica e coordenada, de acordo com um plano comum, de completa eficiência, tanto em intensidade como em extensão. À União, na capital, e aos Estados, nos seus respectivos territórios, é que deve competir a educação em todos os graus, dentro dos princípios gerais fixados na nova constituição, que deve conter, com a definição de atribuições e deveres, os fundamentos da educação nacional. Ao governo central, pelo Ministério da Educação, caberá vigiar sobre a obediência a esses princípios, fazendo executar as orientações e os rumos gerais da função educacional, estabelecidos na carta constitucional e em leis ordinárias, socorrendo onde haja deficiência de meios, facilitando o intercâmbio pedagógico e cultural dos Estados e intensificando por todas as formas as suas relações espirituais. A unidade educativa, – essa obra imensa que a União terá de realizar sob pena de perecer como nacionalidade, se manifestará então como uma força viva, um espírito comum, um estado de ânimo nacional, nesse regime livre de intercâmbio, solidariedade e cooperação que, levando os Estados a evitar todo desperdício nas suas despesas escolares a fim de produzir os maiores resultados com as menores despesas, abrirá margem a uma sucessão ininterrupta de esforços fecundos em criações e iniciativas.

O processo educativo

O conceito e os fundamentos da educação nova

O desenvolvimento das ciências lançou as bases das doutrinas da nova educação, ajustando à finalidade fundamental e aos ideais que ela deve prosseguir os processos apropriados para realizá-los. A extensão e a riqueza que atualmente alcança por toda parte o estudo científico e experimental da educação, a libertaram do empirismo, dando-lhe um caráter e um espírito nitidamente científico e organizando, em corpo de doutrina, numa série fecunda de pesquisas e experiências, os princípios da educação nova, pressentidos e às vezes formulados em rasgos de síntese, pela intuição luminosa de seus precursores. A nova doutrina, que não considera a função educacional como uma função de superposição ou de acréscimo, segundo a qual o educando é "modelado exteriormente" (escola tradicional), mas uma função complexa de ações e reações em que o espírito cresce de "dentro para fora", substitui o mecanismo pela vida (atividade funcional) e transfere para a criança e para o respeito de sua personalidade o eixo da escola e o centro de gravidade do problema da educação. Considerando os processos mentais, como "funções vitais" e não como "processos em si mesmos", ela os subordina à vida, como meio de utilizá-la e de satisfazer as suas múltiplas necessidades materiais e espirituais. A escola, vista desse ângulo novo que nos dá o conceito funcional da educação, deve oferecer à criança um meio vivo e natural, "favorável ao intercâmbio de reações e experiências", em que ela, vivendo a sua vida própria, generosa e bela de criança, seja levada "ao trabalho e à ação por meios naturais que a vida suscita quando o trabalho e a ação convêm aos seus interesses e às suas necessidades".

Nessa nova concepção da escola, que é uma reação contra as tendências exclusivamente passivas, intelectuais e verbalistas da escola tradicional, a atividade que está na base de todos os seus trabalhos, é a atividade espontânea, alegre e fecunda, dirigida à satisfação das necessidades do próprio indivíduo. Na verdadeira educação funcional deve estar, pois, sempre presente, como elemento essencial e inerente à sua própria natureza, o problema não só da correspondência entre os graus do ensino e as etapas da evolução intelectual fixadas sobre a base dos interesses, como também da adaptação da atividade educativa às necessidades psicobiológicas do momento. O que distingue da escola tradicional a escola nova, não é, de fato, a predominância dos trabalhos de base manual e corporal, mas a presença, em todas as suas atividades, do fator psicobiológico do interesse, que é a primeira condição de uma atividade espontânea e o estímulo constante do educando (criança, adolescente ou jovem) a buscar todos os recursos ao seu alcance, "graças à força de atração das necessidades profundamente sentidas". É certo que, deslocando-se, por esta forma, para a criança e para os seus interesses, móveis e transitórios, a fonte de inspiração das atividades escolares, quebra-se a ordem que apresentavam os programas tradicionais, do ponto de vista da lógica formal dos adultos, para os pôr de acordo com a "lógica psicológica", isto é, com a lógica que se baseia na natureza e no funcionamento do espírito infantil.

Mas, para que a escola possa fornecer aos "impulsos interiores a ocasião e o meio de realizar-se", e abrir ao educando, à sua energia de observar, experimentar e criar todas as atividades capazes de satisfazê-la, é preciso que ela seja reorganizada como um "mundo natural e social embrionário", um ambiente dinâmico em íntima conexão com a região e a comunidade. A escola que tem sido um aparelho formal e rígido, sem diferenciação regional, inteiramente desintegrado em relação ao meio social, passará a ser um organismo vivo, com uma estrutura social, organizada à maneira de uma comunidade palpitante pelas soluções de seus problemas. Mas, se a escola deve ser uma comunidade em miniatura, e se em toda a comunidade as atividades manuais, motoras ou construtoras "constituem as funções predominantes da vida", é natural que ela inicie os alunos nessas atividades, pondo-os em contato com o ambiente e com a vida ativa que os rodeia, para que eles possam, desta forma, possuí-la, apreciá-la e senti-la de acordo com as aptidões e possibilidades. "A vida da sociedade, observou Paulsen, se modifica em função da sua economia, e a energia individual e coletiva se manifesta pela sua produção material". A escola nova, que tem de obedecer a esta lei, deve ser reorganizada de maneira que o trabalho seja seu elemento formador, favorecendo a expansão das energias criadoras do educando, procurando estimular-lhe o próprio esforço como o elemento mais eficiente em sua educação e preparando-o, com o trabalho em grupos e todas as atividades pedagógicas e sociais, para fazê-lo penetrar na corrente do progresso material e espiritual da sociedade de que proveio e em que vai viver e lutar.

Plano de reconstrução educacional

a) As linhas gerais do plano

Ora, assentada a finalidade da educação e definidos os meios de ação ou processos de que necessita o indivíduo para o seu desenvolvimento integral, ficam fixados os princípios científicos sobre os quais se pode apoiar solidamente um sistema de educação. A aplicação desses princípios importa, como se vê, numa radical transformação da educação pública em todos os seus graus, tanto à luz do novo conceito de educação, como à vista das necessidades nacionais. No plano de reconstrução educacional, de que se esboçam aqui apenas as duas grandes linhas gerais, procuramos, antes de tudo, corrigir o erro capital que apresenta o atual sistema (se é que se pode chamar sistema), caracterizado pela falta de continuidade e articulação do ensino, em seus diversos graus, como se não fossem etapas de um mesmo processo, e cada um dos quais deve ter o seu "fim particular", próprio, dentro da "unidade do fim geral da educação" e dos princípios e métodos comuns a todos os graus e instituições educativas. De fato, o divórcio entre as entidades que mantêm o ensino primário e profissional e as que mantêm o ensino secundário e superior, vai concorrendo insensivelmente, como já observou um dos signatários deste manifesto, "para que se estabeleçam no Brasil, dois sistemas escolares paralelos, fechados em compartimentos estanques e incomunicáveis, diferentes nos seus objetivos culturais e sociais, e, por isto mesmo, instrumentos de estratificação social".

A escola primária que se estende sobre as instituições das escolas maternais e dos jardins de infância e constitui o problema fundamental das democracias, deve, pois, articular-se rigorosamente com a educação secundária unificada, que lhe sucede, em terceiro plano, para abrir acesso às escolas ou institutos superiores de especialização profissional ou de altos estudos. Ao espírito novo que já se apoderou do ensino primário não se poderia, porém, subtrair a escola secundária, em que se apresentam, colocadas no mesmo nível, a educação chamada "profissional" (de preferência manual ou mecânica) e a educação humanística ou científica (de preponderância intelectual), sobre uma base comum de três anos. A escola secundária deixará de ser assim a velha escola de "um grupo social", destinada a adaptar todas as inteligências a uma forma rígida de educação, para ser um aparelho flexível e vivo, organizado para ministrar a cultura geral e satisfazer às necessidades práticas de adaptação à variedade dos grupos sociais. É o mesmo princípio que faz alargar o campo educativo das Universidades, em que, ao lado das escolas destinadas ao preparo para as profissões chamadas "liberais", se devem introduzir, no sistema, as escolas de cultura especializada, para as profissões industriais e mercantis, propulsoras de nossa riqueza econômica e industrial. Mas esse princípio, dilatando o campo das universidades, para adaptá-las à variedade e às necessidades dos grupos sociais, tão longe está de lhes restringir a função cultural que tende a elevar constantemente as escolas de formação profissional, achegando-as em torno dos grandes núcleos de criação livre, de pesquisa científica e de cultura desinteressada.

A instrução pública não tem sido, entre nós, na justa observação de Alberto Torres, senão um "sistema de canais de êxodo da mocidade do campo para as cidades e da produção para o parasitismo". É preciso, para reagir contra esses males, já tão lucidamente apontados, pôr em via de solução o problema educacional das massas rurais e do elemento trabalhador da cidade e dos centros industriais, já pela extensão da escola do trabalho educativo e da escola do trabalho profissional, baseada no exercício normal do trabalho em cooperação, já pela adaptação crescente dessas escolas (primária e secundária profissional) às necessidades regionais e às profissões e indústrias dominantes no meio. A nova política educacional rompendo, de um lado, contra a formação excessivamente literária de nossa cultura, para lhe dar um caráter científico e técnico, e contra esse espírito de desintegração da escola, em relação ao meio social, impõe reformas profundas, orientadas no sentido da produção e procura reforçar, por todos os meios, a intenção e o valor social da escola, sem negar a arte, a literatura e os valores culturais. A arte e a literatura têm efetivamente uma significação social, profunda e múltipla; a aproximação dos homens, a sua organização em uma coletividade unânime, a difusão de tais ou quais idéias sociais, de uma maneira "imaginada", e, portanto, eficaz, a extensão do raio visual do homem e o valor moral e educativo conferem certamente à arte uma enorme importância social. Mas, se, à medida que a riqueza do homem aumenta, o alimento ocupa um lugar cada vez mais fraco, os produtores intelectuais não passam para o primeiro plano senão quando as sociedades se organizam em sólidas bases econômicas.

b) O ponto nevrálgico da questão

A estrutura do plano educacional corresponde, na hierarquia de suas instituições escolares (escola infantil ou pré-primária; primária; secundária e superior ou universitária) aos quatro grandes períodos que apresenta o desenvolvimento natural do ser humano. É uma reforma integral da organização e dos métodos de toda a educação nacional, dentro do mesmo espírito que substitui o conceito estático do ensino por um conceito dinâmico, fazendo um apelo, dos jardins de infância à Universidade, não à receptividade mas à atividade criadora do aluno. A partir da escola infantil (4 a 6 anos) até à Universidade, com escala pela educação primária (7 a 12) e pela secundária (12 a 18 anos), a "continuação ininterrupta de esforços criadores" deve levar à formação da personalidade integral do aluno e ao desenvolvimento de sua faculdade produtora e de seu poder criador, pela aplicação, na escola, para a aquisição ativa de conhecimentos, dos mesmos métodos (observação, pesquisa e experiência), que segue o espírito maduro, nas investigações científicas. A escola secundária, unificada para se evitar o divórcio entre os trabalhadores manuais e intelectuais, terá uma sólida base comum de cultura geral (3 anos), para a posterior bifurcação (dos 15 aos 18), em seção de preponderância intelectual (com os 3 ciclos de humanidades modernas; ciências físicas e matemáticas; e ciências químicas e biológicas), e em seção de preferência manual, ramificada por sua vez, em ciclos, escolas ou cursos destinados à preparação às atividades profissionais, decorrentes da extração de matérias-primas (escolas agrícolas, de mineração e de pesca), da elaboração das matérias-primas (industriais e profissionais) e da distribuição dos produtos elaborados (transportes, comunicações e comércio).

Mas, montada, na sua estrutura tradicional, para a classe média (burguesia), enquanto a escola primária servia à classe popular, como se tivesse uma finalidade em si mesma, a escola secundária ou do 3º grau não forma apenas o reduto dos interesses de classe, que criaram e mantêm o dualismo dos sistemas escolares. É ainda nesse campo educativo que se levanta a controvérsia sobre o sentido de cultura geral e se põe o problema relativo à escolha do momento em que a matéria do ensino deve diversificar-se em ramos iniciais de especialização. Não admira, por isto, que a escola secundária seja, nas reformas escolares, o ponto nevrálgico da questão. Ora, a solução dada, neste plano, ao problema do ensino secundário, levantados os obstáculos opostos pela escola tradicional à interpenetração das classes sociais, se inspira na necessidade de adaptar essa educação à diversidade nascente de gostos e à variedade crescente de aptidões que a observação psicológica registra nos adolescentes e que "representam as únicas forças capazes de arrastar o espírito dos jovens à cultura superior". A escola do passado, com seu esforço inútil de abarcar a soma geral de conhecimentos, descurou a própria formação do espírito e a função que lhe cabia de conduzir o adolescente ao limiar das profissões e da vida. Sobre a base de uma cultura geral comum, em que importará menos a quantidade ou qualidade das matérias do que o "método de sua aquisição", a escola moderna estabelece para isto, depois dos 15 anos, o ponto em que o ensino se diversifica, para se adaptar já à diversidade crescente de aptidões e de gostos, já à variedade de formas de atividade social.

c) O conceito moderno de Universidade e o problema universitário no Brasil

A educação superior que tem estado, no Brasil, exclusivamente a serviço das profissões "liberais" (engenharia, medicina e direito), não pode evidentemente erigir-se à altura de uma educação universitária, sem alargar para horizontes científicos e culturais a sua finalidade estritamente profissional e sem abrir os seus quadros rígidos à formação de todas as profissões que exijam conhecimentos científicos, elevando-as a todas a nível superior e tornando-se, pela flexibilidade de sua organização, acessível a todas. Ao lado das faculdades profissionais existentes, reorganizadas em novas bases, impõe-se a criação simultânea ou sucessiva, em cada quadro universitário, de faculdades de ciências sociais e econômicas; ciências matemáticas, físicas e naturais, e de filosofia e letras que, atendendo à variedade de tipos mentais e das necessidades sociais, deverão abrir às universidades que se criarem ou se reorganizarem, um campo cada vez mais vasto de investigações científicas. A educação superior ou universitária, a partir dos 18 anos, inteiramente gratuita como as demais, deve tender, de fato, não somente à formação profissional e técnica, no seu máximo desenvolvimento, como à formação de pesquisadores, em todos os ramos de conhecimentos humanos. Ela deve ser organizada de maneira que possa desempenhar a tríplice função que lhe cabe de elaboradora ou criadora de ciência (investigação), docente ou transmissora de conhecimentos (ciência feita) e de vulgarizadora ou popularizadora, pelas instituições de extensão universitária, das ciências e das artes.

No entanto, com ser a pesquisa, na expressão de Coulter, o "sistema nervoso da Universidade", que estimula e domina qualquer outra função; com ser esse espírito de profundidade e universalidade, que imprime à educação superior um caráter universitário, pondo-a em condições de contribuir para o aperfeiçoamento constante do saber humano, a nossa educação superior nunca ultrapassou os limites e as ambições de formação profissional, a que se propõem as escolas de engenharia, de medicina e direito. Nessas instituições, organizadas antes para uma função docente, a ciência está inteiramente subordinada à arte ou à técnica da profissão a que servem, com o cuidado da aplicação, imediata e próxima, de uma direção utilitária, em vista de uma função pública ou de uma carreira privada. Ora, se, entre nós, vingam facilmente todas as fórmulas e frases feitas; se a nossa ilustração, mais variada e mais vasta do que o império, é hoje, na frase de Alberto Torres, "mais vaga, fluida, sem assento, incapaz de habilitar os espíritos a formar juízos e incapaz de lhes inspirar atos", é porque a nossa geração, além de perder a base de uma educação secundária sólida, posto que exclusivamente literária, se deixou infiltrar desse espírito enciclopédico em que o pensamento ganha em extensão o que perde em profundidade; em que da observação e da experiência, em que devia exercitar-se, se deslocou o pensamento para o hedonismo intelectual e para a ciência feita, e em que, finalmente, o período criador cede o lugar à erudição, e essa mesma quase sempre, entre nós, aparente e sem substância, dissimulando sob a superfície, às vezes brilhante, a absoluta falta de solidez de conhecimentos.

Nessa superficialidade de cultura, fácil e apressada, de autodidatas, cujas opiniões se mantêm prisioneiras de sistemas ou se matizam das tonalidades das mais variadas doutrinas, se têm de buscar as causas profundas da estreiteza e da flutuação dos espíritos e da indisciplina mental, quase anárquica, que revelamos em face de todos os problemas. Nem a primeira geração nascida com a república, no seu esforço heróico para adquirir a posse de si mesma, elevando-se acima de seu meio, conseguiu libertar-se de todos os males educativos de que se viciou a sua formação. A organização de Universidades é, pois, tanto mais necessária e urgente quanto mais pensarmos que só com essas instituições, a que cabe criar e difundir ideais políticos, sociais, morais e estéticos, é que podemos obter esse intensivo espírito comum, nas aspirações, nos ideais e nas lutas, esse "estado de ânimo nacional", capaz de dar força, eficácia e coerência à ação dos homens, sejam quais forem as divergências que possa estabelecer entre eles a diversidade de pontos de vista na solução dos problemas brasileiros. É a universidade, no conjunto de suas instituições de alta cultura, prepostas ao estudo científico dos grandes problemas nacionais, que nos dará os meios de combater a facilidade de tudo admitir; o ceticismo de nada escolher nem julgar; a falta de crítica, por falta de espírito de síntese; a indiferença ou a neutralidade no terreno das idéias; a ignorância "da mais humana de todas as operações intelectuais, que é a de tomar partido", e a tendência e o espírito fácil de substituir os princípios (ainda que provisórios) pelo paradoxo e pelo humor, esses recursos desesperados.

d) O problema dos melhores

De fato, a Universidade, que se encontra no ápice de todas as instituições educativas, está destinada, nas sociedades modernas, a desenvolver um papel cada vez mais importante na formação das elites de pensadores, sábios, cientistas, técnicos, e educadores, de que elas precisam para o estudo e solução de suas questões científicas, morais, intelectuais, políticas e econômicas. Se o problema fundamental das democracias é o da educação das massas populares, os melhores e os mais capazes, por seleção, devem formar o vértice de uma pirâmide de base imensa. Certamente, o novo conceito de educação repele as elites formadas artificialmente "por diferenciação econômica" ou sob o critério da independência econômica, que não é nem pode ser hoje elemento necessário para fazer parte delas. A primeira condição para que uma elite desempenhe a sua missão e cumpra o seu dever é de ser "inteiramente aberta" e não somente de admitir todas as capacidades novas, como também de rejeitar implacavelmente de seu seio todos os indivíduos que não desempenham a função social que lhes é atribuída no interesse da coletividade. Mas, não há sociedade alguma que possa prescindir desse órgão especial e tanto mais perfeitas serão as sociedades quanto mais pesquisada e selecionada for a sua elite, quanto maior for a riqueza e a variedade de homens, de valor cultural substantivo, necessários para enfrentar a variedade de problemas que põe a complexidade das sociedades modernas. Essa seleção que se deve processar não "por diferenciação econômica", mas "pela diferenciação de todas as capacidades", favorecida pela educação, mediante a ação biológica e funcional, não pode, não diremos completar-se, mas nem sequer realizar-se senão pela obra universitária que, elevando ao máximo o desenvolvimento dos indivíduos dentro de suas aptidões naturais e selecionando os mais capazes, lhes dá bastante força para exercer influência efetiva na sociedade e afetar, dessa forma, a consciência social.

A unidade de formação de professores e a unidade de espírito

Ora, dessa elite deve fazer parte evidentemente o professorado de todos os graus, ao qual, escolhido como sendo um corpo de eleição, para uma função pública da mais alta importância, não se dá, nem nunca se deu no Brasil, a educação que uma elite pode e deve receber. A maior parte dele, entre nós, é recrutada em todas as carreiras, sem qualquer preparação profissional, como os professores do ensino secundário e os do ensino superior (engenharia, medicina, direito, etc.), entre os profissionais dessas carreiras, que receberam, uns e outros, do secundário a sua educação geral. O magistério primário, preparado em escolas especiais (escolas normais), de caráter mais propedêutico, e, às vezes misto, com seus cursos geral e de especialização profissional, não recebe, por via de regra, nesses estabelecimentos de nível secundário, nem uma sólida preparação pedagógica, nem a educação geral em que ela deve basear-se. A preparação dos professores, como se vê, é tratada entre nós, de maneira diferente, quando não é inteiramente descuidada, como se a função educacional, de todas as funções públicas a mais importante, fosse a única para cujo exercício não houvesse necessidade de qualquer preparação profissional. Todos os professores, de todos graus, cuja preparação geral se adquirirá nos estabelecimentos de ensino secundário, devem, no entanto, formar o seu espírito pedagógico, conjuntamente, nos cursos universitários, em faculdades ou escolas normais, elevadas ao nível superior e incorporadas às universidades. A tradição das hierarquias docentes, baseadas na diferenciação dos graus de ensino, e que a linguagem fixou em denominações diferentes (mestre, professor e catedrático), é inteiramente contrária ao princípio da unidade da função educacional, que, aplicado às funções docentes, importa na incorporação dos estudos do magistério às universidades, e, portanto, na libertação espiritual e econômica do professor, mediante uma formação e remuneração equivalentes que lhe permitam manter, com a eficiência no trabalho, a dignidade e o prestígio indispensáveis aos educadores.

A formação universitária dos professores não é somente uma necessidade da função educativa, mas o único meio de, elevando-lhes em verticalidade a cultura, e abrindo-lhes a vida sobre todos os horizontes, estabelecer, entre todos, para a realização da obra educacional, uma compreensão recíproca, uma vida sentimental comum e um vigoroso espírito comum nas aspirações e nos ideais. Se o estado cultural dos adultos é que dá as diretrizes à formação da mocidade, não se poderá estabelecer uma função e educação unitária da mocidade, sem que haja unidade cultural naqueles que estão incumbidos de transmiti-la. Nós não temos o feiticismo mas o princípio da unidade, que reconhecemos não ser possível senão quando se criou esse "espírito", esse "ideal comum", pela unificação, para todos os graus do ensino, da formação do magistério, que elevaria o valor dos estudos, em todos os graus, imprimiria mais lógica e harmonia às instituições, e corrigiria, tanto quanto humanamente possível, as injustiças da situação atual. Os professores de ensino primário e secundário, assim formados, em escolas ou cursos universitários, sobre a base de uma educação geral comum, dada em estabelecimentos de educação secundária, não fariam senão um só corpo com os do ensino superior, preparando a fusão sincera e cordial de todas as forças vivas do magistério. Entre os diversos graus do ensino, que guardariam a sua função específica, se estabeleceriam contatos estreitos que permitiriam as passagens de um ao outro nos momentos precisos, descobrindo as superioridades em germe, pondo-as em destaque e assegurando, de um ponto a outro dos estudos, a unidade do espírito sobre a base da unidade de formação dos professores.

O papel da escola na vida e a sua função social

Mas, ao mesmo tempo que os progressos da psicologia aplicada à criança começaram a dar à educação bases científicas, os estudos sociológicos, definindo a posição da escola em face da vida, nos trouxeram uma consciência mais nítida da sua função social e da estreiteza relativa de seu círculo de ação. Compreende-se, à luz desses estudos, que a escola, campo específico de educação, não é um elemento estranho à sociedade humana, um elemento separado, mas "uma instituição social", um órgão feliz e vivo, no conjunto das instituições necessárias à vida, o lugar onde vivem a criança, a adolescência e a mocidade, de conformidade com os interesses e as alegrias profundas de sua natureza. A educação, porém, não se faz somente pela escola, cuja ação é favorecida ou contrariada, ampliada ou reduzida pelo jogo de forças inumeráveis que concorrem ao movimento das sociedades modernas. Numerosas e variadíssimas são, de fato, as influências que formam o homem através da existência. "Há a herança que é a escola da espécie, como já se escreveu; a família que é a escola dos pais; o ambiente social que é a escola da comunidade, e a maior de todas as escolas, a vida, com todos os seus imponderáveis e forças incalculáveis". Compreender-se-á, então, para empregar a imagem de C. Bouglé, que, na sociedade, a "zona luminosa é singularmente mais estreita que a zona de sombra; os pequenos focos de ação consciente que são as escolas, não são senão pontos na noite, e a noite que as cerca não é vazia, mas cheia e tanto mais inquietante; não é o silêncio e a imobilidade do deserto, mas o frêmito de uma floresta povoada".

Dessa concepção positiva da escola, como uma instituição social, limitada, na sua ação educativa, pela pluralidade e diversidade de forças que concorrem ao movimento das sociedades, resulta a necessidade de reorganizá-la, como um organismo maleável e vivo, aparelhado de um sistema de instituições suscetíveis de lhe alargar os limites e o raio de ação. As instituições periescolares e pós-escolares, de caráter educativo ou de assistência social, devem ser incorporadas em todos os sistemas de organização escolar para corrigirem essa insuficiência social, cada vez maior, das instituições educacionais. Essas instituições de educação e cultura, dos jardins de infância às escolas superiores, não exercem a ação intensa, larga e fecunda que são chamadas a desenvolver e não podem exercer senão por esse conjunto sistemático de medidas de projeção social da obra educativa além dos muros escolares. Cada escola, seja qual for o seu grau, dos jardins às universidades, deve, pois, reunir em torno de si as famílias dos alunos, estimulando e aproveitando as iniciativas dos pais em favor da educação; constituindo sociedades de ex-alunos que mantenham relação constante com as escolas; utilizando, em seu proveito, os valiosos e múltiplos elementos materiais e espirituais da coletividade e despertando e desenvolvendo o poder de iniciativa e o espírito de cooperação social entre os pais, os professores, a imprensa e todas as demais instituições diretamente interessadas na obra da educação.

Pois, é impossível realizar-se em intensidade e extensão, uma sólida obra educacional, sem se rasgarem à escola aberturas no maior número possível de direções e sem se multiplicarem os pontos de apoio de que ela precisa, para se desenvolver, recorrendo à comunidade como a fonte que lhes há de proporcionar todos os elementos necessários para elevar as condições materiais e espirituais das escolas. A consciência do verdadeiro papel da escola na sociedade impõe o dever de concentrar a ofensiva educacional sobre os núcleos sociais, como a família, os agrupamentos profissionais e a imprensa, para que o esforço da escola se possa realizar em convergência, numa obra solidária, com as outras instituições da comunidade. Mas, além de atrair para a obra comum as instituições que são destinadas, no sistema social geral, a fortificar-se mutuamente, a escola deve utilizar, em seu proveito, com a maior amplitude possível, todos os recursos formidáveis, como a imprensa, o disco, o cinema e o rádio, com que a ciência, multiplicando-lhe a eficácia, acudiu à obra de educação e cultura e que assumem, em face das condições geográficas e da extensão territorial do país, uma importância capital. À escola antiga, presumida da importância do seu papel e fechada no seu exclusivismo acanhado e estéril, sem o indispensável complemento e concurso de todas as outras instituições sociais, se sucederá a escola moderna aparelhada de todos os recursos para estender e fecundar a sua ação na solidariedade com o meio social, em que então, e só então, se tornará capaz de influir, transformando-se num centro poderoso de criação, atração e irradiação de todas as forças e atividades educativas.

A democracia – um programa de longos deveres

Não alimentamos, de certo, ilusões sobre as dificuldades de toda a ordem que apresenta um plano de reconstrução educacional de tão grande alcance e de tão vastas proporções. Mas, temos, com a consciência profunda de uma por uma dessas dificuldades, a disposição obstinada de enfrentá-las, dispostos, como estamos, na defesa de nossos ideais educacionais, para as existências mais agitadas, mais rudes e mais fecundas em realidades, que um homem tenha vivido desde que há homens, aspirações e lutas. O próprio espírito que o informa de uma nova política educacional, com sentido unitário e de bases científicas, e que seria, em outros países, a maior fonte de seu prestígio, tornará esse plano suspeito aos olhos dos que, sob o pretexto e em nome do nacionalismo, persistem em manter a educação, no terreno de uma política empírica, à margem das correntes renovadoras de seu tempo. Demais, se os problemas de educação devem ser resolvidos de maneira científica, e se a ciência não tem pátria, nem varia, nos seus princípios, com os climas e as latitudes, a obra de educação deve ter em toda parte, uma "unidade fundamental", dentro da variedade de sistemas resultantes da adaptação a novos ambientes dessas idéias e aspirações que, sendo estruturalmente científicas e humanas, têm um caráter universal. É preciso, certamente, tempo para que as camadas mais profundas do magistério e da sociedade em geral sejam tocadas pelas doutrinas novas e seja esse contato bastante penetrante e fecundo para lhe modificar os pontos de vista e as atitudes em face do problema educacional, e para nos permitir as conquistas em globo ou por partes de todas as grandes aspirações que constituem a substância de uma nova política de educação.

Os obstáculos acumulados, porém, não nos abateram ainda nem poderão abater-nos a resolução firme de trabalhar pela reconstrução educacional no Brasil. *Nós temos uma missão a cumprir*: insensíveis à indiferença e à hostilidade, em luta aberta contra preconceitos e prevenções enraizadas, caminharemos progressivamente para o termo de nossa tarefa, sem abandonarmos o terreno das realidades, mas sem perdermos de vista os nossos ideais de reconstrução do Brasil, na base de uma educação inteiramente nova. A hora crítica e decisiva que vivemos, não nos permite hesitar um momento diante da tremenda tarefa que nos impõe a consciência, cada vez mais viva, da necessidade de nos prepararmos para enfrentarmos, com o evangelho da nova geração, a complexidade trágica dos problemas postos pelas sociedades modernas. "Não devemos submeter o nosso espírito. Devemos, antes de tudo, proporcionar-nos um espírito firme e seguro; chegar a ser sérios em todas as coisas, e não continuar a viver frivolamente e como envoltos em bruma; devemos formar-nos princípios fixos e inabaláveis que sirvam para regular, de um modo firme, todos os nossos pensamentos e todas as nossas ações; vida e pensamento devem ser em nós outros de uma só peça e formar um todo penetrante e sólido. Devemos, em uma palavra, adquirir um caráter, e refletir, pelo movimento de nossas próprias idéias, sobre os grandes acontecimentos de nossos dias, sua relação conosco e o que podemos esperar deles. É preciso formar uma opinião clara e penetrante e responder a esses problemas sim ou não de um modo decidido e inabalável".

Essas palavras tão oportunas, que agora lembramos, escreveu-as Fichte há mais de um século, apontando a Alemanha, depois da derrota de Iena, o caminho de sua salvação pela obra educacional, um daqueles famosos "discursos à nação alemã", pronunciados de sua cátedra, enquanto sob as janelas da Universidade, pelas ruas de Berlim, ressoavam os tambores franceses... Não são, de fato, senão as fortes convicções e a plena posse de si mesmos que fazem os grandes homens e os grandes povos. Toda a profunda renovação dos princípios que orientam a marcha dos povos precisa acompanhar-se de fundas transformações no regime educacional: as únicas revoluções fecundas são as que se fazem ou se consolidam pela educação, e é só pela educação que a doutrina democrática, utilizada como um princípio de desagregação moral e de indisciplina, poderá transformar-se numa fonte de esforço moral, de energia criadora, de solidariedade social e de espírito de cooperação. "O ideal da democracia que, – escrevia Gustave Belot em 1919, - parecia mecanismo político, torna-se princípio de vida moral e social, e o que parecia coisa feita e realizada revelou-se como um caminho a seguir e como um programa de longos deveres". Mas, de todos os deveres que incumbem ao Estado, o que exige maior capacidade de dedicação e justiça, maior soma de sacrifícios; aquele com que não é possível transigir sem a perda irreparável de algumas gerações; aquele em cujo cumprimento os erros praticados se projetam mais longe nas suas conseqüências, agravando-se à medida que recuam no tempo; o dever mais alto, mais penoso e mais grave é, de certo, o da educação que, dando ao povo a consciência de si mesmo e de seus destinos e a força para afirmar-se e realizá-los, entretém, cultiva e perpetua a identidade da consciência nacional, na sua comunhão íntima com a consciência humana.

MANIFESTO DOS INTELECTUAIS

PELA LIBERDADE DE OPINIÃO

Ainda, – um ano e meio após o movimento que apeou do poder o governo anterior, – se mantêm os IPMS, se reorganizam uns e criam-se outros. Para abrirem processos que visam inquirir professores, cientistas e artistas sobre suas idéias e atividades políticas que, quando se trata de perseguir, são todas rotuladas de "subversivas". Vinham-se arrastando penosamente por toda parte os processos que se instauraram no país, como, entre tantos outros, esse em que já prestaram há perto de um ano seus depoimentos e respondem, sem fugirem à Justiça, quatro professores e um estudante da Faculdade de Filosofia, Ciências e Letras da Universidade de São Paulo. Três deles já curtiram, sem serem julgados, "pena" de prisão, e um deles por cerca de dois meses, e incomunicável!

Como se não bastassem, para os molestarem a eles e às suas famílias, essas arbitrariedades e violências, ao cabo de um ano é decretada a prisão preventiva de Mário Schenberg, Cruz Costa, Florestan Fernandes e Fernando Henrique Cardoso, não tendo sido alcançado pela medida o estudante Fuad Saad, que já estava preso havia algum tempo e, por ordem da Justiça Superior, foi posto em liberdade nessa ocasião. Nenhum deles, convocado para prestar depoimento, se recusou a comparecer perante o IPM; nenhum se deixou intimidar diante de ameaças e arbitrariedades, suportando antes, com serenidade e altivez, as que os atingiram e, no caso de um deles, do eminente professor Mário Schenberg, de maneira brutal.

Não podemos, pois, deixar de lavrar nosso protesto, com esse inconformismo que resulta do desolador espetáculo de uma política ferrenha. Em nossa luta, sem tréguas, contra o dogmatismo e a intolerância, contra o farisaísmo e os sectarismos de qualquer natureza, o que pomos acima de tudo, é o espírito de verdade, a sinceridade radical, é o amor à liberdade, e, com ele, o culto da responsabilidade que é a honra da liberdade. Para amarmos alguma coisa, basta, como já se disse, pensar que corremos o risco de perdê-la. E é a liberdade, o que estamos mais arriscados a perder no momento atual.

Extremamente perigosa para as instituições democráticas é a situação, confusa e contraditória, em que alguns grupos se julgam "privilegiados" e procuram arvorar-se em senhores, – os únicos dignos de representarem o país, na sua realidade, e o regime, em sua pureza ortodoxa. Todos os demais, seriam hereges, infiéis, e, portanto, condenáveis, – senão já condenados. Haverá caminho melhor do que esse para a liquidação do regime democrático e incentivo a uma ditadura? Na verdade já não se trata de pôr ou tirar máscaras, para atrair a opinião, nem de separar em duas frações, como se fossem radicalmente distintas, os "eleitos e puros", de um lado, e, de outro, os adversários no campo ideológico, os "contaminados" por idéias diferentes, – os que divergem e os que se opõem, quando os maiores perigos sempre estiveram e estão exatamente no fanatismo e na corrupção onde quer que esta se apresente, às escâncaras ou em suas formas mais dissimuladas.

Se na ordem do dia está realmente uma política de reconstrução nacional, não é perseguindo, por suas idéias, professores, cientistas, escritores e artistas, não é humilhando-os nem mantendo-os sob constantes ameaças que se conseguirá promovê-la, sejam quais forem as forças materiais com que possam contar. Pois, o que reside à base e é fator preponderante dessa reconstrução em qualquer de seus setores é a educação, a ciência, a cultura. Por ela, pela cultura, por sua expansão e seu desenvolvimento em todos os campos – filosofia, ciências, letras e artes, é que terá de começar uma política de larga visão e de altos propósitos. Uma política sem medo de fantasmas, que se disponha a apelar para a colaboração de todos, numa atmosfera de ampla liberdade, e seja capaz de extrair do diálogo e do debate público sua própria força, – a única que, afinal, se impõe a todos, – sem deixar rancores e ressentimentos.

São Paulo, setembro de 1965.

Fernando de Azevedo

(seguem-se outras assinaturas)

4. Fontes Fonográficas

Conferência de Fernando de Azevedo (30.10.1973)
Entrevistas com:
- Abgar Renault 15.5.81
- Alceu Amoroso Lima 4.4.81
- Antonio Cândido de Mello e Souza 17.5.81
- Antonio Houaiss 26.4.81
- Arquimedes de Mello Netto 25.5.81
- Dina Venâncio 18.3.81
- Florestan Fernandes 5.5.81
- Francisco de Assis Barboza 17.5.81
- Iva Waisberg Bonow 5.6.81
- Lurdes Machado 19.6.81
- Nelson Werneck Sodré 16.5.81
- Sérgio Buarque de Holanda 7.5.81
- Simon Schwartzman 29.6.81

Bibliografia

BIBLIOGRAFIA ESPECÍFICA

Obras de Fernando de Azevedo

- *Da Educação Física*. São Paulo, Weiszflog Irmãos Incorporada, 1920.
- *Antinous. Estudo de Cultura Athletica*. São Paulo-Rio de Janeiro, Weiszflog Irmãos, 1920.
- *No Tempo de Petrônio. Ensaios sobre a Antiguidade Latina*. São Paulo, Livraria do Globo, Irmãos Marrano Editores, 1923.
- *No Tempo de Petrônio. Ensaios sobre a Antiguidade Latina*. 3ª ed., revista e ampliada, São Paulo, Edições Melhoramentos, 1962.
- *Jardins de Sallustio*. São Paulo, Livraria do Globo, 1924 (Subtítulo – *A Margem da vida e dos livros*).
- *O Segredo da Renascença, e outras conferências*. São Paulo, Empresa Editora Nova Era, 1925.
- *A Instrucção Pública no Distrito Federal*. Edição revista. Rio de Janeiro, Mendonça, Machado & C., 1927.
- *A Reforma do Ensino no Distrito Federal. Discursos e entrevistas*. São Paulo – Cayeiras – Rio, Companhia Melhoramentos de São Paulo (Weiszflog Irmãos Incorporada), 1929.
- *Ensaios. Crítica literária para* O Estado de São Paulo. *1924 – 1925*. São Paulo – Cayeiras – Rio, Companhia Melhoramentos de São Paulo (Weiszflog Irmãos Incorporada), 1929.
- *Máscaras e Retratos*. 2ª ed. revista e ampliada, São Paulo, Edições Melhoramentos, 1962 (1ª edição em 1929, sob o título *Ensaios*.)
- *A Evolução do Esporte no Brasil*. (A Evolução do Esporte no Brasil, Praças de jogos para crianças, Congresso de Educação Física). São Paulo –

Cayeiras – Rio, Companhia Melhoramentos de São Paulo (Weiszflog Irmãos Incorporada), 1930.
- *Novos Caminhos e Novos Fins. A nova política da Educação no Brasil.* 3ª ed., São Paulo, Edições Melhoramentos, 1958. (1ª edição em 1932, Companhia Editora Nacional.)
- *Princípios de Sociologia. Pequena introdução ao estudo de sociologia geral.* 8ª ed., São Paulo, Edições Melhoramentos, 1958. A 1ª edição é de 1935.
- *A Educação na Encruzilhada. Problemas e Discussões. Inquérito para* O Estado de São Paulo *em 1926.* 2ª ed., Edições Melhoramentos, 1960. A 1ª edição intitulou-se *A Educação em São Paulo. Problemas e Discussões.* São Paulo, Companhia Editora Nacional, 1937.
- *A Educação e seus Problemas.* 3ª ed., São Paulo. Edições Melhoramentos, 1953. 1ª edição em 1937, São Paulo, Companhia Editora Nacional.
- *A Educação e seus Problemas.* 4ª ed., tomos I e II, revista e ampliada, São Paulo, Edições Melhoramentos, 1958.
- *Sociologia Educacional. Introdução ao Estudo dos Fenômenos Educacionais e de suas relações com os outros Fenômenos Sociais.* Biblioteca Pedagógica Brasileira. Iniciação Científica. Série 4ª, vol. 19. São Paulo, Companhia Editora Nacional, 1940.
- *Sociologia Educacional. Introdução ao Estudo dos Fenômenos Educacionais e de suas relações com os outros Fenômenos Sociais.* 3ª ed., São Paulo, Edições Melhoramentos, 1954.
- *Sociologia Educacional. Introdução ao Estudo dos Fenômenos Educacionais e de suas relações com os outros Fenômenos Sociais.* 6ª ed., São Paulo, Edições Melhoramentos, 1964.
- *Velha e Nova Política. Aspectos e figuras de Educação Nacional.* Biblioteca Pedagógica Brasileira. Atualidades Pedagógicas. Série 3ª, vol. 40. São Paulo, Companhia Editora Nacional, 1943.
- *A Cultura Brasileira. Introdução ao estudo da cultura no Brasil.* Rio de Janeiro, Instituto Brasileiro de Geografia e Estatística, Comissão Censitária Nacional, 1943.
- *A Cultura Brasileira. Introdução ao estudo da cultura no Brasil.* 4ª ed., revista e ampliada, Editora Universidade de Brasília, 1963.
- *As Universidades no Mundo do Futuro.* Rio de Janeiro, Edição da Livraria Editora da Casa do Estudante do Brasil, 1944. (Foi posteriormente inserido no livro *A Educação entre Dois Mundos;* 1ª edição, São Paulo, Edições Melhoramentos, 1958.)
- *Seguindo Meu Caminho. Conferências sobre Educação e Cultura.* Biblioteca Pedagógica Brasileira. Atualidades Pedagógicas. Série 3ª, vol. 46. São Paulo, Companhia Editora Nacional, 1946.
- *Canaviais e Engenhos na Vida Política do Brasil. Ensaio Sociológico sobre o elemento político na civilização do açúcar.* Rio de Janeiro, Instituto do Açúcar e do Álcool, 1948.
- *Um Trem corre para o Oeste. Estudo sobre a Noroeste e seu papel no Sistema de Viação Nacional.* São Paulo, Livraria Martins Editora S.A., 1950.

- *Na Batalha do Humanismo e outras conferências*. Edições Melhoramentos, 1952.
- *Educação entre Dois Mundos. Problemas, perspectivas e orientações*. São Paulo, Edições Melhoramentos, 1958.
- *Figuras de Meu Convívio*. São Paulo, Edições Melhoramentos, 1961.
- *Figuras de Meu Convívio. Retratos de Família e de mestres e educadores*. 2ª ed., revista e aumentada, Livraria Duas Cidades, 1973.
- *A Cidade e o Campo na Civilização Industrial, e outros estudos*. São Paulo, Edições Melhoramentos, 1962.
- *História de Minha Vida*. Rio de Janeiro, Livraria José Olympio Editora, 1971.

OBRAS EM COLABORAÇÃO

- Azevedo, Fernando de e F. Fonseca, Wladimiro. *Um Apóstolo do Progresso*. Rio de Janeiro, Anuário do Brasil, 1924.
- Azevedo, Fernando de e Azzi, Francisco. *Páginas Latinas. Pequena História da Literatura Romana pelos textos*. São Paulo, Edições Melhoramentos, 1927.
- Azevedo, Fernando de e outros. *A Reconstrução Educacional do Brasil*. São Paulo, Cia. Editora Nacional, 1932.
- *As Ciências no Brasil*. Obra conjunta com 13 cientistas, organizada e publicada sob a direção e com uma introdução de Fernando de Azevedo, 2 vol. Edições Melhoramentos, 1956.
- *Pequeno Dicionário Latino-Português*, organizado por um grupo de professores, revisto por Fernando de Azevedo. São Paulo, Companhia Editora Nacional, 1957.

Publicação e artigos sobre Fernando de Azevedo

- Comemoração do 1º Decênio da Reforma da Instrução Pública do Distrito Federal de 1928. Rio de Janeiro, 1938, A.B.E.
- CUNHA, Célio da. *Fernando de Azevedo, Política de Educação*. Edições do Meio... Coleção Educação Brasileira, 1978.
- Homenagem a Fernando de Azevedo. Saudação da Dra. Iva Waisberg e outros. Arquivos do Instituto de Educação, vol. II, nº 4, dezembro de 1945.
- MOREIRA, João Roberto. *Os Sistemas Ideais de Educação*. Companhia Editora Nacional, 1945.
- Revista *A Ordem*. Artigo: "Sociologum Habemus". Autor: Alexandre Correia. Outubro de 1935. Da p. 324 à p. 331. Ano XV. Nova Série. nº 68.
- *Revista da Academia Paulista de Letras*. Junho de 1970, vol. 75, Ano XXVII. São Paulo.

Outras fontes de pesquisa

- Arquivo Fernando de Azevedo, do Instituto de Estudos Brasileiros, Universidade do Estado de São Paulo.
- Correspondência:
  1) Fernando de Azevedo a Francisco Venâncio Filho (Arquivo do Prof. Alberto Venâncio Filho).
  2) Fernando de Azevedo a Frota Pessoa (Por gentileza de D. Lollia Azevedo).

BIBLIOGRAFIA GERAL

- BOUDON, Raymond. *L'inégalité la chances, 1a. mobilité sociale dans les sociétés industrielles*. Paris, Librairie Armand Colin, 1973.
- BOUDON, Raymond. *Effets Pervers et Ordre Social*. 1re. édition. Presses Universitaires de France, 1977.
- BRANDÃO, Carlos Rodrigues (org.) e outros. *A Questão Política da Educação Popular*. São Paulo, Livraria Brasiliense Editora, 1980.
- CAMPOS, Francisco, *Educação e Cultura*. Rio de Janeiro, José Olympio, 1949.
- CORBISIER, Roland. *Formação e Problema da Cultura Brasileira*. Instituto Superior de Estudos Brasileiros. Ministério da Educação e Cultura. Textos Brasileiros de Filosofia, nº 3, Rio de Janeiro, 1958.
- COSTA, Cruz e outros. *Grandes Educadores: Platão, Rousseau, D. Bosco, Claparède*. Editora O Globo, 1949.
- DA MATTA, Roberto. *Carnavais, Malandros e Heróis (Para uma sociologia do Dilema Brasileiro)*. Zahar Editores. 1979.
- DAMISCH, Hubert. *Ruptures, Cultures*. Paris, Les Editions de Minuit, 1976.
- DANTAS, San Tiago. *Palavras de um Professor*. Rio de Janeiro, Companhia Editora Forense, 1975.
- DEMO, Pedro. *Educação, Cultura e Política Social*. Porto Alegre, Fundação Educacional Padre Landell de Moura, 1980.
- DIDONET, Vital e outros. *Projeto Educação* (Senado Federal, Editora Universidade de Brasília. Tomo 5: I, II, III, IV, 1973.)
- DUARTE, Paulo. *Mário de Andrade por ele mesmo*. 2ª ed., corrigida e aumentada, São Paulo, Editora Hucitec e Secretaria da Cultura, Ciência e Tecnologia do Estado de São Paulo, 1977.

- DURKHEIM, Émile. *Sociologie et Philosophie*. 2ème édition. Paris, Presses Universitaires de France, 1963.

  ———— *Educação e Sociologia*. Com um estudo da obra de Durkheim, pelo Prof. Paul Fauconnet. 4ª ed., São Paulo, Edições Melhoramentos, 1955.

  ———— *Sociologia*. Organizador, José Albertino Rodrigues. São Paulo, Ática, 1978.
- ELLIOT, T. S. *Notes Towards the Definition of Culture*. Faber, 1962.
- EMMANUEL, Pierre. *Pour une Politique de la Culture*. Paris, Seuil, 1971.
- FAORO, Raymundo. *Os Donos do Poder: Formação do Patronato Político Brasileiro*. São Paulo, Cia. Editora Nacional, 1975.
- FÁVERO, Maria de Lourdes de A. *Universidade & Poder. Análise Crítica. Fundamentos Históricos: 1930-45*. Série Universidade. Rio de Janeiro, Edições Achiamé, 1980.
- FAURE, Edgar. *Apprenche à être*. Favard, Unesco, 1972.
- FERNANDES, Florestan. *Educação e Sociedade no Brasil*. São Paulo, Dominus Editora e Editora da Universidade de São Paulo, 1966.
- FIELD, G. C. *Moral Theory, An Introduction to Ethics*. London, University Paperbacks, Methuen, 1966, (1st edition, 1921).
- FREITAG, Bárbara. *Escola, Estado e Sociedade*. 3ª ed. revista, São Paulo, Cortez & Moraes, Coleção Universitária, 1979.
- GANDINI, Raquel Pereira Chainho. *Tecnocracia, Capitalismo e Educação em Anísio Teixeira (1930-1935)*. Coleção Educação e Transformação, vol. 4 (Dissertação de Mestrado apresentada à Faculdade de Educação da Universidade de Campinas), Editora Civilização Brasileira, 1980.
- GOLDMANN, Lucien. *Introduction à la Philosophie de Kant*. Paris, Gallimard, 1967.
- GOLDSCHMIDT, Victor. *Les Dialogues de Platon, structure et méthode dialectique*. Deuxième édition, Paris, Presses Universitaires de France, 1963 (1re. édition, 1947).
- GOULDNER, Alvin W. *The Dialectic of Ideology and Technology*. Seabury, 1976.
- HALL, Edward T. *Au delà de la Culture*. Paris, Seuil, 1979.
- INSTITUTO SUPERIOR DE ESTUDOS BRASILEIROS. *Introdução aos Problemas do Brasil*. Ministério da Educação e Cultura. Rio de Janeiro, 1956.
- LEROY, Roland. *La culture au présent (Préface de Georges Marchais)*. Ed. Sociales, 1972.
- LIMA, Beatriz M. F. de; ALMEIDA, Fernando Lopes de; LAGO, Luiz Aranha Correa do. *Estrutura Ocupacional, Educação e Formação de Mão-de-Obra: Os Países Desenvolvidos e o Caso Brasileiro*. IBGE-F.G.V., Versão Preliminar, 1981.
- LOURENÇO FILHO. *Introdução ao Estudo da Escola Nova, bases, sistemas e diretrizes da pedagogia contemporânea. Obras Completas de Lourenço Filho*. Volume II. Biblioteca de Educação. Edições Melhoramentos em convênio com a Fundação Nacional de Material Escolar e Ministério da Educação e Cultura, 12ª ed., 1978.

- MARTINS, Wilson. *História da Inteligência Brasileira*. Vol. VII (1933-1960). São Paulo, Editora Cultrix e Editora da Universidade de São Paulo, 1979.
- MELLO, Mário Vieira de. *Desenvolvimento e Cultura*. José Alvaro, 1970.
- MERQUIOR, J. G. *The Veil and The Mask (Essays on Culture and Ideology With a Foreword by E. Gellner)*. London, Routledge and Kegan Paul, 1979.
- MESQUITA FILHO, Júlio de. *Política e Cultura*. São Paulo, Livraria Martins Editora S. A., 1969.
- MICELI, Sérgio. *Intelectuais e Classe Dirigente no Brasil (1920-1945)*. Difusão Editorial (Difel), 1979. Coleção Corpo e Alma do Brasil.
- MOTA, Carlos Guilherme. *Ideologia da Cultura Brasileira (1933-1974), pontos de partida para uma revisão histórica*. São Paulo, Editora Ática, 1977. Coleção Ensaios, nº 30.
- MOTA, Carlos Guilherme. *Lucien Febvre*. São Paulo, Ática, 1978. Coleção Grandes Cientistas sociais, nº 2.
- NAGLE, Jorge. *Educação e Sociedade na Primeira República*. São Paulo, Editora Pedagógica e Universitária Ltda. e Rio de Janeiro, Fundação Nacional de Material Escolar, 1976.
- OLIVEIRA, Lúcia Lippi; GOMES, Eduardo Rodrigues e WHATELY, Maria Celina. *Elite Intelectual e Debate Político nos anos 30*. Rio de Janeiro, Editora da Fundação Getúlio Vargas/INL-MEC, 1980.
- PAIM, Antonio. *A UDF e a idéia de Universidade*. Rio de Janeiro, Tempo Brasileiro, 1981. Biblioteca Tempo Universitário, nº 61.
- PAPA, Emilio R. *Fascismo e Cultura*. Marsilio Editori, 1974.
- PETRÔNIO. *Satiricon*. Tradução de Marcos Santarrita. Círculo do Livro, por cortesia da Editora Civilização Brasileira S.A.
- ROBIN, Léon. *La Morale Antique*. Troisième édition. Nouvelle Encyclopédie Philosophique. Presses Universitaires de France. 1963 (1re. édition 1938).
- ROSSI, Pietro A. Curdi. *Gramsci e la cultura contemporanea*. Instituto Gramsci, Editori Riuniti, 1975. Nuova Biblioteca di cultura, 92.
- SENADO FEDERAL, COMISSÃO DE EDUCAÇÃO E CULTURA. Projeto Educação. tomo III, Universidade de Brasília, 1979.
- SCHWARTZMAN, Simon. *Formação da Comunidade Científica no Brasil*. Companhia Editora Nacional, FINEP, 1979. Biblioteca Universitária. Série 8ª Estudos em Ciência e Tecnologia.

    _____ *Ciência, Universidade e Ideologia, a política do conhecimento*. Rio de Janeiro, Zahar Editores, 1981.
- SÍLVIA, Maria Manfrede. *Política: Educação Popular*. Ed. Símbolo, 1978. Coleção Ensaio e Memória.
- SODRÉ, Nelson Werneck. *Orientações do Pensamento Brasileiro*. Rio de Janeiro, Editora Vecchi, 1942.
- STIKER, Henri-Jacques. *Culture Brisé, Culture à Naître*. Aubier, 1979.

- SPRANGER, Eduard. *El Educador Nato*. Buenos Aires, Editorial Kapelusz, 1960. Biblioteca de Cultura Pedagógica.

    ———— *Espíritu de la Educación Europea*. Buenos Aires, Editorial Kapelusz, 1961. Biblioteca de Cultura Pedagógica.

    ———— *Cultura y Educación (parte histórica)*, 3ª ed., Madrid, Espasa-Calpe S.A., 1966. Coleccion Austral, nº 824.

- TEIXEIRA, Anísio S. *O Problema Brasileiro de Educação e Cultura*. Rio de Janeiro, Oficina Gráfica do Departamento de Educação, 1934.

    ———— *A Educação e a Crise Brasileira*. São Paulo, Cia. Editora Nacional, 1956.

Revistas e Publicações

- *A Ordem* – Julho de 1935. nº 65. Ano XV. Volume XIV. Rio de Janeiro.
- AOYAGI, Kiyotaka e outros. *Les droits culturels en tant que droits de l'homme*. Unesco, 1977.
- CENTRO DE ESTUDOS RURAIS E URBANOS. *Caderno nº 13*, 1ª. série. São Paulo, 1980.
- CENTRO REGIONAL DE PESQUISAS EDUCACIONAIS DO SUDESTE. Estudos e Documentos. Universidade de São Paulo, 1974.
- *Critique* – revue générale des publications françaises et étrangères. Fevrier 1978. nº 369. Editions de Minuit.
- HARBISON (Unesco). *Planification de l'éducation et développement des ressources humaines*. Unesco.
- *Raiz e Utopia*. Nº 9-10 de 1979. Editora Helena Vaz da Silva. Lisboa, Livraria Bertrand.